官方兽医培训系列教材

动物检疫监督有关规章解析

农业农村部畜牧兽医局
中国动物疫病预防控制中心
组编

中国农业出版社
北　京

图书在版编目（CIP）数据

动物检疫监督有关规章解析 / 农业农村部畜牧兽医局，中国动物疫病预防控制中心组编. —北京：中国农业出版社，2023.11

ISBN 978-7-109-31436-8

Ⅰ.①动… Ⅱ.①农… ②中… Ⅲ.①动物防疫法－法律解释－中国 Ⅳ.①D922.45

中国国家版本馆 CIP 数据核字（2023）第 222576 号

中国农业出版社出版

地址：北京市朝阳区麦子店街 18 号楼

邮编：100125

责任编辑：神翠翠　　文字编辑：张庆琼

版式设计：杨　婧　　责任校对：吴丽婷

印刷：北京中兴印刷有限公司

版次：2023 年 11 月第 1 版

印次：2023 年 11 月北京第 1 次印刷

发行：新华书店北京发行所

开本：700mm×100mm　1/16

印张：16.25

字数：258 千字

定价：58.00 元

编 委 会

编 写 人 员

主　　编 冯忠泽　徐　一　张志远　蔺　东

副 主 编 赵　婷　胡　澜　王　赫　邵启文

参　　编（按姓氏笔画排序）

马文涛　王　勇　王　维　王永和

王英华　王晓伟　王峰升　王继文

吕婧玉　朱家新　任晓玲　李　娜

李杰如　李艳梅　杨雨晴　肖　俊

邹新海　张　熹　张宇鑫　张宗军

林家全　赵巧峡　赵永攀　赵雨晨

柳松柏　姜宝奎　宫照峰　贾广敏

郭　倩　唐晓云　常　鹏　梁　旭

尉玉杰

前言

2021年修订的《中华人民共和国动物防疫法》，完善了动物检疫、动物防疫条件审查要求，增设了“病死动物和病害动物产品的无害化处理”专章，对我国动物检疫监督工作整体理念和工作制度做了重要调整和创新，意义重大。

为贯彻落实《中华人民共和国动物防疫法》有关要求，2022年农业农村部修订了《动物检疫管理办法》《动物防疫条件审查办法》，细化完善了动物检疫、动物防疫条件审查有关规定，有利于更加科学地指导各地开展动物检疫监督相关工作；制定了《病死畜禽和病害畜禽产品无害化处理管理办法》，细化了病死畜禽和病害畜禽产品收集、运输、无害化处理及监督管理等有关要求，进一步健全病死畜禽和病害畜禽产品无害化处理制度机制，促进畜牧业高质量发展。

为了配合《动物检疫管理办法》《动物防疫条件审查办法》《病死畜禽和病害畜禽产品无害化处理管理办法》等规章的学习、宣传和贯彻实施，我们组织参与规章制修订的同志编写本书，对规章内容逐条解析，供学习参考。

由于编者水平和时间有限，本书不妥之处敬请大家批评指正。

编　者

2023年10月

目录

第一部分

《动物检疫管理办法》解析

第一章 总　　则

本章共七条，对本办法的立法目的和依据、适用范围、工作原则、主管部门和技术支撑机构、检疫规程制定、信息化管理、检疫主体等进行了规定。

第一条 为了加强动物检疫活动管理，预防、控制、净化、消灭动物疫病，防控人畜共患传染病，保障公共卫生安全和人体健康，根据《中华人民共和国动物防疫法》，制定本办法。

【理解与适用】 本条是关于本办法立法目的和依据的规定。

本条与原动物检疫管理办法第一条相比，主要修改了三处。**一是**将“预防、控制和扑灭动物疫病”修改为“预防、控制、净化、消灭动物疫病”；**二是**增加了“防控人畜共患传染病”；**三是**将“维护公共卫生安全”修改为“保障公共卫生安全和人体健康”。

制定《动物检疫管理办法》的目的主要有四方面。

一是加强动物检疫活动管理。动物检疫活动涉及社会生产、生活和行政管理等诸多方面，需要明确各级政府及有关部门在动物检疫工作中的职责，更需要动物饲养、经营、运输、屠宰和动物产品生产、加工、经营、运输、贮藏等有关单位和个人的共同参与，各负其责，维护正常的动物检疫秩序。

二是防控动物疫病。近年来，随着养殖业的发展和动物贸易、流通的频率增加，动物疫病的发生率和传播风险增大，加之我国养殖业发展水平不高，动物疫病仍然是影响畜牧业高质量发展的重要制约因素。动物检疫是动物防疫工作的重要内容，是防止动物疫病扩散蔓延的重要措施，在有效防控动物疫病中发挥着重要作用。同时，检疫也是动物疫病净化消灭的重要措施，通过检疫发现动物疫病，并采取相应的措施，促进动物疫病的净化、消灭。

三是防控人畜共患传染病。做好动物检疫工作不仅是为了发现动物疫病、保护动物健康，更重要的是保护人体健康。危害动物和人体健康的人畜共患传染病有数百种，其中如布鲁氏菌病、狂犬病、结核病、炭疽、血吸虫病等会给人体健康带来巨大危害。动物检疫中将重要的人畜共患传染病作为检疫对象，有利于及时发现人畜共患传染病，尽早采取措施，防止疫病向人间传播。

四是保障公共卫生安全和人体健康。动物检疫工作是公共卫生安全的重要组成部分，是一项基础性工作。动物疫病影响人体健康，造成经济损失，甚至影响社会稳定，如英国疯牛病事件曾对该国的经济社会造成巨大冲击。采取检疫措施，制定检疫法规，是防范动物疫病跨种传播，保障公共卫生安全的重要途径。

《中华人民共和国动物防疫法》（以下简称《动物防疫法》）第三条明确，动物防疫包括动物、动物产品的检疫。同时，《动物防疫法》第五章专门明确动物和动物产品检疫要求，对动物检疫实施主体、检疫程序、野生动物检疫、检疫秩序、动物和动物产品运输、指定通道运输动物、输入无疫区的动物和动物产品检疫、跨省引进乳用种用动物隔离以及检疫不合格的动物、动物产品的处理等进行了规定。因此，本办法是依据《动物防疫法》有关规定，对动物、动物产品检疫制度的细化实化，以进一步规范动物检疫活动，维护正常的动物检疫秩序。

第二条 本办法适用于中华人民共和国领域内的动物、动物产品的检疫及其监督管理活动。

陆生野生动物检疫办法，由农业农村部会同国家林业和草原局另行制定。

【理解与适用】本条是关于本办法适用范围的规定。

本条与原动物检疫管理办法第二条相比，主要修改了两处。**一是**将“动物检疫活动”修改为“动物、动物产品的检疫及其监督管理活动”。**二是**增加一款，规定陆生野生动物检疫办法由农业农村部会同国家林业和草原局另行制定。

一、适用的地域范围

本办法适用于中华人民共和国领域，包括领陆、领水和领空，不适用于中国香港和澳门两个特别行政区以及台湾省。

二、适用的主体范围

本办法适用的主体是中华人民共和国领域内的单位和个人。单位包括取得法人资格的机构法人、事业单位法人、企业法人等，以及未取得法人资格的其他组织；个人包括我国公民，即具有中华人民共和国国籍的人，还包括进入我国国境的外国人、无国籍人。

三、适用的行为范围

根据本条第一款规定，本办法中的“动物检疫”具体包括动物检疫和动物产品检疫两个方面。动物、动物产品的检疫，是指动物卫生监督机构根据行政相对人的申请，依照《动物防疫法》、本办法和农业农村部的规定，对动物、动物产品的疫病状况进行确认，并根据确认结果作出行政许可决定的行为。

本办法调整的动物、动物产品检疫及其监督管理活动涉及范围广、环节多。首先，根据《动物防疫法》第三条第一款规定，本办法调整的动物应该包括家畜家禽和人工饲养、捕获的其他动物。家畜家禽是指列入畜禽遗传资源目录的动物。根据农业农村部公告第303号公布的《国家畜禽遗传资源目录》，家养畜禽种类有33种，包括其地方品种、培育品种、引入品种及配套系。其中，传统畜禽17种，分别为猪、普通牛、瘤牛、水牛、牦牛、大额牛、绵羊、山羊、马、驴、骆驼、兔、鸡、鸭、鹅、鸽、鹌鹑；特种畜禽16种，分别为梅花鹿、马鹿、驯鹿、羊驼、火鸡、珍珠鸡、雉鸡、鹧鸪、番鸭、绿头鸭、鸵鸟、鸸鹋、水貂（非食用）、银狐（非食用）、北极狐（非食用）、貉（非食用）。人工饲养、捕获的其他动物，包括实验动物、观赏动物、演艺动物、伴侣动物、水生动物和人工繁殖、捕获的野生动物。其次，根据《动物防疫法》第三条第二款规定，本办法调整的动物产品包括动物的肉、生皮、原毛、绒、脏器、脂、血液、精液、卵、胚胎、骨、蹄、头、角、筋等，范围十分广泛。值得注意的是，动物、动物产品检疫涉及养殖、运输、屠宰环节，其监督管理活动涉及环节更多，需要各部门加强协作、积极配合，本办法仅涉及农业农村部门的监督管理。

四、陆生野生动物检疫的适用问题

《动物防疫法》第五十条规定：“因科研、药用、展示等特殊情形需要非食用性利用的野生动物，应当按照国家有关规定报动物卫生监督机构检疫，检疫合格的，方可利用。人工捕获的野生动物，应当按照国家有关规定报捕获地动物卫生监督机构检疫，检疫合格的，方可饲养、经营和运输。国务院农业农村主管部门会同国务院野生动物保护主管部门制定野生动物检疫办法。”因此，本条第二款规定：“陆生野生动物检疫办法，由农业农村部会同国家林业和草原局另行制定。”

第三条 动物检疫遵循过程监管、风险控制、区域化和可追溯管理相结合的原则。

【理解与适用】本条是关于动物检疫工作原则的规定。

动物检疫是为了防止动物疫病传播、保护养殖业生产、保障公共卫生安全和人体健康，采取法定的检疫程序和方法，依照法定的检疫规程对法定的检疫范围内的动物、动物产品进行疫病检查和定性，是预防、控制动物疫病的重要手段。动物检疫不是简单的检查定性，而是通过资料审查、现场核验、疫病检测、风险分析等手段，对是否有疫病发生作出综合判断。同时，动物检疫工作应当遵守国家关于动物疫病区域化管理、检疫信息可追溯等政策要求。因此，本条规定，动物检疫应当遵循过程监管、风险控制、区域化和可追溯管理相结合的原则。

一、过程监管原则

动物检疫工作不是独立、割裂开来的，而是要结合整个动物防疫工作系统开展。前端要结合动物的饲养、免疫、用药、疫病监测、诊疗、无害化处理等情况综合判定动物的染疫风险。检疫出证后，要继续对畜禽调运、落地情况实施监管，进一步降低动物疫病传播风险。因此，动物检疫要遵循过程监管原则，强化全程监管理念。

二、风险控制原则

不同种类、不同用途、不同区域、不同运输距离的动物，传播动物疫病的风险不同。例如，种畜、种禽的饲养用途特殊，饲养时间长、经济价值高，一旦染疫，可通过水平传播或垂直传播方式长期散播病原，严重影响动物生长和生产性能，疫病传播风险很高，对养殖业生产和人体健康的影响较大；奶畜将人畜共患传染病由动物向人传播，公共卫生安全风险较高；发生动物疫情的区域，易感动物发生疫病风险较高；运输距离较远的动物，发生疫病的风险较高。因此，动物检疫过程中，要按照风险控制原则，根据不同种类、不同用途、不同区域、不同运输距离动物的疫病传播风险，严格按照检疫规程实施检疫。

三、区域化原则

动物疫病区域化管理，对降低疫情跨区域传播风险有重要作用，分区防控是区域化管理的重要形式。《动物防疫法》第二十一条规定，我国对动物疫病实施分区防控制度。目前，我国正在构建由分区防控、无规定动物疫病区、无规定动物疫病小区、动物疫病净化场引领的多层次的动物疫病区域化管理新格局。动物检疫是动物疫病防控的重要手段，也要遵循区域化原则。因此，要对由高风险区向低风险区调运的动物、动物产品实施更加严格的管理要求，本办法设置了“进入无规定动物疫病区的动物检疫”一章，明确检疫相关要求。

四、可追溯管理原则

动物检疫应遵循可追溯管理原则。一方面，是保护行政相对人合法权益的具体体现。动物检疫是一项行政许可，有着严格的检疫程序。官方兽医在检疫过程中应当遵守检疫程序，按照相关规程进行检疫，既不能为检疫不合格的动物或动物产品出具检疫证明，也不能对检疫合格的动物或动物产品拒不出具检疫证明。另一方面，实现检疫结果信息可追溯，即检疫证明承载的相关信息具有可追溯性，确保对动物养殖、运输、屠宰和到达情况实现全程追溯，有利于及时精准发现、处置动物疫情。

第四条 农业农村部主管全国动物检疫工作。

县级以上地方人民政府农业农村主管部门主管本行政区域内的动物检疫工作，负责动物检疫监督管理工作。

县级人民政府农业农村主管部门可以根据动物检疫工作需要，向乡、镇或者特定区域派驻动物卫生监督机构或者官方兽医。

县级以上人民政府建立的动物疫病预防控制机构应当为动物检疫及其监督管理工作提供技术支撑。

【理解与适用】本条是关于动物检疫工作管理体制的规定。

本条与原办法第三条相比，主要修改了三处。**一是**调整主管部门名称，与《动物防疫法》保持一致。将“农业部”修改为“农业农村部”，将“县级以上地方人民政府兽医主管部门”修改为“县级以上地方人民政府农业农村主管部门”。**二是**调整监管主体，根据《动物防疫法》相关规定，动物卫生监督机构不再负责动物检疫监督工作，此次修订时删去了相关表述，明确规定“县级以上地方人民政府农业农村主管部门负责动物检疫监督管理工作”。**三是**新增了两款，明确规定县级农业农村主管部门可以根据工作需要，向乡、镇或者特定区域派驻动物卫生监督机构或者官方兽医；县级以上动物疫病预防控制机构应当为动物检疫及其监督管理工作提供技术支撑。

根据本条规定，各级农业农村主管部门是动物检疫工作的主管部门，县级以上农业农村主管部门是本行政区内动物检疫监督管理工作的主管部门。县级以上人民政府建立的动物疫病预防控制机构应当为动物检疫及其监督管理工作提供技术支撑。

一、农业农村部的职责

根据《动物防疫法》和本办法规定，农业农村部主管全国动物检疫工作，主要职责包括：（1）会同国家林业和草原局，制定陆生野生动物检疫办法。（2）制定、调整并公布检疫规程，明确动物检疫的范围、对象和程序。(3) 加强信息化建设，建立动物检疫管理信息化系统，实现动物检疫信息的可追溯。(4) 规定申报检疫时应提交的材料。(5) 规定官方兽医应符合的条件。(6) 规定官方兽医证的格式。(7) 制定全国官方兽医培训计划。(8) 规定动物检疫证章标志的内容、格式、编码和制作要求。

二、县级以上地方人民政府农业农村主管部门的职责

(一) 县级以上地方人民政府农业农村主管部门职责

根据《动物防疫法》和本办法规定，县级以上地方人民政府农业农村主管部门主管本行政区域内的动物检疫工作，负责动物检疫监督管理工作，主要职责包括：(1) 对动物、动物产品的检疫实施监督管理，并实施行政处罚。(2) 按照规定建设动物检疫申报点。(3) 审核本行政区域内官方兽医条件，任命确认后的官方兽医，颁发官方兽医证，公布人员名单。(4) 制定本行政区域内官方兽医培训计划，提供培训条件，设立考核指标，并定期进行培训和考核。(5) 监督检疫不合格的动物、动物产品的处理。(6) 按照国家规定，对从事动物检疫工作的人员，协调落实有效的卫生防护、医疗保健措施，全面落实畜牧兽医医疗卫生津贴等待遇。(7) 按照国家规定，对在动物检疫工作中做出贡献的动物卫生监督机构、官方兽医给予表彰、奖励。

(二) 省级农业农村主管部门职责

省级农业农村主管部门的职责除县级以上地方人民政府农业农村主管部门的七项职责外，还包括制定协检人员的条件和管理要求，对审核通过的官方兽医按程序确认，统一编号，并报农业农村部备案。

(三) 县级农业农村主管部门职责

根据本条第三款规定，县级农业农村主管部门的职责除县级以上地方人民政府农业农村主管部门的七项职责外，还可以根据动物检疫工作需要，向乡、镇或者特定区域派驻动物卫生监督机构或者官方兽医。

《动物防疫法》第八十一条第二款规定："县级人民政府农业农村主管部门可以根据动物防疫工作需要，向乡、镇或者特定区域派驻兽医机构或工作人员。"动物检疫工作是动物防疫工作的重要组成部分。产地检疫的重点和难点在乡镇，尤其是地域广阔的农村地区。动物卫生监督机构及其官方兽医实施动物检疫工作，由县级农业农村主管部门向乡、镇或者特

定区域派驻动物卫生监督机构或官方兽医，有利于规范开展动物检疫工作，更好地服务群众。机构改革后，乡镇动物检疫工作受到较大影响。为了更好地开展动物检疫工作，解决县级动物卫生监督机构人员不足问题，本办法第二十八条第一项规定，官方兽医可以是“接受动物卫生监督机构业务指导的其他机构在编人员”，也就意味着，各地可以根据实际情况将乡镇政府内设机构中从事动物检疫工作的相关人员纳入官方兽医队伍管理。

三、动物疫病预防控制机构的职责

《动物防疫法》第十二条规定：“动物疫病预防控制机构承担动物疫病的监测、检测、诊断、流行病学调查、疫情报告以及其他预防、控制等技术工作；承担动物疫病净化、消灭的技术工作。”动物检疫工作涉及实验室疫病检测、强制免疫有效期判定等，需要动物疫病预防控制机构配合支持。动物疫病预防控制机构是县级以上人民政府根据统筹规划、合理布局、综合设置的原则建立的。本条规定：“县级以上人民政府建立的动物疫病预防控制机构应当为动物检疫及其监督管理工作提供技术支撑。”需要说明的是，本条动物疫病预防控制机构的职责与本办法第五十二条规定的其他实验室出具检测报告并不矛盾，动物疫病预防控制机构为检疫工作提供技术支撑，属于法定职责。

第五条 农业农村部制定、调整并公布检疫规程，明确动物检疫的范围、对象和程序。

【理解与适用】本条是关于检疫规程的规定。

本条与原办法第四条相比，将有关内容修改为“农业农村部制定、调整并公布检疫规程，明确动物检疫的范围、对象和程序”。

一、检疫规程的制定主体

根据本办法规定，农业农村部是检疫规程的制定主体，其他部门无权制定检疫规程。

检疫规程是官方兽医对动物、动物产品实施检疫的重要依据。为规范实施动物及动物产品的检疫工作，动物、动物产品检疫的适用范围、检疫对象、检疫合格标准、检疫程序和检疫结果处理在全国范围内应遵循统一标准。

二、检疫规程的调整和公布

根据本条规定，农业农村部可以调整、公布检疫规程。检疫规程公布后，随着动物疫病发生、流行情况的变化，其对养殖业和社会的影响也会有所变化。例如，2018 年我国发生非洲猪瘟疫情后，农业农村部及时对《生猪产地检疫规程》《生猪屠宰检疫规程》和《跨省调运乳用种用动物产地检疫规程》进行了调整，将非洲猪瘟作为产地检疫、屠宰检疫和种猪检疫的检疫对象，在规程中增加了非洲猪瘟临床检查、企业自检、实验室检测等要求。

三、检疫规程的内容

根据本条规定，检疫规程需明确动物检疫的范围、对象和程序。目前，农业农村部公布的产地检疫规程和屠宰检疫规程包括了适用范围、检疫对象、检疫合格标准、检疫程序、检疫结果处理和检疫记录等内容。下一步，农业农村部会根据《动物防疫法》及本办法的要求，进一步细化完善相关的检疫规程。

第六条 农业农村部加强信息化建设，建立全国统一的动物检疫管理信息化系统，实现动物检疫信息的可追溯。

县级以上动物卫生监督机构应当做好本行政区域内的动物检疫信息数据管理工作。

从事动物饲养、屠宰、经营、运输、隔离等活动的单位和个人，应当按照要求在动物检疫管理信息化系统填报动物检疫相关信息。

【理解与适用】 本条是关于动物检疫信息化管理的规定，是新增条款。

一、建设动物检疫信息化管理系统

（一）动物检疫信息化的发展

近年来，动物检疫信息化技术飞速发展。2016 年 7 月，全国范围内实行跨省调运畜禽检疫证明电子出证，手写出证无效。从此实现了全国跨省调运畜禽检疫数据互联互通，标志着动物检疫信息化的初步建立。随着各地动物检疫出证系统逐步完善，所有动物检疫数据信息均可实时传入中央数据库。同时，动物防疫监管要求也得到了提高，尤其是非洲猪瘟疫情发生以后，2019 年，国务院明确要求“加强部门信息系统共享，对非洲猪瘟防控各环节实行‘互联网＋’监管，用信息化、智能化、大数据等手段提高监管效率和水平”。因此，与动物检疫相关信息，如运输车辆备案、收购贩运主体、屠宰企业、养殖场户、强制免疫、通过指定通道运输、畜禽运输到达等信息逐步与动物检疫电子出证平台对接，逐步建立免疫数量与检疫数量相结合、产地检疫与运输监管相结合、启运地出证与目的地反馈相结合的动物检疫全链条信息化智慧监管模式。

（二）信息化系统建设要求

动物检疫管理信息涉及范围广、环节多、信息量大，要实现全国范围内精准监管和有效追踪，为动物疫病防控提供可靠的数据信息，必须要有统一的数据词典、统一的技术规范，保证数据在全国范围内实现实时互联互通。因此，本条第一款规定，农业农村部建立全国统一的动物检疫管理信息化系统，实现动物检疫信息的可追溯。

二、动物检疫信息数据管理

根据《动物防疫法》第十一条和本办法第七条规定，县级以上地方人民政府设立的动物卫生监督机构负责本行政区域内动物、动物产品检疫工作，依照《动物防疫法》、本办法以及检疫规程等规定实施检疫。因此，本条第二款规定：“县级以上动物卫生监督机构应当做好本行政区域内动物检疫信息数据管理工作。”动物检疫信息数据管理，包括信息平台的升级和维护，相关信息的填报、审核、指导，以及不合格信息的筛查、处理等。

三、动物检疫相关信息填报

动物检疫信息化管理系统是对动物检疫相关信息进行管理的系统。信息来源和采集不仅涉及动物卫生监督机构，也涉及与动物检疫活动有关的行政相对人，包括从事动物饲养、屠宰、经营、运输、隔离等活动的单位和个人。行政相对人的密切配合是动物检疫信息形成闭环监管或者信息可追溯的重要基础，如畜禽养殖场户填报的强制免疫信息是动物产地检疫是否合格的重要基础。因此，本条第三款规定："从事动物饲养、屠宰、经营、运输、隔离等活动的单位和个人，应当按照要求在动物检疫管理信息化系统填报动物检疫相关信息。"

第七条 县级以上地方人民政府的动物卫生监督机构负责本行政区域内动物检疫工作，依照《中华人民共和国动物防疫法》、本办法以及检疫规程等规定实施检疫。

动物卫生监督机构的官方兽医实施检疫，出具动物检疫证明、加施检疫标志，并对检疫结论负责。

【理解与适用】 本条是关于动物检疫主体及官方兽医的规定。

本条吸收了原办法第三条第三款部分内容，并进行了修改完善，规定由县级以上地方人民政府的动物卫生监督机构负责本行政区域内动物检疫工作，依照《动物防疫法》、本办法以及检疫规程等规定实施检疫；动物卫生监督机构的官方兽医实施检疫，出具动物检疫证明、加施检疫标志，并对检疫结论负责。

一、动物检疫主体

本条第一款与《动物防疫法》第十一条和第四十八条进行衔接。《动物防疫法》第十一条规定："县级以上地方人民政府的动物卫生监督机构依照本法规定，负责动物、动物产品的检疫工作"；第四十八条规定："动物卫生监督机构依照本法和国务院农业农村主管部门的规定对动物、动物产品实施检疫"。动物检疫是一项行政许可，是代表国家的行政行为，动物卫生监督机构是实施动物、动物产品检疫的唯一法定主体，具有排他性。其他任何公民、法人和社会组织都无权对动物和动物产品实施检疫。

需要说明的是，只要是地方机构编制部门批准设立的承担动物检疫职能的机构，无论其机构如何设置、名称如何表述，都属于本办法所规定的动物卫生监督机构。

二、动物卫生监督机构的职责

本条第一款规定了动物卫生监督机构负责本行政区域内的动物检疫工作，主要职责包括：（1）根据检疫工作需要，合理设置动物检疫申报点，并向社会公布。（2）负责实施产地检疫、屠宰检疫、进入无规定动物疫病区动物检疫，以及依法应当检疫而未经检疫的、具备补检条件的动物和动物产品补检。（3）接到检疫申报后，及时对申报材料进行审查，并决定是否受理。（4）受理申报后，指派官方兽医实施检疫。（5）向同级农业农村主管部门提出官方兽医任命建议。（6）可以根据动物检疫工作需要，安排协检人员协助官方兽医实施检疫。（7）负责本行政区域内的动物检疫证章标志管理工作，建立管理制度。（8）向同级农业农村主管部门报告检疫不合格情况。（9）根据利害关系人申请或者依据职权，撤销有关情形的动物检疫证明。（10）接收启运地为本行政区域内承运单位或个人运载畜禽到达目的地后的报告。（11）接收本行政区域内饲养场（户）或屠宰厂（场）接收动物后的报告。

三、检疫的依据

《动物防疫法》第四十八条第一款规定："动物卫生监督机构依照本法和国务院农业农村主管部门的规定对动物、动物产品实施检疫。"国务院农业农村主管部门的规定，是指农业农村部制定的《动物检疫管理办法》，以及动物检疫规程等其他规范性文件。本办法对检疫申报、产地检疫、屠宰检疫、进入无规定动物疫病区的动物检疫、动物和动物产品的补检等进行了具体规定。农业农村部发布的产地检疫规程、屠宰检疫规程对规程的适用范围、检疫对象、检疫合格标准、检疫程序和检疫结果处理等作出了具体规定，是官方兽医对某种动物在实施产地检疫、屠宰检疫时的重要依据。因此，本条第一款规定，依照《动物防疫法》、本办法及动物检疫规程等规定实施检疫。在实际操作中，对未公布检疫规程的动物、动物产品，因为没有相应的检疫依据，动物卫生监督机构应当不予受理，并说明理由。

四、官方兽医实施检疫

本条第二款与《动物防疫法》相关规定进行了衔接。《动物防疫法》第四十八条第二款规定："动物卫生监督机构的官方兽医具体实施动物、动物产品检疫。"第四十九条第二款规定："动物卫生监督机构接到检疫申报后，应当及时指派官方兽医对动物、动物产品实施检疫；检疫合格的，出具检疫证明、加施检疫标志。实施检疫的官方兽医应当在检疫证明、检疫标志上签字或者盖章，并对检疫结论负责。"实施检疫是官方兽医的法定职责。如果官方兽医未履行或者不正当履行出具检疫证明、签字、盖章等职责，要承担相应的法律责任。对动物、动物产品出具检疫证明的前提是须符合检疫合格标准，出具检疫证明后因运输、应激、经过高风险区、污染等其他原因引起动物、动物产品不再符合检疫合格的标准，不属于官方兽医的责任。

第二章　检疫申报

本章共六条，对动物检疫申报主体、申报时限、申报方式、检疫申报点建设、检疫申报材料审查、检疫申报受理等作出了规定。

第八条　国家实行动物检疫申报制度。

出售或者运输动物、动物产品的，货主应当提前三天向所在地动物卫生监督机构申报检疫。

屠宰动物的，应当提前六小时向所在地动物卫生监督机构申报检疫；急宰动物的，可以随时申报。

【理解与适用】本条是关于动物检疫申报主体和申报时限的规定。

本条对原办法第七条、第八条、第十条部分内容进行了整合，规定“出售或者运输动物、动物产品的，货主应当提前三天向所在地动物卫生监督机构申报检疫”。

一、动物检疫申报制度

《中华人民共和国行政许可法》（以下简称《行政许可法》）规定，公民、法人或者其他组织从事特定活动，依法需要取得行政许可的，应当向行政机关提出申请。动物检疫属于行政许可行为，因此，货主应当依法提出检疫申报。《动物防疫法》第四十九条第一款规定：“屠宰、出售或者运输动物以及出售或者运输动物产品前，货主应当按照国务院农业农村主管部门的规定向所在地动物卫生监督机构申报检疫。”动物检疫程序从行政相对人向动物卫生监督机构提出申请开始。公民、法人或者其他组织取得动物检疫合格证，必须履行法定程序。因此，本条第一款规定：“国家实行动物检疫申报制度。”

二、检疫申报主体、时限与受理机构

本条第二款规定，出售或者运输动物、动物产品应当申报检疫。检疫申报的主体是货主，检疫申报的时限是提前三天，受理检疫申报的法定机构是动物、动物产品所在地的动物卫生监督机构。

本条中的货主一般与《中华人民共和国民法典》（以下简称《民法典》）中规定的所有权人是一致的。代为申报检疫在实际工作中广泛存在，货主委托他人申报检疫时，货主是法律规定的“委托人”“被代理人”，接受货主委托的是法律规定的“代理人”。《民法典》第一百六十五条规定：“委托代理授权采用书面形式的，授权委托书应当载明代理人的姓名或者名称、代理事项、权限和期限，并由被代理人签名或者盖章。”结合2018年农业农村部第2号公告规定：“畜禽养殖场（户）委托畜禽收购贩运单位或个人代为申报检疫的，应当出具委托书，提供申报材料。”代为申报检疫需要货主书面委托并在委托书上签名或者盖章。委托书内容应符合《民法典》第一百六十五条规定。

本条第三款规定，屠宰动物应当提前六小时申报检疫，屠宰场（厂）发现待宰动物需要立即屠宰的，可以随时申报；受理检疫申报的法定机构是屠宰场（厂）所在地的动物卫生监督机构。受理急宰检疫申报的条件，主要包括待宰动物出现中暑、应激、外伤，或者患有不影响食品安全的疾病等情形，且待宰动物尚未死亡。

第九条 向无规定动物疫病区输入相关易感动物、易感动物产品的，货主除按本办法第八条规定向输出地动物卫生监督机构申报检疫外，还应当在启运三天前向输入地动物卫生监督机构申报检疫。输入易感动物的，向输入地隔离场所在地动物卫生监督机构申报；输入易感动物产品的，在输入地省级动物卫生监督机构指定的地点申报。

【理解与适用】本条是关于无规定动物疫病区二次检疫的规定。

本条对原办法第八条第三项内容进行了修改完善，对向无规定动物疫病区输入易感动物或易感动物产品的，货主应按规定在输入地相应的动物卫生监督机构申报检疫。

《动物防疫法》第五十四条规定：“输入到无规定动物疫病区的动物、动物产品，货主应当按照国务院农业农村主管部门的规定向无规定动物疫病区所在地动物卫生监督机构申报检疫，经检疫合格的，方可进入。”本办法明确规定，向无规定动物疫病区输入易感动物和易感动物产品需要经过两次检疫，第一次检疫是向输出地动物卫生监督机构申报，第二次检疫是向无规定动物疫病区的动物卫生监督机构申报；进入无规定动物疫病区的易感动物和易感动物产品需要申报检疫，申报检疫时间应当在启运三天前。向无规定动物疫病区输入易感动物时，由隔离场所在地动物卫生监督机构受理二次检疫申报；向无规定动物疫病区输入易感动物产品时，由省级动物卫生监督机构指定的动物卫生监督机构受理二次检疫申报。

无规定动物疫病区实现了在一定区域内净化消灭特定动物疫病的目标，具有完善的动物防疫体系及较为健全的工作机制。无规定动物疫病区二次检疫是对规定动物疫病加强风险控制的法律规定，是限制易感动物和易感动物产品从高风险地区向低风险地区移动的重要措施。为了有效维持无规定动物疫病区的无疫状态，国家对动物疫病实行区域化管理和风险管理制度，对输入到无规定动物疫病区的动物、动物产品，必须采取更为严格的检疫措施。

第十条 动物卫生监督机构应当根据动物检疫工作需要，合理设置动物检疫申报点，并向社会公布。

县级以上地方人民政府农业农村主管部门应当采取有力措施，加强动物检疫申报点建设。

【理解与适用】本条是关于检疫申报点建设管理的规定。

本条对原办法第七条第二款、第三款部分内容进行了整合和优化完善，将“县级以上人民政府兽医主管部门应当加强动物检疫申报点的建设和管理”修改为“县级以上地方人民政府农业农村主管部门应当采取有力措施，加强动物检疫申报点建设”。

目前，动物检疫工作面广、量大，任务艰巨，迫切需要建立健全动物检疫申报网络，提高便民化服务水平，构建与“放管服”改革相适应的动物检疫管理长效机制。

本条第一款规定，动物卫生监督机构应当根据动物检疫工作需要，统筹考虑当地养殖量和屠宰量、管辖区域、区域特点及动物疫病防控需求等因素，按照高效、便民、公开原则，合理布局设置动物检疫申报点，并向社会公布检疫申报点位置、工作职责、工作人员等设置情况。

本条第二款规定，县级以上地方人民政府农业农村主管部门是检疫申报点的建设主体。做好检疫工作，不但要配备符合要求的兽医专业技术人员，还要提供相应的工作条件。县级以上地方人民政府农业农村主管部门要根据实际情况，为动物卫生监督机构配备与动物检疫工作相适应的办公场所、交通工具、设施设备等，保障检疫工作顺利开展。

第十一条 申报检疫的，应当提交检疫申报单以及农业农村部规定的其他材料，并对申报材料的真实性负责。

申报检疫采取在申报点填报或者通过传真、电子数据交换等方式申报。

【理解与适用】本条是关于检疫申报材料和申报方式的规定。

本条与原办法第十一条相比主要修改了三处。**一是**根据《动物防疫法》规定，删除了跨省调运乳用种用动物检疫审批相关内容。**二是**完善了检疫申报材料相关要求，规定申报检疫时应提交检疫申报单和农业农村部规定的其他材料。**三是**调整了检疫申报方式。根据工作实际，删去了电话申报方式，规定申报检疫采取在申报点填报或通过传真、电子数据交换等方式申报。

本条第一款规定，货主提出动物检疫申报时应当提交检疫申报单。检疫申报单应当列明申请人的姓名或名称，申报事项、申报数量、申报种类等。除检疫申报单外，货主还应提供动物检疫规程等规定的其他材料。委托检疫申报的，还应提供委托书。《行政许可法》第三十一条规定："申请人申请行政许可，应当如实向行政机关提交有关材料和反映真实情况，并对其申请材料实质内容的真实性负责。行政机关不得要求申请人提交与其申请的行政许可事项无关的技术资料和其他材料。"因此，货主应当对提供材料的真实性负责，如果提供虚假材料，应当承担相应的法律责任。

本条第二款规定，检疫申报方式包括申报点现场填报、传真、电子数据交换等方式。删除了电话申报，增加了电子数据交换方式。修改后的条款与《行政许可法》第二十九条第三款规定“行政许可申请可以通过信函、电报、电传、传真、电子数据交换和电子邮件等方式提出”相衔接。此外，删除电话申报这种口头申报的方式，增加电子数据交换的申报方式，也有利于利用信息化手段申报检疫，规范动物检疫申报程序。

第十二条 动物卫生监督机构接到申报后，应当及时对申报材料进行审查。申报材料齐全的，予以受理；有下列情形之一的，不予受理，并说明理由：

（一）申报材料不齐全的，动物卫生监督机构当场或在三日内已经一次性告知申报人需要补正的内容，但申报人拒不补正的；

（二）申报的动物、动物产品不属于本行政区域的；

（三）申报的动物、动物产品不属于动物检疫范围的；

（四）农业农村部规定不应当检疫的动物、动物产品；

（五）法律法规规定的其他不予受理的情形。

【理解与适用】 本条是关于检疫申报受理的规定。

本条在原办法第十二条部分内容基础上进行了修改完善，规定动物卫生监督机构接到申报后，应当及时对申报材料进行审查；申报材料齐全的，予以受理；进一步明确了不予受理的五种具体情形。

第一项是判断申报材料是否符合要求，内容包括两个递进关系的情况处理。第一个情况是动物卫生监督机构发现申请材料不齐全的，应当当场或者在三日内一次告知申报人需要补正的全部内容。《行政许可法》第三十二条规定：“申请材料不齐全或者不符合法定形式的，应当当场或者在五日内一次告知申请人需要补正的全部内容，逾期不告知的，自收到申请材料之日起即为受理。”本条进一步将材料不齐全的告知时限由五日缩短至三日，既结合了动物检疫申报时限，便于基层操作，也落实了“放管服”改革要求，有利于行政相对人采取补救措施。第二个情况是在告知申报人需要补正的全部内容后，申报人拒不补正的，动物卫生监督机构不予受理，并说明理由。

第二项是判断申报的动物、动物产品是否属于本机构服务管辖范围的规定，动物卫生监督机构不得受理行政管理辖区外的动物、动物产品检疫申报。这项规定与对本办法中第八条规定的“向所在地动物卫生监督机构申报检疫”相一致，分别从正、反两个方面强调动物卫生监督机构只能够受理本行政区域内动物、动物产品的检疫申报，不得受理区域外的动物、动物产品的检疫申报。

第三项是判断是否属于法定检疫范围的规定，范围内的动物和动物产品予以受理，超出范围的动物和动物产品不予受理。

第四项是农业农村部对不应当检疫的动物、动物产品的特殊规定。例如，对疫区内的易感动物不应当实施检疫。值得注意的是，本项仅限于农业农村部规定的不应当检疫的动物、动物产品，地方各级农业农村主管部门、动物卫生监督机构没有规定不应当检疫动物、动物产品种类的权力。

第五项是法律法规规定的其他不予受理的情形，是一个兜底性条款。如《动物防疫法》第九十七条第二款规定的从业禁止人员在禁业期间提出检疫申报，动物卫生监督机构依法不予受理。

第十三条 受理申报后，动物卫生监督机构应当指派官方兽医实施检疫，可以安排协检人员协助官方兽医到现场或指定地点核实信息，开展临床健康检查。

【理解与适用】本条是关于动物检疫实施人员的规定。

《动物防疫法》第四十八条第二款规定：“动物卫生监督机构的官方兽医具体实施动物、动物产品检疫”；第四十九条第二款规定：“动物卫生监督机构接到检疫申报后，应当及时指派官方兽医对动物、动物产品实施检疫”。官方兽医是实施动物、动物产品检疫的责任主体，考虑到我国动物检疫工作任务重，基层官方兽医力量不足的现状，本办法明确了可以安排协检人员协助官方兽医到现场或指定地点核实信息，开展临床健康检查，以保证动物检疫工作有序开展。

第三章　产地检疫

本章共五条，规定了出售或者运输的动物及其产品、水产苗种产地检疫合格标准以及跨省引进乳用、种用动物隔离要求等。

第十四条　出售或者运输的动物，经检疫符合下列条件的，出具动物检疫证明：

（一）来自非封锁区及未发生相关动物疫情的饲养场（户）；

（二）来自符合风险分级管理有关规定的饲养场（户）；

（三）申报材料符合检疫规程规定；

（四）畜禽标识符合规定；

（五）按照规定进行了强制免疫，并在有效保护期内；

（六）临床检查健康；

（七）需要进行实验室疫病检测的，检测结果合格。

出售、运输的种用动物精液、卵、胚胎、种蛋，经检疫其种用动物饲养场符合第一款第一项规定，申报材料符合第一款第三项规定，供体动物符合第一款第四项、第五项、第六项、第七项规定的，出具动物检疫证明。

出售、运输的生皮、原毛、绒、血液、角等产品，经检疫其饲养场（户）符合第一款第一项规定，申报材料符合第一款第三项规定，供体动物符合第一款第四项、第五项、第六项、第七项规定，且按规定消毒合格的，出具动物检疫证明。

【理解与适用】本条是关于养殖环节动物、动物产品产地检疫合格标准的规定。

本条是动物检疫这项行政许可进入实质性审查的规定，明确了动物来源、饲养场管理等级、申报材料、标识佩戴、强制免疫、临床检查以及实验室疫病检测等方面的要求。

一、饲养场（户）要求

一是第一款第一项规定动物来自非封锁区及未发生相关动物疫情的饲养场（户）。《动物防疫法》第三十八条规定："发生一类动物疫病时，县级以上地方人民政府应当立即组织有关部门和单位采取封锁、隔离、扑杀、销毁、消毒、无害化处理、紧急免疫接种等强制性措施。"第四十二条规定："二、三类动物疫病呈暴发性流行时，按照一类动物疫病处理。"同时，第二十九条规定："禁止屠宰、经营、运输下列动物和生产、经营、加工、贮藏、运输下列动物产品：（一）封锁疫区内与所发生动物疫病有关的；（二）疫区内易感染的；（三）依法应当检疫而未经检疫或者检疫不合格的；（四）染疫或者疑似染疫的；（五）病死或者死因不明的；（六）其他不符合国务院农业农村主管部门有关动物防疫规定的。"因此，结合上位法《动物防疫法》的规定，本条规定禁止封锁区内实施动物检疫活动，饲养场（户）出现散发的二、三类动物疫病时也要禁止实施动物检疫活动。

二是第一款第二项规定动物饲养场（户）符合风险分级管理有关规定。动物检疫应当遵循风险控制的原则，动物饲养场（户）生物安全管理水平参差不齐，发生动物疫病的风险也不同。因此，下一步农业农村部将结合动物防疫条件、生物安全管理措施等，有针对性地对主要畜禽种类饲养场（户）实行风险分级管理，并对不同等级的饲养场（户）采取不同的管理措施。

二、申报材料和畜禽标识要求

一是第一款第三项规定申报材料符合检疫规程规定。申报材料是否符合要求，要根据检疫规程的具体规定来判断。

二是第一款第四项规定畜禽标识符合规定。《中华人民共和国畜牧法》（以下简称《畜牧法》）规定："畜禽养殖者应当按照国家关于畜禽标识管理的规定，在应当加施标识的畜禽的指定部位加施标识。"

三是第一款第五项规定按照规定进行了强制免疫，并在有效保护期内。《动物防疫法》第十六条规定："国务院农业农村主管部门确定强制免疫的动物疫病病种和区域。省、自治区、直辖市人民政府农业农村主管部门制定本行政区域的强制免疫计划。”第十七条规定：“饲养动物的单位和个人应当履行动物疫病强制免疫义务，按照强制免疫计划和技术规范，对动物实施免疫接种，并按照国家有关规定建立免疫档案、加施畜禽标识，保证可追溯。”由此可知，强制免疫主体是饲养动物的单位和个人，官方兽医应当根据国家和本省（自治区、直辖市）的强制免疫计划了解待检动物的强制免疫状况。关于强制免疫病种的有效保护期，疫苗的种类不同，有效保护期不同，可参考该疫苗生产厂家提供的说明书上的免疫期。

三、临床检查要求

第一款第六项规定临床检查健康。通过群体检查、个体检查等方法，对动物进行检查。临床健康检查结果可分为合格、不合格两种。临床检查首先要确认动物是否患有检疫规程中明确列举的动物疫病，一旦发现动物表现出相关症状或其他异常情况，要立即采取隔离措施，报告主管部门或者动物疫病预防控制机构。

四、实验室疫病检测要求

第一款第七项规定，需要进行实验室疫病检测的，检测结果合格。目前，产地检疫规程中，跨省调运乳用、种用动物产地检疫规程和跨省调运种禽产地检疫规程明确规定了实验室检测病种和具体检测要求，其他产地检疫规程也进一步细化了实验室疫病检测要求。**一是**明确了在检疫过程中，怀疑患有规程规定疫病及临床检查发现其他异常情况的，要按照相应疫病防治技术规范进行实验室检测；**二是**对已经取得产地检疫证明的动物，从专门经营动物的集贸市场继续出售或运输的，或者展示、演出、比赛后需要继续运输的，如果原始检疫证明超过调运有效期，需要进行实验室疫病检测，明确了需要进行实验室疫病检测的种类；**三是**明确了实验室疫病检测的抽检比例。

按照本办法第五十二条规定，实验室疫病检测报告应当由动物疫病预防控制机构、取得相关资质认定、国家认可机构认可或者符合省级农业农村主管部门规定条件的实验室出具。

五、动物产品检疫的其他要求

一是第二款规定了出售、运输动物遗传资料的检疫条件。除饲养场（户）的风险分级管理有关规定不适用以外，其余检疫条件与第一款规定要求相同，但多为查验供体动物。

二是第三款规定了养殖环节生产的动物产品检疫合格应符合的检疫条件。出售、运输的生皮、原毛、绒、血液、角等产品，除饲养场（户）的风险分级管理有关规定不适用以外，其余检疫条件与第一款规定要求相同，但多为查验供体动物。养殖环节的动物产品要按照检疫规程的规定进行消毒。

第十五条 出售或者运输水生动物的亲本、稚体、幼体、受精卵、发眼卵及其他遗传育种材料等水产苗种的，经检疫符合下列条件的，出具动物检疫证明：

（一）来自未发生相关水生动物疫情的苗种生产场；

（二）申报材料符合检疫规程规定；

（三）临床检查健康；

（四）需要进行实验室疫病检测的，检测结果合格。

水产苗种以外的其他水生动物及其产品不实施检疫。

【理解与适用】本条是关于水产苗种检疫合格标准的规定。

本条对原办法第二十八条、第三十条、第五十二条进行了修改完善。申报检疫时限要求统一调整至第八条，检疫合格条件按照第十四条统一表述，将原办法第五十二条“水产苗种以外的其他水生动物及其产品不实施检疫”作为本条第二款。

一、检疫范围

第一款明确水生动物检疫范围是水产苗种，包括水生动物的亲本、稚体、幼体、受精卵、发眼卵及其他水生动物遗传育种材料。第二款明确水产苗种以外的其他水生动物及其产品不实施检疫。

二、生产场要求

第一款第一项规定该苗种生产场近期未发生相关水生动物疫情。《动物防疫法》第三十八条规定："发生一类动物疫病时，县级以上地方人民政府应当立即组织有关部门和单位采取封锁、隔离、扑杀、销毁、消毒、无害化处理、紧急免疫接种等强制性措施。"第四十二条规定："二、三类动物疫病呈暴发性流行时，按照一类动物疫病处理。"同时，第二十九条规定："禁止屠宰、经营、运输下列动物和生产、经营、加工、贮藏、运输下列动物产品：（一）封锁疫区内与所发生动物疫病有关的；（二）疫区内易感染的；（三）依法应当检疫而未经检疫或者检疫不合格的；（四）染疫或者疑似染疫的；（五）病死或者死因不明的；（六）其他不符合国务院农业农村主管部门有关动物防疫规定的。"因此，结合上位法《动物防疫法》的规定，本项规定禁止对发生相关水生动物疫情的生产场实施动物检疫。

三、申报材料要求

第一款第二项规定申报材料符合检疫规程规定。申报材料是否符合要求，要根据检疫规程的具体规定来判断，目前农业农村部制定的水产动物产地检疫规程有三个，分别为《鱼类产地检疫规程》《甲壳类产地检疫规程》《贝类产地检疫规程》。

四、临床检查要求

第一款第三项规定临床检查健康。通过群体检查、个体检查等方法，对动物进行检查。临床健康检查结果可分为合格、不合格两种。临床检查首先要确认动物是否患有检疫规程中明确列举的动物疫病，一旦发现动物表现出相关症状，要立即采取隔离措施，报告主管部门或者动物疫病预防控制机构。

五、实验室疫病检测要求

第一款第四项规定，需要进行实验室疫病检测的，检测结果合格。动物疫病检测报告应当由动物疫病预防控制机构、取得相关资质认定、国家认可机构认可或者符合省级农业农村主管部门规定条件的实验室出具。

第十六条 已经取得产地检疫证明的动物，从专门经营动物的集贸市场继续出售或者运输的，或者动物展示、演出、比赛后需要继续运输的，经检疫符合下列条件的，出具动物检疫证明：

（一）有原始动物检疫证明和完整的进出场记录；

（二）畜禽标识符合规定；

（三）临床检查健康；

（四）原始动物检疫证明超过调运有效期，按规定需要进行实验室疫病检测的，检测结果合格。

【理解与适用】 本条是关于继续出售或者运输动物检疫合格标准的规定，是新增条款。

一、检疫范围

一是取得产地检疫证明，经集贸市场交易后继续出售或者运输的动物；**二是**取得产地检疫证明，展示、演出、比赛后继续运输的动物。

二、检疫申报材料及畜禽标识

一是第一项规定有原始动物检疫证明和完整的进出场记录。继续出售或者运输的动物要随附相应的动物检疫证明，专门经营动物的集贸市场要提供详细动物进场、出场记录，记录应当包括进出场时间、来源、去向，动物种类、数量、健康状况，以及附有的动物检疫证明编号。

二是第二项规定畜禽标识符合规定。按照《畜牧法》《畜禽标识和养殖档案管理办法》的规定，继续出售或运输的猪、牛、羊需要佩戴农业农村部统一样式、标准的耳标。佩戴的耳标号码要与原始动物检疫证明编号一致。

三、临床检查要求

第三项规定临床检查健康。通过群体检查、个体检查等方法，对动物进行检查。临床健康检查结果可分为合格、不合格两种。临床检查要确认动物是否患有检疫规程中列举的动物疫病，一旦发现动物表现出相关症状，要立即采取隔离措施，报告农业农村主管部门或者动物疫病预防控制机构。

四、实验室疫病检测要求

第四项规定原始动物检疫证明超过调运有效期，按规定需要进行实验室疫病检测的，检测结果合格。在原始动物检疫证明有效期内检疫申报的，符合前三项条件即可判定为检疫合格，出具动物检疫证明。超过原始动物检疫证明调运有效期的，需要按照动物检疫规程要求进行实验室疫病检测，并提供检测报告，检测结果合格的出具动物检疫证明。

第十七条 跨省、自治区、直辖市引进的乳用、种用动物到达输入地后，应当在隔离场或者饲养场内的隔离舍进行隔离观察，隔离期为三十天。经隔离观察合格的，方可混群饲养；不合格的，按照有关规定进行处理。隔离观察合格后需要继续运输的，货主应当申报检疫，并取得动物检疫证明。

跨省、自治区、直辖市输入到无规定动物疫病区的乳用、种用动物的隔离按照本办法第二十六条规定执行。

【理解与适用】本条是关于跨省（自治区、直辖市）引进种用、乳用动物的规定。

本次修订将原办法第二十条的“大中型动物隔离期为 45 天，小型动物隔离期为 30 天”修改为本条的“隔离期为三十天”。

种用、乳用动物在动物疫病防治中占有重要地位，这两类动物的饲养周期长，传播动物疫病的风险高于一般动物，因此，国家对跨省（自治区、直辖市）引进种用和乳用动物采取较为严格的防疫措施。跨省、自治区、直辖市引进的种用、乳用动物到达输入地后，货主应当对引进的动物进行隔离，这是法定义务，具有强制性，必须执行，否则要承担相应的法律责任。

关于隔离时间。一是按照《OIE 陆生动物卫生法典》的规定，动物疫病的潜伏期一般都在 7～14 天，较长的动物疫病潜伏期为 21 天；**二是**病毒的潜伏时间与宿主的形体大小没有关系，并不是宿主的形体大，潜伏时间就长，宿主的形体小，潜伏时间就短，而是取决于宿主的免疫能力、病毒的致病性等因素。因此，本次修订将种用、乳用的动物隔离期统一修改为三十天，使其更为科学、合理。

考虑到跨省（自治区、直辖市）引进种用、乳用动物的隔离与输入无规定动物疫病区的易感动物隔离可能存在交叉，为提高服务便民化水平，明确将输入无规定动物疫病区的种用、乳用动物隔离按照本办法第二十六条规定执行。

第十八条 出售或者运输的动物、动物产品取得动物检疫证明后，方可离开产地。

【理解与适用】本条是关于动物、动物产品离开产地应依法检疫的规定。

《动物防疫法》第四十九条规定，出售或者运输动物、动物产品前货主应当申报检疫；第五十一条规定，经营或者运输的动物、动物产品应当附有检疫证明。因此，出售或者运输动物、动物产品离开产地必须取得动物检疫证明。

第四章　屠宰检疫

本章共六条，规定了官方兽医派驻（出）制度，进入屠宰加工场所动物的条件，官方兽医和屠宰加工场所在屠宰检疫过程中的职责和责任，以及屠宰检疫的出证范围和合格标准。

第十九条　动物卫生监督机构向依法设立的屠宰加工场所派驻（出）官方兽医实施检疫。屠宰加工场所应当提供与检疫工作相适应的官方兽医驻场检疫室、工作室和检疫操作台等设施。

【理解与适用】 本条是屠宰检疫工作中的官方兽医派驻（出）制度。

本条对原办法第二十一条进行了修改完善。**一是**将“县级动物卫生监督机构”修改为“动物卫生监督机构”；**二是**将“屠宰场（厂、点）”修改为“屠宰加工场所”；**三是**将“屠宰规模相适应的官方兽医驻场检疫室和检疫操作台等设施”修改为“检疫工作相适应的官方兽医驻场检疫室、工作室和检疫操作台等设施”。

屠宰检疫对切断病毒传播链条至关重要，屠宰环节派驻（出）官方兽医制度是动物检疫工作的重要制度。目前，生猪屠宰环节需要派驻官方兽医实施检疫，其他畜禽屠宰环节也需要派出官方兽医实施检疫。《农业农村部关于落实屠宰环节官方兽医检疫监管制度的紧急通知》（农明字〔2019〕第16号）明确要求，对于生猪屠宰企业，根据屠宰规模分为大型（上一年度实际屠宰量15万头及15万头以上）、中小型（上一年度实际屠宰量15万头以下、2万头及2万头以上）、小型（上一年度实际屠宰量2万头以下），配置的官方兽医应分别不少于10人、5人、2人。《生猪屠宰管理条例》第十六条第二款规定：“县级以上地方人民政府农业农村主管部门应当按照规定足额配备农业农村主管部门任命的兽医，由其监督生猪定点屠宰厂（场）依法查验检疫证明等文件。”该条例明确了派驻生猪定点屠宰加工企业官方兽医的监督职责，派出其他畜禽屠宰加工企业官方兽医的监督职责也应该参照执行。

屠宰加工企业要保障派驻（出）官方兽医制度落实，根据屠宰规模提供与检疫工作相适应的官方兽医驻场检疫室、工作室和检疫操作台等设施。本条对屠宰检疫设施设备的规定也是2022年修订的《动物防疫条件审查办法》对屠宰加工场所防疫条件的基本要求。《动物防疫条件审查办法》第九条规定，动物屠宰加工场所应当有与其屠宰规模相适应的独立检疫室和休息室，屠宰间配备检疫操作台。

在学习理解本条时应注意把握“依法设立”这个前提，动物卫生监督机构只能向依法取得动物防疫条件合格证或者畜禽定点屠宰证的畜禽屠宰加工场所派驻（出）官方兽医。这个“依法设立”就是依法取得动物防疫条件合格证或者畜禽定点屠宰证的畜禽屠宰企业。对于未取得合法手续的屠宰加工场所，动物卫生监督机构不得派驻（出）官方兽医实施检疫。

第二十条 进入屠宰加工场所的待宰动物应当附有动物检疫证明并加施有符合规定的畜禽标识。

【理解与适用】本条是进入屠宰加工场所待宰动物的检疫要求。

本条对原办法第二十二条第一款进行了修改完善，将“佩戴有农业部规定的畜禽标识”修改为“加施有符合规定的畜禽标识”。

进入屠宰加工场所的待宰动物应当依法经动物卫生监督机构检疫合格，附有动物检疫证明和佩戴符合规定的畜禽标识，并且动物检疫证明所载内容要与动物种类、数量、目的地、用途、佩戴的畜禽标识等内容相一致。动物检疫证明是屠宰动物进入屠宰加工场所的法律凭证，如果动物没有按规定附具检疫证明和佩戴畜禽标识，均不得进入屠宰加工场所。

第二十一条 屠宰加工场所应当严格执行动物入场查验登记、待宰巡查等制度，查验进场待宰动物的动物检疫证明和畜禽标识，发现动物染疫或者疑似染疫的，应当立即向所在地农业农村主管部门或者动物疫病预防控制机构报告。

【理解与适用】本条明确屠宰加工场所应当承担的防疫主体责任。

本条对原办法第二十二条第二款进行了修改，明确屠宰加工场所在屠宰检疫中承担的职责，包括“严格执行动物入场查验登记、待宰巡查等制度，查验进场待宰动物的动物检疫证明和畜禽标识”，同时新增“发现动物染疫或者疑似染疫的，应当立即向所在地农业农村主管部门或者动物疫病预防控制机构报告”。

《动物防疫法》第七条规定：“从事动物屠宰活动的单位和个人，依照本法和国务院农业农村主管部门的规定，做好免疫、消毒、检测、隔离、净化、消灭、无害化处理等动物防疫工作，承担动物防疫相关责任。屠宰加工场所应当建立防疫管理制度，包括动物入场查验登记、待宰巡查、消毒、无害化处理、疫情报告等制度，并做好相关记录。”《生猪屠宰管理条例》第十三条规定：“生猪定点屠宰厂（场）应当依法查验检疫证明等文件，利用信息化手段核实相关信息，如实记录屠宰生猪的来源、数量、检疫证明号和供货者名称、地址、联系方式等内容，并保存相关凭证。”其他畜禽屠宰加工场所应该参照条例规定的查验内容执行。

屠宰加工场所应当履行疫情报告义务。《动物防疫法》第三十一条规定：“从事动物屠宰活动的单位和个人，发现动物染疫或者疑似染疫的，应当立即向所在地农业农村主管部门或者动物疫病预防控制机构报告，并迅速采取隔离等控制措施，防止动物疫情扩散。”《生猪屠宰管理条例》第十八条规定：“生猪定点屠宰厂（场）对其生产的生猪产品质量安全负责，发现染疫或者疑似染疫的，应当立即停止屠宰，报告农业农村主管部门，通知销售者或者委托人，召回已经销售的生猪产品，并记录通知和召回情况。生猪定点屠宰厂（场）应当对召回的生猪产品采取无害化处理等措施，防止其再次流入市场。”其他畜禽屠宰加工场所应该参照条例规定的处理方式执行。

第二十二条 官方兽医应当检查待宰动物健康状况，在屠宰过程中开展同步检疫和必要的实验室疫病检测，并填写屠宰检疫记录。

【理解与适用】本条是官方兽医实施屠宰检疫的职责。

本条对原办法第二十二条第三款进行了完善，对官方兽医在实施屠宰检疫过程中的职责提出要求，新增“填写屠宰检疫记录”。

屠宰检疫工作中对官方兽医有三个要求，**一是**检查待宰动物健康状况，按照动物卫生监督机构的待宰动物巡查制度实施，检查内容按照动物产地检疫规程中“临床检查”部分实施；**二是**进行实验室检测，屠宰检疫中必要的实验室检测是指屠宰检疫规程或者农业农村部相关文件规定需要进行的实验室检测；**三是**填写屠宰检疫记录，官方兽医应按照待宰动物对应的屠宰检疫规程的要求做好检疫申报、宰前检查、同步检疫等环节的记录工作。

第二十三条 经检疫符合下列条件的，对动物的胴体及生皮、原毛、绒、脏器、血液、蹄、头、角出具动物检疫证明，加盖检疫验讫印章或者加施其他检疫标志：

（一）申报材料符合检疫规程规定；

（二）待宰动物临床检查健康；

（三）同步检疫合格；

（四）需要进行实验室疫病检测的，检测结果合格。

【理解与适用】本条规定了动物产品检疫出证范围和检疫合格标准。

与原办法第二十三条相比，本条明确“对动物的胴体及生皮、原毛、绒、脏器、血液、蹄、头、角出具动物检疫证明”；在检疫合格标准方面，删除原办法中“无规定的传染病和寄生虫病”，新增“待宰动物临床检查健康”“同步检疫合格”两个标准。

一、检疫出证范围

一是从检疫工作的内涵和程序来看，屠宰检疫包括宰前健康检查、宰后同步检疫等程序，畜禽屠宰操作下线时，同步检疫随之结束，整个屠宰检疫已经完成，后续的分割加工环节已经不属于检疫范畴。**二是**从行政许可的角度来看，在屠宰过程中实施同步检疫后，对后续分割加工的产品继续实施检疫，相当于对同一动物产品实施了两次检疫。因此，屠宰检疫出证范围是畜禽屠宰线直接生产的胴体及生皮、原毛、绒、脏器、血液、蹄、头、角等产品，不包括后续分割加工的产品。

为便于各地操作，2022 年 11 月 11 日，《农业农村部办公厅关于进一步规范畜禽屠宰检疫有关工作的通知》（农办牧〔2022〕31 号）印发，进一步细化明确屠宰检疫的出证节点。**一是**对到达目的地后分销的畜禽产品，不再重复出证；**二是**已经实施畜禽产品无纸化出证并实现电子证照互通互认的地区，对经检疫合格的畜禽胴体及生皮、原毛、绒、脏器、血液、蹄、头、角等直接从屠宰线生产的畜禽产品出证，不再对继续分割加工的动物产品重复出证；**三是**尚未实施畜禽产品无纸化出证并实现电子证照互通互认的地区，暂时可以对在本屠宰企业内分割加工的畜禽产品继续出证，但要求在 2025 年底前全面实施无纸化出证，推动实现动物检疫证明电子证照全国互通互认。

二、屠宰检疫合格标准

屠宰检疫的合格标准包含四项内容：（一）申报材料符合检疫规程规定。屠宰检疫申报的材料应当按照屠宰检疫规程规定提供合法有效的材料，如动物产地检疫证明、检疫申报单、入场查验登记等。（二）待宰动物临床检查健康。官方兽医应当按照检疫规程要求，查验待宰动物临床健康状况，临床检查合格。（三）同步检疫合格。屠宰线上的各个同步检疫岗位检疫合格。以生猪为例，同步检疫分为头蹄及体表检查、内脏检查、胴体检查等检疫检查，并均需检疫合格。（四）需要进行实验室疫病检测的，检测结果合格。这里所说的实验室检测是指相应的屠宰检疫规程或者农业农村部规定需要进行实验室疫病检测的，检测结果应当合格。

第二十四条　官方兽医应当回收进入屠宰加工场所待宰动物附有的动物检疫证明，并将有关信息上传至动物检疫管理信息化系统。回收的动物检疫证明保存期限不得少于十二个月。

【理解与适用】本条规定了动物检疫证明回收的相关要求。

与原办法第二十五条相比，要求官方兽医在回收动物检疫证明后“将有关信息上传至动物检疫管理信息化系统”；对于回收的动物检疫证明，将“应当保存十二个月以上”改为“保存期限不得少于十二个月”。

进入屠宰加工场所的待宰动物均应附具动物检疫证明，在屠宰加工场所对待宰动物附具的动物检疫证明核对、登记后，收集的动物检疫证明由官方兽医进行回收。回收的动物检疫证明是动物产品检疫合格的条件之一，官方兽医还应通过检疫管理信息化系统及时履行上传信息的义务。

第五章　进入无规定动物疫病区的动物检疫

本章共三条，明确了进入无规定动物疫病区检疫的实施主体、检疫范围和检疫程序。章节名称由“无规定动物疫病区动物检疫”修改为“进入无规定动物疫病区的动物检疫”。

第二十五条　向无规定动物疫病区运输相关易感动物、动物产品的，除附有输出地动物卫生监督机构出具的动物检疫证明外，还应当按照本办法第二十六条、第二十七条规定取得动物检疫证明。

【理解与适用】本条规定了进入无规定动物疫病区的相关易感动物、动物产品需要两次检疫。

本条对原办法第三十二条进行了修改，删除“向输入地省、自治区、直辖市动物卫生监督机构申报检疫”这项条件。

《动物防疫法》第一百一十条明确：“无规定动物疫病区，是指具有天然屏障或者采取人工措施，在一定期限内没有发生规定的一种或者几种动物疫病，并经验收合格的区域。”截至2023年，我国已建成海南省免疫无口蹄疫区、山东省免疫无口蹄疫区和无高致病性禽流感区、吉林省免疫无口蹄疫区等一批无疫区。无疫区具有较为完善的动物防疫体系工作机制，在一定区域内净化消灭特定动物疫病。限制易感动物和动物产品从高风险区向低风险区移动是动物防疫的一项基本措施，为了有效维持无疫区的无疫状态，需要对调入的动物、动物产品实行更为严格的检疫措施。

《动物防疫法》第五十四条规定：“输入到无规定动物疫病区的动物、动物产品，货主应当按照国务院农业农村主管部门的规定向无规定动物疫病区所在地动物卫生监督机构申报检疫，经检疫合格的，方可进入。”本条授权农业农村主管部门规定进入无规定动物疫病区的相关易感动物、动物产品检疫的具体要求，规定了进入无规定动物疫病区检疫的范围是相关易感动物和动物产品。输入无规定动物疫病区的易感动物、动物产品需要经过两次检疫，**一是**按规定向输出地动物卫生监督机构申报检疫并取得检疫证明，**二是**按本办法第二十六条、第二十七条的规定申报检疫并取得检疫证明。

第二十六条 输入到无规定动物疫病区的相关易感动物，应当在输入地省级动物卫生监督机构指定的隔离场所进行隔离，隔离检疫期为三十天。隔离检疫合格的，由隔离场所在地县级动物卫生监督机构的官方兽医出具动物检疫证明。

【理解与适用】本条规定了进入无规定动物疫病区易感动物的检疫程序。

与原办法第三十三条相比，将“省、自治区、直辖市动物卫生监督机构”调整为“省级动物卫生监督机构”；对于隔离检疫期，由“按照农业部规定的无规定动物疫病区有关检疫要求隔离检疫，大中型动物隔离检疫期为45天，小型动物隔离检疫期为30天”调整为“隔离检疫期为三十天”；出具检疫证明的官方兽医由“输入地省、自治区、直辖市动物卫生监督机构”调整为“隔离场所在地县级动物卫生监督机构”。

一、检疫程序

检疫实施主体是隔离场所在地县级动物卫生监督机构。按照本办法第九条规定，输入易感动物的，向输入地隔离场所在地动物卫生监督机构申报。申报受理后，进入无规定动物疫病区省级动物卫生监督机构指定的隔离场所进行隔离。经过30天的隔离观察期，合格的，由隔离场所在地县级动物卫生监督机构的官方兽医出具动物检疫证明。

二、易感动物的隔离

本条规定的隔离场所应当具备两个基本条件：**一是**应当按照《动物防疫条件审查办法》要求取得动物防疫条件合格证；**二是**经过省级动物卫生监督机构指定。

隔离期：与跨省调运乳用种用动物隔离时限一并调整至30天。

隔离管理： 易感动物在隔离场所隔离期间，应当严格限制人员、车辆、物品的流动。货主应当按照隔离场的防疫制度要求，派出专人负责动物的饲养、观察健康状况、记录养殖信息，包括隔离动物数量、发病、用药、死亡、淘汰、无害化处理等情况，及时向隔离场的执业兽医或者防疫技术人员报告。官方兽医出具检疫证明前应当查看隔离报告，核对隔离动物数量、临床健康等情况。

第二十七条 输入到无规定动物疫病区的相关易感动物产品，应当在输入地省级动物卫生监督机构指定的地点，按照无规定动物疫病区有关检疫要求进行检疫。检疫合格的，由当地县级动物卫生监督机构的官方兽医出具动物检疫证明。

【理解与适用】 本条是关于进入无规定动物疫病区易感动物产品的检疫程序。

本条对原办法中第三十四条进行修改，进入无规定动物疫病区的相关易感动物产品检疫由“输入地省、自治区、直辖市动物卫生监督机构”调整为“当地县级动物卫生监督机构”。

输入到无规定动物疫病区相关易感动物产品的检疫实施主体是省级动物卫生监督机构指定的县级动物卫生监督机构。省级动物卫生监督机构应当为进入无规定动物疫病区的易感动物产品指定检疫的地点，这些地点应当予以公布。指定地点的县级动物卫生监督机构负责这些易感动物产品的检疫工作。

第六章　官方兽医

本章是新增章节，明确官方兽医的资格条件、任命程序、培训和考核要求；授权省级农业农村主管部门规定协助检疫人员的条件和管理要求；强化从事动物检疫工作人员的保障和奖励规定。

第二十八条　国家实行官方兽医任命制度。官方兽医应当符合以下条件：

（一）动物卫生监督机构的在编人员，或者接受动物卫生监督机构业务指导的其他机构在编人员；

（二）从事动物检疫工作；

（三）具有畜牧兽医水产初级以上职称或者相关专业大专以上学历或者从事动物防疫等相关工作满三年以上；

（四）接受岗前培训，并经考核合格；

（五）符合农业农村部规定的其他条件。

【理解与适用】本条是关于官方兽医应符合条件的规定。

《动物防疫法》第六十六条明确，国家实行官方兽医任命制度，并授权国务院农业农村主管部门制定具体办法。官方兽医是实施动物检疫工作的主力军。2005年《国务院关于推进兽医管理体制改革的若干意见》（国发〔2005〕15号）印发，明确提出要逐步推行官方兽医制度。2007年修订的《动物防疫法》规定官方兽医应具备国家规定的资格条件。根据2021年修订的《动物防疫法》授权，统筹考虑各地官方兽医队伍管理和动物检疫工作实际情况，在修订《动物检疫管理办法》时从机构编制、从事工作、学历职称、工作年限、培训考核等方面确定了官方兽医应具备的条件。

在编人员。动物检疫是《动物防疫法》赋予动物卫生监督机构的法定职责，官方兽医具体实施动物检疫。因此，官方兽医应当是动物卫生监督机构的在编工作人员。接受动物卫生监督机构业务指导的相关机构（如乡镇兽医站或农业综合服务中心等单位）中从事动物检疫的在编人员，在符合其他条件的基础上，应纳入官方兽医队伍。

在岗人员。在编人员中，只有从事动物检疫工作的人员才具备官方兽医条件，从事其他业务工作的人员、工勤人员等不得纳入官方兽医队伍。

符合职称学历工作年限要求。动物检疫工作专业性较强，需要相关专业技术人员具体实施以确保工作质量和水平。官方兽医应具备畜牧兽医水产初级以上职称或具有相关专业大专以上学历或从事动物防疫等相关工作满三年以上。

符合培训考核相关要求。官方兽医上岗前必须经过一定学时的岗前培训，全面学习掌握动物检疫相关知识，提高实际操作能力，经考核合格后方可上岗从事动物检疫工作；在岗官方兽医每年也要按要求参加在岗培训，不断提高业务能力和综合素质，完善知识结构，补齐知识技能短板，更好地为群众提供公共服务。

第二十九条 县级以上动物卫生监督机构提出官方兽医任命建议，报同级农业农村主管部门审核。审核通过的，由省级农业农村主管部门按程序确认、统一编号，并报农业农村部备案。

经省级农业农村主管部门确认的官方兽医，由其所在的农业农村主管部门任命，颁发官方兽医证，公布人员名单。

官方兽医证的格式由农业农村部统一规定。

【理解与适用】本条是关于官方兽医确认和任命程序的规定。

第一款规定了官方兽医确认程序。县级以上动物卫生监督机构按照本办法第二十八条规定的官方兽医条件要求，根据动物检疫工作需要筛选拟任命官方兽医的人员，向同级农业农村主管部门报送官方兽医任命建议；经同级农业农村主管部门审核通过的，报至省级农业农村主管部门；省级农业农村主管部门对拟任命官方兽医名单进行审核确认和统一编号，并及时报农业农村部备案。

第二款规定了官方兽医任命程序。经省级农业农村主管部门确认的官方兽医，由其所在的农业农村主管部门任命，颁发官方兽医证，公布人员名单。官方兽医任命部门应遵循“谁使用、谁任命”原则，即官方兽医在省、市、县的哪一级工作，就由哪一级农业农村主管部门任命。

第三款是关于官方兽医证的规定。农业农村部将统一规定官方兽医证的格式。官方兽医证应载明官方兽医的姓名、单位、编号等信息。官方兽医在开展动物检疫工作时应持证件，严格按照规范要求做好动物检疫工作。

第三十条 官方兽医实施动物检疫工作时，应当持有官方兽医证。禁止伪造、变造、转借或者以其他方式违法使用官方兽医证。

【理解与适用】 本条是关于官方兽医证管理措施的规定。

官方兽医证是官方兽医身份的重要凭证，在开展动物检疫工作时，应当持有官方兽医证。

伪造、变造、转借或者以其他方式违法使用官方兽医证会破坏国家动物检疫工作秩序，必须严格禁止。官方兽医应当妥善保管其官方兽医证，不得将依法取得的官方兽医证转借给他人。

第三十一条 农业农村部制定全国官方兽医培训计划。

县级以上地方人民政府农业农村主管部门制定本行政区域官方兽医培训计划，提供必要的培训条件，设立考核指标，定期对官方兽医进行培训和考核。

【理解与适用】 本条是关于官方兽医培训和考核的规定。

《动物防疫法》第六十八条规定：“县级以上人民政府农业农村主管部门制定官方兽医培训计划，提供培训条件，定期对官方兽医进行培训和考核。”官方兽医是动物检疫工作的实施主体，其业务能力和综合素质直接影响动物检疫工作的质量和水平，事关国家动物防疫工作成效。

第一款规定农业农村部制定全国官方兽医的培训计划。2022 年 2 月，农业农村部印发了《2022—2025 年全国官方兽医培训计划》（农牧发

〔2022〕6号），明确提出，“到2025年，国家、省、市、县四级官方兽医培训体系进一步健全完善，官方兽医知识结构持续更新优化，专业能力和综合素质明显提升”。

第二款规定各级农业农村主管部门制定本行政区域官方兽医培训计划，落实培训和考核工作。**一是**省、市、县三级农业农村主管部门是实施官方兽医培训计划的责任主体，应当为培训工作提供必要的培训条件。要加大经费投入力度，及时安排培训经费，强化培训工作软硬件建设。要加强师资队伍建设，及时选拔业务骨干组建官方兽医培训师资库，不断提升培训师资能力。要加强培训教材建设，组织编制培训教材课件、考试题库，做好培训考试信息平台的运行维护等。**二是**做好官方兽医的考核工作。根据《动物防疫法》和本办法规定，省、市、县三级农业农村主管部门要进一步完善官方兽医培训考核评价机制，设立相关考核指标，定期对官方兽医进行培训和考核。

根据《2022—2025年全国官方兽医培训计划》要求，各地农业农村主管部门要健全完善官方兽医培训档案，实行学时管理制度；举办线下培训要及时发放培训证书（证明），明确具体学时；参加线上培训自动累计学时。各地要组织官方兽医每年全员参加培训、全员参加考试，通过考试及时检验学习培训效果，督促官方兽医及时查漏补缺，有效提升能力素质。

第三十二条 官方兽医实施动物检疫的，可以由协检人员进行协助。协检人员不得出具动物检疫证明。

协检人员的条件和管理要求由省级农业农村主管部门规定。

【理解与适用】本条是关于协检人员管理制度的规定。

本条在原办法第五条第二款基础上进行了修改完善。**一是**引入“协检人员”的概念，明确协检人员工作范围；**二是**增加了“协检人员的条件和管理要求由省级农业农村主管部门制定”，授权省级农业农村主管部门制定协检人员管理要求。

动物检疫包括申报受理、材料核查、现场核查、出具证明等多个环节，还具有检疫范围广、检疫对象复杂、专业技术性强、检疫程序严格等工作特点，如检查申报材料是否符合检疫规程规定、强制免疫实施情况、动物临床健康状况、畜禽标识佩戴情况、相关疫病实验室检测情况等。动物卫生监督机构可以根据检疫工作需求指定符合条件的协检人员协助官方兽医实施动物检疫。

对本条理解把握时应注意两个方面。

一是协检人员仅从事辅助工作。协检人员可以协助官方兽医到现场或指定地点核实相关信息，开展临床健康检查。协检人员协助官方兽医实施检疫，主要从事技术性辅助工作，不能取代官方兽医，不能出具动物检疫证明。

二是协检人员管理办法由省级主管部门制定。考虑到我国畜禽养殖总量大、养殖单元多，地区间经济社会发展不平衡，动物疫病防控工作情况不同，根据本办法规定，省级农业农村主管部门统筹考虑本省域兽医机构队伍情况、官方兽医和协检人员情况、动物养殖状况、动物疫病流行情况等，确定协检人员应符合的条件，制定相关管理措施。由省级农业农村主管部门制定协检人员管理办法，既符合协检人员管理实际，也便于地方具体操作。

协检人员不包括《动物防疫法》第四十九条第三款规定的动物饲养场、屠宰企业的执业兽医或者动物防疫技术人员。

第三十三条 动物饲养场、屠宰加工场所的执业兽医或者动物防疫技术人员，应当协助官方兽医实施动物检疫。

【理解与适用】本条规定动物防疫主体协助动物检疫的法定义务。

《动物防疫法》第二十四条规定，动物饲养场、动物屠宰加工场所应有与其规模相适应的执业兽医或者动物防疫技术人员。本条规定，动物饲养场、屠宰加工场所的执业兽医或者动物防疫技术人员，应协助官方兽医实施动物检疫。进一步压实动物饲养场、屠宰企业等生产经营者的动物防疫主体责任，相关生产经营企业应安排其执业兽医或者动物防疫技术人员，积极协助官方兽医实施动物检疫，这是生产经营者履行《动物防疫法》规定义务、承担社会责任的具体体现。

需要说明的是，动物饲养场、屠宰厂（场）的执业兽医或者动物防疫技术人员与本办法第三十二条规定的协检人员不同，不属于协检人员范围。可以从协助检疫的不同角度来理解，第三十二条规定的协检人员是动物检疫实施主体的协助人员，而本条规定的执业兽医或动物防疫技术人员是动物饲养场、屠宰加工场所申报检疫的协助者。

第三十四条 对从事动物检疫工作的人员，有关单位按照国家规定，采取有效的卫生防护、医疗保健措施，全面落实畜牧兽医医疗卫生津贴等相关待遇。

对在动物检疫工作中做出贡献的动物卫生监督机构、官方兽医，按照国家有关规定给予表彰、奖励。

【理解与适用】本条规定从事动物检疫工作人员的保障和奖励。

根据《动物防疫法》第十四条第一款和第八十六条规定，对在动物防疫工作中做出贡献的单位和个人，各级人民政府和有关部门按照国家有关规定给予表彰、奖励；对从事动物检疫的人员，有关单位按照国家规定，采取有效的卫生防护、医疗保健等措施，给予畜牧兽医医疗卫生津贴等相关待遇。

按照《动物防疫法》有关规定，本办法明确了动物检疫人员应得到卫生保健措施的保护，享受畜牧兽医医疗卫生津贴等相关待遇，以及对动物卫生监督机构和官方兽医的表彰奖励等。

一、关于卫生保健措施和津贴待遇

官方兽医、协检人员等动物检疫人员在工作中直接接触畜禽，有可能感染人畜共患传染病，影响身体健康，还有可能造成动物疫病传播扩散。官方兽医、协检人员等开展动物检疫工作时，应当按要求规范穿戴防护服具，加强卫生消毒；有关单位要及时对动物检疫人员进行专业培训、疫苗免疫接种、定期健康体检、检测相关人畜共患传染病等，对动物检疫人员采取严格的卫生防护和和医疗保健措施，防止其感染病原微生物。同时，各级农业农村主管部门要认真贯彻落实《动物防疫法》和本办法，积极协调有关部门，全面落实畜牧兽医医疗卫生津贴等相关待遇，力争动物检疫人员全额享受畜牧兽医医疗卫生津贴。

二、关于表彰奖励

对在动物检疫工作中做出贡献的动物卫生监督机构和官方兽医给予表彰奖励，是对工作业绩突出、工作成效显著的相关单位和个人的充分肯定和有效激励，有利于鼓励、引导动物卫生监督机构和官方兽医更加积极主动地投身于动物检疫工作，有效激发官方兽医内生动力，全面促进官方兽医依法行政、履职尽责，为动物检疫工作做出更大的贡献。对动物卫生监督机构和官方兽医进行表彰奖励的方式，包括通报表彰奖励，颁发奖状、奖牌、奖杯、奖章、证书，授予荣誉称号，给予奖金或实物奖励等。为进一步激励有关单位和个人爱岗敬业，各级农业农村主管部门应当积极协调有关部门对在动物检疫工作中做出贡献的动物卫生监督机构和官方兽医进行表彰、奖励。

第七章　动物检疫证章标志管理

本章共四条，对动物检疫证章标志的范围、管理进行了具体规定。

第三十五条　动物检疫证章标志包括：

（一）动物检疫证明；

（二）动物检疫印章、动物检疫标志；

（三）农业农村部规定的其他动物检疫证章标志。

【理解与适用】本条是关于动物检疫证章标志范围的规定，是新增条款。

本条明确了动物检疫证章标志的范围，包括动物检疫证明、动物检疫印章、检疫标志和农业农村部规定的其他动物检疫证章标志。

动物检疫证章标志是实施动物检疫后，动物卫生监督机构官方兽医依法签发的证件。由于动物检疫范围较广，因此动物检疫合格的法律证件具有多样性，包括签发的动物检疫证明，针对不同种类动物产品加施的检疫印章或者检疫标志。检疫不合格的动物和动物产品应当签发检疫处理通知单，检疫不合格的动物产品应加施相应印章。

一、动物检疫证明

2010年，《农业部关于印发动物检疫合格证明等样式及填写应用规范的通知》（农医发〔2010〕44号）明确了动物检疫证明包括动物A、动物B、产品A和产品B四种，同时规定了动物检疫证明的样式和组织订购。其中，动物A、产品A用于跨省境出售或者运输动物、动物产品；动物B、产品B用于省内出售或者运输动物、动物产品。动物检疫证明一式两联，第一联由动物卫生监督机构留存，第二联随货同行。

二、动物检疫印章、动物检疫标志

《农业部关于印发动物检疫合格证明等样式及填写应用规范的通知》

规定，动物检疫标志分为检疫滚筒验讫印章和检疫粘贴标志类两种。检疫滚筒验讫印章是用在带皮肉上的标志。检疫粘贴标志是用在动物产品包装上粘贴的标志，包括大标签和小标签两种。大标签用在动物产品包装箱上，小标签用在动物产品包装袋上。同时，通知中明确了滚筒验讫印章和检疫粘贴标志的样式。滚筒验讫印章沿用农业部 1997 年规定的样式；检疫粘贴标志大小标签均有防伪设计。《农业部办公厅关于动物检疫合格证明及动物检疫标志填写使用等有关事宜的补充通知》要求，将标签中规定的 6 位行政区域代码更改为 10 位数字流水号码。同时规定，动物检疫标志的防伪技术要求和标准由农业部统一管理。

2019 年，《农业农村部办公厅关于规范动物检疫验讫证章和相关标志样式等有关要求的通知》（农办牧〔2019〕28 号）印发。农业农村部印发了新的动物检疫验讫证章和相关标志样式，规范了使用和管理；启用了新的生猪屠宰检疫验讫印章，明确生猪屠宰检疫验讫印章包括验讫印章（滚筒印章）和无害化处理印章（“高温”“销毁”两种印章）三种样式。同时规定，对检疫合格肉品加盖的印章印油，颜色统一使用蓝色；对检疫不合格的肉品加盖的“高温”或“销毁”章印油，颜色统一使用红色。另外，启用了具有防伪识别码的牛羊肉塑料卡环式检疫验讫标志，启用了新型动物产品检疫粘贴标志，将动物检疫证明及相关标识监制印章上的“中华人民共和国农业部监制”变更为“中华人民共和国农业农村部监制”。新型的动物产品检疫粘贴标志具有防水、防脱、防褪色的功能，正面与原标志相同，背面增加了图案设计，提高了防伪水平。

三、其他的动物检疫证章标志

此项属于兜底性条款。考虑到随着养殖行业的发展和动物检疫工作的推进，新的动物检疫证章标志有可能出现，如对于屠宰场进行禽类的屠宰，对检疫合格的胴体有可能规定新的检疫标志，农业农村部可以规定新的动物检疫证章标志。

第三十六条 动物检疫证章标志的内容、格式、规格、编码和制作等要求，由农业农村部统一规定。

【理解与适用】本条规定农业农村部对动物检疫证章标志的管理。

与原办法第五十一条相比，本条主要有三处修改，**一是**将“动物卫生监督证章”改为“动物检疫证章”；**二是**将“格式或样式”改为“内容、格式、规格、编码和制作等要求”；**三是**将“农业部统一制定”改为“农业农村部统一规定”。

《动物防疫法》第七十八条第三款规定：“检疫证明、检疫标志的管理办法由国务院农业农村主管部门制定。”授权动物检疫证明、检疫标志的管理办法由农业农村部制定。农业农村部负责动物检疫证章标志管理最基础、最重要的环节，《农业部关于印发动物检疫合格证明等样式及填写应用规范的通知》《农业农村部办公厅关于规范动物检疫验讫证章和相关标志样式等有关要求的通知》等文件明确了动物检疫证章标志的具体要求。

第三十七条　县级以上动物卫生监督机构负责本行政区域内动物检疫证章标志的管理工作，建立动物检疫证章标志管理制度，严格按照程序订购、保管、发放。

【理解与适用】本条规定动物卫生监督机构对动物检疫证章标志的管理，是新增条款。

动物检疫证章标志管理是动物检疫工作的重要内容，严格管理证章标志有利于维持良好的动物检疫工作秩序，签发的动物检疫证章标志在动物、动物产品的追溯中有着重要的作用。证章标志管理应该有严格的管理制度，明确其订购、保管、发放、使用、回收的程序和要求，以确保动物检疫证章标志的规范管理。因此，县级以上动物卫生监督机构应该建立动物检疫证章标志管理办法，严格按照程序订购、保管、发放。

第三十八条　任何单位和个人不得伪造、变造、转让动物检疫证章标志，不得持有或者使用伪造、变造、转让的动物检疫证章标志。

【理解与适用】本条是关于动物检疫证章标志的禁止性规定，是新增条款。

《动物防疫法》第七十八条第一款和第二款规定："禁止转让、伪造或者变造检疫证明、检疫标志或者畜禽标识。禁止持有、使用伪造或者变造的检疫证明、检疫标志或者畜禽标识。"动物检疫证章标志是动物检疫工作的重要凭证。动物检疫证明、印章和检疫标志是动物卫生监督机构对经检疫合格的动物、动物产品出具的法律凭证。官方兽医依据检疫规程对动物、动物产品实施检疫后出具的检疫证明、加施的检疫印章或标志表明该批动物、动物产品是检疫合格的。伪造、变造、转让检疫证章标志将破坏正常的动物检疫秩序；同样，持有或者使用伪造、变造、转让的动物检疫证章标志也是对正常动物检疫秩序的破坏，影响动物疫病防控。

伪造动物检疫证章标志，是未经国务院农业农村主管部门的批准，仿照法定的检疫证明、印章和标志的样式，擅自制作的行为。

变造检疫证章标志，是对检疫证明、印章和标志采用剪贴、挖补、涂改、拼接和彩印、电脑涂改等方式加工处理，改变检疫证明、印章和标志的项目或内容的行为，如改变动物检疫证明的动物种类、数量，检疫印章的时间、检疫标志的监制单位等。

转让动物检疫证章标志，是指依法取得检疫证明、标志的单位和个人，以有偿或者无偿的方式提供给没有动物检疫证明、标志的单位或者个人使用的行为，检疫印章加施后一般不存在转让的情况。

第八章　监督管理

本章共九条，主要规定了实施动物检疫后的情况处理，包括对检疫不合格动物及动物产品的处理、动物检疫证明的撤销、动物检疫相关违法行为的界定、动物及动物产品补检、落地报告等内容。

第三十九条　禁止屠宰、经营、运输依法应当检疫而未经检疫或者检疫不合格的动物。

禁止生产、经营、加工、贮藏、运输依法应当检疫而未经检疫或者检疫不合格的动物产品。

【理解与适用】本条是关于依法应当检疫而未经检疫或者检疫不合格动物、动物产品的禁止性规定，是新增条款。

《动物防疫法》第二十九条规定，禁止屠宰、经营、运输依法应当检疫而未经检疫或者检疫不合格的动物和生产、经营、加工、贮藏、运输依法应当检疫而未经检疫或者检疫不合格的动物产品。

依法应当检疫而未经检疫的动物健康状况不明，存在染疫、传播动物疫病等风险；未经检疫的肉、脏器、脂、血液、头、蹄、角、筋、生皮、原毛、绒等动物产品同样可能传播疫病。如果未经检疫的动物和动物产品进入流通环节，还有可能造成疫病流行，甚至危害公共卫生安全和人体健康。动物、动物产品检疫不合格，是官方兽医进行检疫后得出的结论，说明检疫的动物、动物产品不符合相关法律法规和检疫规程的规定，较之未经检疫的动物和动物产品，其存在更大的疫病传播风险和社会危害性，应当在农业农村主管部门的监督下严格按照国家有关规定处理处置。

第四十条　经检疫不合格的动物、动物产品，由官方兽医出具检疫处理通知单，货主或者屠宰加工场所应当在农业农村主管部门的监督下按照国家有关规定处理。

动物卫生监督机构应当及时向同级农业农村主管部门报告检疫不合格情况。

【理解与适用】本条规定检疫不合格的处理和动物卫生监督机构的报告义务。

本条对原办法第十八条、第二十四条、第三十九条部分内容进行了整合，经检疫不合格的动物、动物产品，规定“货主或者屠宰加工场所应当在农业农村主管部门的监督下按照国家有关规定处理”；新增一款“动物卫生监督机构应当及时向同级农业农村主管部门报告检疫不合格情况”。

一、检疫不合格的动物、动物产品处理

动物检疫的对象是动物检疫规程规定的动物疫病。动物、动物产品经检疫不合格，说明其存在动物疫病发生、传播的风险，因此必须按照国家有关规定进行处理，消除隐患，从而起到促进养殖业发展，保障公共卫生安全和人体健康的目的。本条款主要包括三方面内容：**一是**明确了检疫不合格的动物、动物产品的认定主体是官方兽医。官方兽医在实施检疫的过程中发现检疫不合格的动物、动物产品时，应依法出具检疫处理通知单，明确检疫不合格的动物、动物产品的名称、数量、运输工具及检疫不合格的原因，并提出处理要求。**二是**明确了检疫不合格的动物、动物产品处理实施主体为货主或者屠宰加工场所，并为其设定了相应的处理义务，落实生产经营者的主体责任。**三是**明确了监督主体为农业农村主管部门，监督货主或者屠宰加工场所按照规定对检疫不合格的动物、动物产品进行处理。

二、动物、动物产品检疫不合格情况报告

《动物防疫法》第三十一条规定，从事检疫的单位和个人，发现动物染疫或者疑似染疫的，应当立即向所在地农业农村主管部门或者动物疫病预防控制机构报告，并迅速采取隔离等控制措施，防止动物疫情扩散。动物卫生监督机构在动物检疫工作中，按照检疫规程和有关规定对动物、动物产品进行临床检查，发现患有动物疫病的动物或动物产品应当判定为检

疫不合格，出具检疫处理通知单，及时向同级农业农村主管部门报告；发现动物染疫或者疑似染疫的，还应采取相应的控制措施，例如立即停止相应区域的动物检疫活动。报告动物、动物产品检疫不合格情况，是动物卫生监督机构的法定义务，必须履行。

第四十一条 有下列情形之一的，出具动物检疫证明的动物卫生监督机构或者其上级动物卫生监督机构，根据利害关系人的请求或者依据职权，撤销动物检疫证明，并及时通告有关单位和个人：

（一）官方兽医滥用职权、玩忽职守出具动物检疫证明的；

（二）以欺骗、贿赂等不正当手段取得动物检疫证明的；

（三）超出动物检疫范围实施检疫，出具动物检疫证明的；

（四）对不符合检疫申报条件或者不符合检疫合格标准的动物、动物产品，出具动物检疫证明的；

（五）其他未按照《中华人民共和国动物防疫法》、本办法和检疫规程的规定实施检疫，出具动物检疫证明的。

【理解与适用】本条是关于撤销动物检疫证明的规定，是新增条款。

本条内容参考了《行政许可法》第二条和第六十九条规定。第二条规定："本法所称行政许可，是指行政机关根据公民、法人或者其他组织的申请，经依法审查，准予其从事特定活动的行为。"第六十九条规定："有下列情形之一的，作出行政许可决定的行政机关或者其上级行政机关，根据利害关系人的请求或者依据职权，可以撤销行政许可：（一）行政机关工作人员滥用职权、玩忽职守作出准予行政许可决定的；（二）超越法定职权作出准予行政许可决定的；（三）违反法定程序作出准予行政许可决定的；（四）对不具备申请资格或者不符合法定条件的申请人准予行政许可的；（五）依法可以撤销的其他情形。被许可人以欺骗、贿赂等不正当手段取得行政许可的，应当予以撤销。"

动物检疫证明的撤销适用本条规定和《行政许可法》的有关规定，如果出现法定撤销事由，应当予以撤销。

理解本条规定可以从以下三个方面进行：

1. 撤销情形 五种情形可以撤销检疫证明，动物卫生监督机构或官方兽医违法违规出具检疫证明、超出检疫范围出具检疫证明、不按规定标准出具检疫证明等行为，货主以虚假材料或者贿赂手段取得检疫证明的情形。

2. 撤销机构 有权作出撤销决定的机构是出具动物检疫证明的动物卫生监督机构或者上级动物卫生监督机构。在监督检查过程中，如果发现有法定撤销动物检疫证明的情形，上述动物卫生监督机构都有权作出撤销决定。例如县级动物卫生监督机构出具的动物检疫证明出现可撤销情形，市级和省级动物卫生监督机构均可作出撤销检疫证明的决定。

3. 撤销提起 撤销动物检疫证明有两条途径：**一是**依据申请撤销。管理相对人和利害关系人均可提出申请。**二是**依据职权撤销。动物卫生监督机构发现自身或者下级动物卫生监督机构出具动物检疫证明符合撤销情形，可以依职权撤销动物检疫证明。

第四十二条 有下列情形之一的，按照依法应当检疫而未经检疫处理处罚：

（一）动物种类、动物产品名称、畜禽标识号与动物检疫证明不符的；

（二）动物、动物产品数量超出动物检疫证明载明部分的；

（三）使用转让的动物检疫证明的。

【理解与适用】本条是对依法应当检疫而未经检疫三种情形的界定，是新增条款。

动物和动物产品检疫合格的条件是本办法和动物检疫规程明确规定的，动物检疫证明所载信息应与动物、动物产品相一致，当出现畜禽标识号不一致、数量超出检疫数量的时候，不能确定该部分动物和动物产品经过检疫，因此，本条明确这两种情形属于依法应当检疫而未经检疫。《动物防疫法》第七十八条规定："禁止转让、伪造或者变造检疫证明、检疫标志或者畜禽标识。禁止持有、使用伪造或者变造的检疫证明、检疫标志或者畜禽标识。"实际工作中，持有、使用转让检疫证明的情形存在，因此本条第三项规定了使用转让的动物检疫证明的处理。

理解运用该条款时要注意联系《动物防疫法》第二十九条的规定："禁止屠宰、经营、运输下列动物和生产、经营、加工、贮藏、运输下列动物产品：（一）封锁疫区内与所发生动物疫病有关的；（二）疫区内易感染的；（三）依法应当检疫而未经检疫或者检疫不合格的；（四）染疫或者疑似染疫的；（五）病死或者死因不明的；（六）其他不符合国务院农业农村主管部门有关动物防疫规定的。"例如，在检疫工作中发现超出动物检疫证明所载数量的情形，而且该动物疑似染疫，这种情形既符合本条款规定又符合《动物防疫法》第二十九条规定的情形，在既违反上位法又违反本条例的情况下应该优先适用上位法，不能再单独依照本办法处理。

动物种类、动物产品名称、畜禽标识号与动物检疫证明不符的。动物种类、动物产品名称、畜禽标识号信息应当与动物检疫证明记录的内容相一致、相印证。如果出现信息不符的情况，又没有合法合理解释，则构成该项内容的违法要件，应当按照本条规定追究违法主体的法律责任。

动物、动物产品数量超出动物检疫证明载明部分的。数量不一致的情形有两种，**一是**动物、动物产品数量低于动物检疫证明载明数量，**二是**动物、动物产品数量超出动物检疫证明载明数量。对于前者，可能存在运输过程中动物应激死亡并经无害化处理等合法情况，应当进一步查明原因，构成违法的，按照相关条款规定进行处理处罚；对于后者，说明部分动物、动物产品存在未经依法检疫的情况，应当按照本条规定追究违法主体的法律责任，但在处罚认定时，只能认定超出部分为依法应当检疫而未经检疫。

使用转让的动物检疫证明的。动物检疫证明是动物卫生监督机构的官方兽医出具的证明动物、动物产品经检疫合格的法律凭证，属于国家管理动物检疫工作的重要证件，必须严格管理，严禁有转让、伪造、变造及其他相关违法行为。使用转让的动物检疫证明，让依法应当检疫而未经检疫或者检疫不合格的动物、动物产品披上"合法的外衣"，从而达到继续屠宰、经营、运输等目的，是对动物检疫秩序和证章标志管理秩序的扰乱和破坏。相较于转让行为，使用行为的社会危害性甚至更大，极易导致食品安全事故和动物疫病发生、传播风险，应当承担相应的法律责任。《动物防疫法》中对转让、伪造、变造检疫证明，持有、使用伪造或者变造的检疫证明的违法行为，已作出明确的禁止性规定和相应的处罚依条款，但是对使用转让的动物检疫证明的违法行为未作专门规定。本办法对此作了补充规定，即按照依法应当检疫而未经检疫的规定处理处罚。

适用本条规定还应当注意的几点：

一是第一项、第二项的规定，如果相关人员能够作出合理合法的解释或者提供相关证据证明，确实没有违法事实的，如证明填写问题等情形，不应当依照本条规定追究法律责任。

二是第三项“使用转让的动物检疫证明”，指的是使用真的动物检疫证明。如果使用伪造的动物检疫证明，按照《动物防疫法》的有关规定进行处罚，不按照本条规定处理处罚。

三是第三项的“转让”行为，既包括有偿转让也包括无偿转让；“转让”和“使用转让”的行为破坏的是检疫秩序，不区分有偿、无偿，均应追究法律责任。

四是对本条规定的三项违法行为，只是在处理处罚上“按照依法应当检疫而未经检疫”执行，即按照《动物防疫法》第九十七条、一百条的规定进行处理处罚，在违法行为定性和案由上还应按照本条规定分别确定。

第四十三条 依法应当检疫而未经检疫的动物、动物产品，由县级以上地方人民政府农业农村主管部门依照《中华人民共和国动物防疫法》处理处罚，不具备补检条件的，予以收缴销毁；具备补检条件的，由动物卫生监督机构补检。

依法应当检疫而未经检疫的胴体、肉、脏器、脂、血液、精液、卵、胚胎、骨、蹄、头、筋、种蛋等动物产品，不予补检，予以收缴销毁。

【理解与适用】本条规定动物、动物产品的补检。

本条对原办法第四十二条、第四十三条内容进行了整合和修改，明确依法应当检疫而未经检疫的动物、动物产品的补检和处置。处罚机关由“动物卫生监督机构”调整为“县级以上地方人民政府农业农村主管部门”；在第二款中明确不予补检的动物产品种类，予以收缴销毁。

一、补检的范围

依法应当检疫而未经检疫，且经过农业农村主管部门处理处罚的动物、动物产品。符合上述条件的动物和动物产品才能实施补检，但不包括胴体、肉、脏器、脂、血液、精液、卵、胚胎、骨、蹄、头、筋、种蛋等动物产品。对于以上动物产品，其检疫应当结合对其供体动物健康状况检查、同步检疫等环节开展，对产品来说已经不具备检疫的条件。因此，对上述动物产品不予补检，予以收缴销毁。结合本办法对产地检疫和屠宰检疫范围的规定，动物产品中仅依法应当检疫而未经检疫生皮、原毛、绒、角等可以实施补检。

二、补检的主体

补检的主体是动物卫生监督机构。《动物防疫法》第七十六条规定，县级以上地方人民政府农业农村主管部门对依法应当检疫而未经检疫的动物和动物产品，具备补检条件的实施补检，不具备补检条件的予以收缴销毁。根据《动物防疫法》第七十六条的规定可知，补检的提出是农业农村主管部门，补检并不依据货主的申请。

三、补检结果的处理

补检结果的处理分两种情况，一是符合补检条件的，由动物卫生监督机构实施补检；二是不符合补检条件的，由农业农村主管部门收缴销毁。

1. 依法应当检疫而未经检疫的动物、动物产品的处置　对动物、动物产品实施检疫是《动物防疫法》的明确规定，是防控动物疫病的重要手段。屠宰、经营、运输依法应当检疫而未经检疫的动物和生产、经营、加工、贮藏、运输依法应当检疫而未经检疫的动物产品的，是严重的违法违规行为，应当由县级以上地方人民政府农业农村主管部门按照《动物防疫法》第九十七条、第一百条的规定处理处罚。本条对如何妥善处理依法应当检疫而未经检疫的动物、动物产品作了明确规定，即在查处此类违法行为过程中，对涉案动物、动物产品采取“补检”措施。本办法根据《动物防疫法》的基本规定，结合我国国情和行业发展实际，对补检的具体要求进一步细化明确，即不具备补检条件的，予以收缴销毁；具备补检条件的，给予补检。

本办法修订后作出如此规定主要基于以下考虑：**一是**逃避检疫是扰乱国家检疫秩序的严重违法行为，应当予以处理处罚。**二是**依法应当检疫而未经检疫的动物、动物产品，疫病状况不确定，存在传播动物疫病、危害人体健康的风险，因此应当细化标准、提高要求，对不符合补检条件的，进行严格处理。**三是**依法应当检疫而未经检疫的动物、动物产品，主要是没有遵守国家检疫规定，没有履行相应的检疫程序，违反的是国家检疫秩序，并不一定都是不合格，因此不能一罚了之，也不能全部收缴销毁，应当区分不同情况，分别对待。通过“补检”，让违法行为受到惩处的同时，让合格的动物、动物产品继续上市流通，能够降低相关从业主体的损失，避免资源浪费，也不会增加动物疫病防控和食品安全事件发生的风险。

2. 不予补检的动物产品 本条内容是对《动物防疫法》第七十六条第一款第三项动物产品补检规定的细化。本条第二款所列举的动物产品主要用途是供人民群众食用和繁衍动物后代。如果未经检疫，动物产品的疫病状况不明，存在较高的公共卫生安全和动物疫病风险隐患，实践中也有因此导致的动物疫病传播、扩散的事例。因此，必须经过严格的检疫把关，避免有关疫病传播扩散。此外，胴体、肉等依法应当检疫而未经检疫的动物产品，官方兽医既不了解其供体动物的健康状况，也不清楚相关动物的屠宰状况，很难通过临床检查和防疫消毒来达到发现、消灭动物疫病的目的，补检难度很大、成本很高，而一旦发生疫病，极易导致出现危害人体健康和公共卫生安全的重大社会事件。基于此，本条第二款对依法应当检疫而未经检疫的胴体、肉、脏器、脂、血液、精液、卵、胚胎、骨、蹄、头、筋、种蛋等动物产品作了从严规定，即不予补检，直接采取收缴销毁的强制性措施，最大限度减少动物疫病传播，保护人体健康。

应当注意到的是，对依法应当检疫而未经检疫的动物、动物产品的处理处罚和不具备补检条件的动物、动物产品的收缴销毁，由农业农村主管部门实施；对具备补检条件的动物、动物产品的补检，由动物卫生监督机构实施。此外，补检是对依法应当检疫而未经检疫的动物、动物产品采取的强制性、惩戒性措施，当事人同意与否，不影响补检工作的开展，这和检疫工作依申请开展是有所区别的。

第四十四条 补检的动物具备下列条件的，补检合格，出具动物检疫证明：

（一）畜禽标识符合规定；

（二）检疫申报需要提供的材料齐全、符合要求；

（三）临床检查健康；

（四）不符合第一项或者第二项规定条件，货主于七日内提供检疫规程规定的实验室疫病检测报告，检测结果合格。

【理解与适用】本条是关于动物补检合格条件的规定。

本条对原办法第四十条进行了修改和完善，对于补检动物合格的条件进一步细化，新增款项“检疫申报需要提供的材料齐全、符合要求”；将“农业部规定需要进行实验室疫病检测的，检测结果符合要求”修改为“不符合第一项或者第二项规定条件，货主于七日内提供检疫规程规定的实验室检测报告，检测结果合格”。

一是农业农村部明确需要佩戴畜禽标识的动物，畜禽标识符合规定；**二是**按照正常的产地申报检疫要求，需要货主提供的材料齐全、符合要求；**三是**补检动物临床检查健康；**四是**如果动物没有佩戴畜禽标识、佩戴不规范，或者检疫申报材料不齐全、不符合要求，但动物临床检查健康，货主于七日内提供检疫规程规定的实验室检测报告，检测结果合格的，也可以出具检疫证明。

如此修改主要基于以下考虑：

1. 严格补检标准 补检既是降低管理相对人损失、避免资源浪费的措施，也具有鲜明的强制性和惩戒性特征。因此，补检的标准必须严于检疫的标准。这样才能体现出对逃避检疫违法行为的惩戒，避免个别生产经营主体钻法律漏洞，故意逃避检疫的情况出现。通常情况下，官方兽医无法对依法应当检疫而未经检疫的动物来源、免疫、启运地疫病风险等信息进行详细了解，无法全面掌握相关动物疫病状况，如果不规定更加严格的补检措施，既会提高动物疫病发生风险，也会增加官方兽医的履职风险。

这些实际情况也要求严格补检标准的制定。

2. 明确细化检测要求 对补检动物进行实验室检测，本办法修订前后均有规定。原办法第四十条第二款第三项规定，农业部规定需要进行实验室疫病检测的，检测结果符合要求。实践中，各地对该项内容争议很大，由于规定比较固定，对何时需要进行检测，以及检测内容、检测机构、申请主体、检测费用等方面未做细致说明，各地理解各不相同，执行情况差异较大，实际工作中该项规定很难完全执行到位。本办法修订时充分考虑上述问题，在保留补检动物需要实验室检测的基本要求同时，根据工作实际对具体内容进行合理修改。本办法修订后，第四十四条第四项规定，不符合第一项或者第二项规定条件，货主于七日内提供检疫规程规定的实验室检测报告，检测结果合格。根据此规定，只有当畜禽标识不符合规定（第一项）或者检疫申报需要提供的材料不符合要求（第二项）时，才需要提供实验室检测报告，如果畜禽标识和检疫申报材料符合规定要求，不需要提供检测报告；修订后，提供检测报告的责任主体是货主，时间是七日内，检测对象范围根据检疫规程规定执行。较之修订前，修订后的规定明确了相对人提供检测报告的主体责任，也便于操作执行，能够保证有关要求落实落地，更能充分发挥补检的作用，更符合当前补检工作实际，可以有效降低动物疫病传播、公共卫生安全事件发生和工作人员履职的风险。

第四十五条 补检的生皮、原毛、绒、角等动物产品具备下列条件的，补检合格，出具动物检疫证明：

（一）经外观检查无腐烂变质；

（二）按照规定进行消毒；

（三）货主于七日内提供检疫规程规定的实验室疫病检测报告，检测结果合格。

【理解与适用】 本条是关于生皮、原毛、绒、角等动物产品补检条件的规定。

本条对原办法第四十一条进行了修改和完善，对于可以补检合格的动物产品的条件进一步细化，对于可以补检的动物产品删除了“骨”；将“按有关规定重新消毒”修改为“按照规定进行消毒”；将“农业部规定需要进行实验室疫病检测的，检测结果符合要求”修改为“货主于七日内提供检疫规程规定的实验室检测报告，检测结果合格”。

原则上，单独的动物产品因为供体动物的养殖、屠宰、健康状况等均不明确，难以开展检疫工作。但是，生皮、原毛、绒、角等动物产品可以实施严格的消毒，消灭其所携带的病原微生物。因此本办法规定了对上述动物产品的补检条件。**一是**经外观检查无腐烂变质；**二是**按照规定进行消毒；**三是**货主于七日内提供检疫规程规定的实验室检测报告，检测结果合格。

本条第三项规定，“货主于七日内提供检疫规程规定的实验室检测报告，检测结果合格”，进一步明确了检测报告的提供主体、时间、检测内容等事项，修订后的规定较修订前更加具体，便于操作。

第四十六条 经检疫合格的动物应当按照动物检疫证明载明的目的地运输，并在规定时间内到达，运输途中发生疫情的应当按有关规定报告并处置。

跨省、自治区、直辖市通过道路运输动物的，应当经省级人民政府设立的指定通道入省境或者过省境。

饲养场（户）或者屠宰加工场所不得接收未附有有效动物检疫证明的动物。

【理解与适用】本条是关于流通环节动物检疫的要求和相关主体的法定义务。

本条对原办法第四十七条进行了修改。对动物运输进行规定，增加“按照动物检疫证明载明的目的地运输”要求，新增“跨省、自治区、直辖市通过道路运输动物的，应当经省级人民政府设立的指定通道入省境或者过省境”和“饲养场（户）或者屠宰加工场所不得接收未附有有效动物检疫证明的动物”两款内容。

动物运输是动物疫病传播、扩散的重要途径，特别是跨省域长距离调运的疫病风险隐患很大。随着人们生活水平提高，需求多样化，加之交通物流日益便捷，不同地域间的动物跨区域、长途运输日益频繁，动物疫病跨区域发生、传播的风险很高。因此，必须加强动物运输环节管理，切断动物疫病传播途径。

一、严格按照动物检疫证明载明信息运输动物

本款是对动物运输设定的一项强制性义务，货主不能违反，承运人也不能违反，否则要承担相应的法律责任。动物检疫证明是官方兽医出具的证明相关动物检疫合格的法律凭证，其承载着目的地、调运有效时间等重要信息，是防范动物疫病传播风险、实现全链条闭环监管和追踪溯源的重要手段，必须严格遵守，不能擅自更改。这也是《行政许可法》严格按照准予许可的范围和期限，从事特定活动的基本要求。因此，本办法明确规定，经检疫合格的动物应当按照动物检疫证明载明的目的地运输，并在规定时间内到达。

二、经检疫合格的动物运输途中发生疫情的报告和处置

经官方兽医检疫合格的动物，证明的是检疫时该批动物没有规定的动物疫病。但在运输途中，受免疫力下降、外部传染等多种因素影响，即使是经检疫合格的动物也有发生疫情的风险。动物疫情传染性强、发病率高，具有易传播、易扩散等特点，必须按照“早、快、严、小”的要求，迅速采取防控措施，及时报告处置。根据《动物防疫法》规定，发生疫情应当向所在地农业农村主管部门或者动物疫病预防控制机构报告，根据本条规定，也就是要向运输中发生疫情时所在地的农业农村主管部门或者动物疫病预防控制机构报告。同时，立即停止动物运输活动，就近采取处置措施，如将染疫、疑似染疫的动物隔离，对车辆和设施设备消毒，不得买卖、转移、随意处置该批动物等，防止动物疫情扩散。如果出现病死动物，应当妥善保管，严格按照国家规定进行无害化处理。

三、跨省通过道路运输应经指定通道入境或者过境

《动物防疫法》和本办法修订前，《国务院办公厅关于促进畜牧业高质量发展的意见》《国务院办公厅关于加强非洲猪瘟防控工作的意见》等文

件中对指定通道运输制度也作出过规定，北京、上海、山东等地也在地方立法实践中进行了积极探索，收到良好效果。《动物防疫法》修订过程中充分借鉴了这些经验做法，对指定通道运输动物作出明确规定，通过设定指定通道制度，上承启运地检疫“出口关”，下接目的地监管“到达关”，对跨省运输的动物严格查证验物，加强监管，落实运输环节主体责任，形成动物养殖、运输、屠宰等环节全链条闭环监管，能有效降低动物疫病跨区域传播风险。同时，这也是落实《国务院关于加强和规范事中事后监管的指导意见》，严格按照法律法规规定履行监管责任，规范监管行为，加快推进动物运输事中事后监管法制化、制度化、规范化的具体体现。

理解本款内容还要注意以下两点：

一是本办法规定需要经指定通道入境过境的对象，是跨省通过道路运输的动物，不包括动物产品，主要是因为动物产品疫病风险较低，故并未将其纳入到必须经过指定通道入境出境的对象范围。**二是**指定通道由省级人民政府确定并公布，其他任何地方人民政府和部门公布的指定通道都不属于本办法规定的指定通道范围。各地要及时向社会公布省级人民政府设立的指定通道名单、地址、联系电话等基本信息，便于相关从业人员提前联系，合理确定通过指定通道时间。

四、饲养场（户）和屠宰加工场所的主体责任

本款是对饲养场（户）或者屠宰加工场所接收动物时设定的强制性义务，对饲养场（户）或者屠宰加工场所接收未附有有效动物检疫证明的动物作出明确的禁止性规定，可以倒逼相关从业人员依法从事动物运输活动。饲养场（户）或者屠宰加工场所在接收动物时，需要查验附有的动物检疫证明，并认真核实畜禽种类、数量、运载车辆等信息与动物检疫证明是否一致。

第四十七条 运输用于继续饲养或屠宰的畜禽到达目的地后，货主或者承运人应当在三日内向启运地县级动物卫生监督机构报告；目的地饲养场（户）或者屠宰加工场所应当在接收畜禽后三日内向所在地县级动物卫生监督机构报告。

【理解与适用】 本条是对运输畜禽到达目的地后落地报告的有关规定。

本条对原办法第十九条、第三十一条进行了整合和修改。落地报告范围由“跨省、自治区、直辖市引进用于饲养的非乳用、非种用动物”修改为“用于继续饲养或屠宰的畜禽”；报告时限由“24 小时内”修改为“三日内”；新增目的地饲养场（户）或者屠宰加工场所报告要求；删除跨省、自治区、直辖市引进水产苗种报告这一款项。

动物疫病传播的途径多种多样，运输是其中最常见的一种途径，因此必须加强运输环节的监管力度。落地“双报告”规定，健全了运输畜禽检疫信息落地反馈功能，可以及时追踪运输畜禽去向，能够加强启运地与目的地农业农村主管部门、动物卫生监督机构的信息对接，有效避免违规检疫出证、不按照检疫证明载明的信息运输等违法违规行为，是推进检疫监管与养殖、运输、屠宰等信息互联互通的重要措施，也是推进动物检疫全链条闭环监管的具体体现，对降低动物疫病发生、传播、扩散的风险具有重要作用。

一、落地报告的对象

根据本条规定，应当进行落地报告的对象是“运输用于继续饲养或屠宰的畜禽”，不是所有运输动物都需要落地报告，也不是所有运输畜禽都需要落地报告，只有用途上是“继续饲养或屠宰”的才需要报告。其他用途的，如科研、药用、展示、比赛等非饲养或屠宰用畜禽的不作强制性规定。这里的畜禽也有明确的范围界定，指的是《国家畜禽遗传资源目录》中公布的畜禽。

二、落地报告的主体和机构

本办法修订后，运输畜禽落地报告实行“双报告制”，即运输用于继续饲养或者屠宰的畜禽到达后，目的地饲养场（户）或者屠宰加工场所应当向所在地县级动物卫生监督机构报告，货主或者承运人应当向启运地县级动物卫生监督机构报告。接到报告后，启运地动物卫生监督机构要及时核实检疫信息，相符的予以核销，不符的发出警示提醒；目的地动物卫生监督机构要及时掌握运输动物到达情况，便于开展工作。

三、落地报告的期限

运输畜禽到达目的地后，报告责任主体应当在三日内分别向启运地和目的地动物卫生监督机构报告，与本办法修订前 24 小时内落地报告的规定相比，延长了管理相对人的报告时间，规定更加合理。

理解本条还应注意的是，本办法修订前，跨省、自治区、直辖市运输非种用乳用动物的应当进行落地报告，省内运输的不需要落地报告；本办法修订后，不再区分省外、省内，凡是“运输用于继续饲养或屠宰的畜禽”的，都需要落地报告，而且是运输者、接收方“双报告”，要求更严格，更符合当前的动物疫病防控要求。

第九章　法律责任

本章共三条，对违反本办法规定的行为应当承担的法律责任作出明确规定。

第四十八条　申报动物检疫隐瞒有关情况或者提供虚假材料的，或者以欺骗、贿赂等不正当手段取得动物检疫证明的，依照《中华人民共和国行政许可法》有关规定予以处罚。

【理解与适用】本条是关于申报动物检疫隐瞒有关情况、提供虚假材料，或者以欺骗、贿赂等不正当手段取得动物检疫证明的法律责任规定，是新增条款。

动物检疫是以行政相对人申报检疫启动的行政许可行为，是代表国家的行政行为，以国家强制力为后盾。动物检疫的申报、实施，既要符合动物检疫有关法律、规章和规程的规定，也要遵守行政许可法律法规的有关规定。申报人必须依法进行申报，提供真实资料，不得隐瞒有关情况，也不能以欺骗、贿赂等不正当手段取得动物检疫证明，否则应当承担相应的违法责任。对于此类违法行为，《行政许可法》第六十九条第二款规定："被许可人以欺骗、贿赂等不正当手段取得行政许可的，应当予以撤销。"《行政许可法》第七十八条规定："行政许可申请人隐瞒有关情况或者提供虚假材料申请行政许可的，行政机关不予受理或者不予行政许可，并给予警告；行政许可申请属于直接关系公共安全、人身健康、生命财产安全事项的，申请人在一年内不得再次申请该行政许可。"因此，出现本条规定的违法行为的，应当撤销行政许可，即撤销动物检疫证明，并按《行政许可法》的规定予以处罚。

在适用本条时应当注意，因违反本条规定，依照《行政许可法》撤销行政许可（动物检疫证明）的，被许可人基于行政许可（动物检疫证明）取得的利益不受保护。

第四十九条 违反本办法规定运输畜禽，有下列行为之一的，由县级以上地方人民政府农业农村主管部门处一千元以上三千元以下罚款；情节严重的，处三千元以上三万元以下罚款：

（一）运输用于继续饲养或者屠宰的畜禽到达目的地后，未向启运地动物卫生监督机构报告的；

（二）未按照动物检疫证明载明的目的地运输的；

（三）未按照动物检疫证明规定时间运达且无正当理由的；

（四）实际运输的数量少于动物检疫证明载明数量且无正当理由的。

【理解与适用】本条是关于违法运输畜禽的法律责任规定。

本条对原办法第四十八条进行了修改完善，对于违法运输畜禽的行为进行处罚规定，处罚标准由“动物卫生监督机构处五百元以上二千元以下罚款”修改为“县级以上地方人民政府农业农村主管部门处一千元以上三千元以下罚款；情节严重的，处三千元以上三万元以下罚款”；运输畜禽由“跨省、自治区、直辖市引进用于饲养的非乳用、非种用动物和水产苗种”修改为“运输用于继续饲养或者屠宰的畜禽”；新增“未按照动物检疫证明载明的目的地运输的”“未按照动物检疫证明规定时间运达且无正当理由的”“实际运输的数量少于动物检疫证明载明数量且无正当理由的”三项处罚行为。

一、本条规定的违法行为

1. 运输用于继续饲养或者屠宰的畜禽到达目的地后，未向启运地动物卫生监督机构报告的 本项内容违反的是本办法第四十七条“运输用于继续饲养或屠宰的畜禽到达目的地后，货主或者承运人应当在三日内向启运地县级动物卫生监督机构报告”的规定。畜禽运输是动物疫病传播、扩散的高风险环节，建立落地报告制度是实现全链条闭环监管不可缺少的一项制度，也是动物疫病防控实践工作中需要加强的重要环节。因此，要加强畜禽运输防疫管理，必须通过建立落地报告制度，实现启运地、途经地、目的地信息对接，对在规定时限内未确认到达，或者确认到达信息与检疫证明信息不符的，及时发出警示提醒，确保一旦发生疫病，能够及时追踪溯源。应当注意的是，向启运地动物卫生监督机构报告的责任主体是货主或者承运人，如果他们没有履行报告义务，应当根据本条规定追究法律责任。

2. 未按照动物检疫证明载明的目的地运输的 本项内容是违反本办法第四十六条第一款“经检疫合格的动物应当按照动物检疫证明载明的目的地运输”的规定。目前，动物防疫政策越来越严格，特别是动物疫病区域化防控的深入推进，但未按照动物检疫证明载明的目的地运输畜禽的行为屡有发生。本办法修订前，对此类行为尚无明确的处罚依据，即使查获了也无法给予行政处罚，导致此类违反动物检疫秩序的行为长期得不到约束与处罚，增大了动物疫病传播风险。本办法修订后，弥补了这一空白，对于未按照动物检疫证明载明的目的地运输畜禽的违法行为，应当按照本条规定追究法律责任。

3. 未按照动物检疫证明规定时间运达且无正当理由的 本项内容违反的是本办法第四十六条第一款“经检疫合格的动物应当按照动物检疫证明载明的目的地运输，并在规定时间内到达”的规定。国家对动物检疫证明的调运有效期作出了明确规定。官方兽医对经依法检疫合格的动物出具动物检疫证明时，会在国家规定的期限内，根据启运地和目的地之间的距离、路况、天气等因素，确定合理的到达时间。正常情况下，运输动物能够在动物检疫证明规定时间内到达；超出规定时间又无正当理由的，说明在运输途中出现了较长时间的停留，其间可能会发生违法行为，也增大了动物疫病沿途发生、传播的风险。对此类违法行为，应当按照本条规定追究法律责任。

4. 实际运输的数量少于动物检疫证明载明数量且无正当理由的 本项内容违反了“证物相符”的动物检疫基本要求。我国实行动物检疫申报制度，动物检疫由货主依法申报而启动。货主申报检疫时，应当如实提供包括申报检疫的动物数量在内的各项申报材料，并对材料真实性负责。因此，如果有实际运输动物的数量与动物检疫证明载明的数量不一致，而且无正当理由的情况出现，说明该批动物可能存在未经检疫、因病死亡、途中抛售等违法违规或异常情况，可能对动物疫病防控和公共卫生安全风险防范造成隐患。对于此类违法行为，也应当依法惩戒。根据本办法规定，对于运输畜禽数量超出动物检疫证明载明的数量，超出数量的畜禽按照依法应当检疫而未经检疫处理处罚；对于数量少于动物检疫证明载明数量的，应当按照本条规定追究法律责任。

此外，理解本条规定还应当注意两点，**一是**上述违法行为是对动物检疫秩序的破坏，只要出现其中任何一种违法行为，不论是否造成疫病发生、公共安全事件等危害后果，行为人都应当承担本条规定的法律责任；**二是**如果出现本条第三项、第四项规定的违法行为，但当事人能够提供证据证明其行为发生是有正当理由的，如突发极端天气、人员突发疾病等特殊因素导致超出规定时间到达的，不予行政处罚。

二、本条规定的法律责任

本条规定中所涉及的违法行为人包括货主或者承运人、从事运输的单位和个人等，存在上述四项违法行为之一的，都应当承担相应的法律责任，即由县级以上地方人民政府农业农村主管部门处一千元以上三千元以下罚款；情节严重的，处三千元以上三万元以下罚款。本条所称的情节严重，一般是指从事相关活动期间，存在本条规定的违法情形，导致动物疫病发生、传播、扩散，或者影响动物疫情溯源，或者出现公共卫生安全事件等。

第五十条 其他违反本办法规定的行为，依照《中华人民共和国动物防疫法》有关规定予以处罚。

【理解与适用】本条是对其他违反本办法规定的其他行为，依照《动物防疫法》有关规定予以处罚的衔接。

《动物防疫法》是本办法的上位法和立法依据，本办法的主要内容是对《动物防疫法》关于动物检疫有关规定的进一步明确、细化和落实。违反本办法规定的违法行为应当承担的法律责任有的已经在《动物防疫法》作出了明确规定，根据立法原则，本办法无需重复表述，对此类违法行为，可直接依照《动物防疫法》有关规定予以处罚。

第十章　附　　则

本章共三条，对水产苗种的产地检疫主体、动物疫病监测报告出具单位和办法实施时间进行了规定。

第五十一条　水产苗种产地检疫，由从事水生动物检疫的县级以上动物卫生监督机构实施。

【理解与适用】本条是关于水产苗种检疫主体的规定。

与原办法第五十二条相比，将水产苗种的产地检疫主体由“地方动物卫生监督机构委托同级渔业主管部门实施”修改为“从事水生动物检疫的县级以上动物卫生监督机构实施”；将“水产苗种以外的其他水生动物及其产品不实施检疫”调整至本办法第十五条第二款。

水产苗种的检疫涉及水生动物疫病，有很强的专业性，因此修订前的办法规定，水产苗种产地检疫由地方动物卫生监督机构委托同级渔业主管部门实施。此项规定虽然解决了水产苗种检疫的专业问题，但是在实际工作中难以执行。一方面，在实际工作中由动物卫生监督机构委托主管部门不易落实；另一方面，渔业主管部门也不具体实施检疫，水产苗种的检疫工作往往由主管部门的下属机构具体实施。因此，本条直接授权水产苗种的产地检疫由从事水生动物检疫的县级以上动物卫生监督机构实施，更有利于水产苗种产地检疫工作的开展。

第五十二条　实验室疫病检测报告应当由动物疫病预防控制机构、取得相关资质认定、国家认可机构认可或者符合省级农业农村主管部门规定条件的实验室出具。

【理解与适用】本条是关于动物疫病实验室检测报告出具单位的规定，是新增条款。

修订本办法时，为便于各地确定实验室检测机构，参照相关的法律法规规定及前期工作要求，明确了三类实验室可以出具实验室疫病检测报告。**一是**动物疫病预防控制机构。《动物防疫法》第十二条规定，动物疫病预防控制机构承担动物疫病的检测工作。本办法第四条规定："县级以上人民政府建立的动物疫病预防控制机构应当为动物检疫及其监督管理工作提供技术支撑。"动物疫病预防控制机构承担实验室检测任务，是其法定职责和任务。**二是**取得相关资质认定、国家认可机构认可的实验室。2018 年农业农村部公告第 2 号规定，动物疫病检测报告应当由动物疫病预防控制机构、通过质量技术监督部门资质认定的实验室或通过兽医系统实验室考核的实验室出具。本条也将通过中国合格评定国家认可委员会（CNAS）认可、检验检测机构资质认定（CMA）等的实验室纳入可以出具检测报告的范围。值得注意的是，根据《市场监管总局关于进一步推进检验检测机构资质认定改革工作的意见》（国市监检测〔2019〕206 号）精神，对于仅从事动物检疫领域的检测机构，不再颁发资质认定证书。**三是**符合省级农业农村主管部门规定条件的实验室。主要考虑在近年来的具体实践中，部分地区取得相关资质认定、国家认可机构认可的实验室缺失，动物疫病预防控制机构受限于管理体制、人员经费等因素，也难以面向行政相对人开展相关的实验室检测，因此授权省级农业农村主管部门规定实验室的条件，可以将第三方检测机构纳入可以出具实验室检测报告的范围，以满足动物检疫工作中实验室检测的要求，也符合国家推动兽医社会化服务的要求。

第五十三条 本办法自 2022 年 12 月 1 日起施行。农业部 2010 年 1 月 21 日公布、2019 年 4 月 25 日修订的《动物检疫管理办法》同时废止。

【理解与适用】本条是本办法时间效力的规定。

本办法于 2022 年 8 月 22 日由农业农村部第 9 次常务会议审议通过，2022 年 9 月 7 日发布。本办法的公布到正式实施有一定时间的过渡期，以便有关单位、个人和组织充分理解、把握内涵，更好地执行，将办法要求落实到动物检疫工作中去。因此，规定本办法自 2022 年 12 月 1 日起施行。同时，2010 年 1 月 21 日公布、2019 年 4 月 25 日修订的《动物检疫管理办法》废止。

第二部分

《动物防疫条件审查办法》解析

第一章　总　　则

总则是一部规章的总纲，规定了规章的立法目的、适用范围、基本内容等核心要义，统领整部规章，对其他章节内容进行概括和指导。本章共五条，对本办法的立法目的、适用范围、主管部门、监管主体、工作原则、信息化管理等进行了规定。

第一条　为了规范动物防疫条件审查，有效预防、控制、净化、消灭动物疫病，防控人畜共患传染病，保障公共卫生安全和人体健康，根据《中华人民共和国动物防疫法》，制定本办法。

【理解与适用】本条是关于本办法立法目的的规定。

本条与原办法第一条相比主要修改了三处。**一是**将“有效预防控制动物疫病”修改为“有效预防、控制、净化、消灭动物疫病”；**二是**增加“防控人畜共患传染病”；**三是**将“维护公共卫生安全”修改为“保障公共卫生安全和人体健康”。

根据《动物防疫法》第二十五条规定，国家实行动物防疫条件审查制度。制定本办法的目的主要有三方面。

一是有效规范动物防疫条件审查工作。动物防疫条件审查是一项行政许可行为，具有法定审查对象、法定审查条件、法定审查程序，涉及社会生产生活的多个方面，需要根据具体情况综合运用法律、行政、经济、技术等多种手段，加强工作指导，保障相关工作规范有序开展。本办法明确了主管部门的职责和行政相对人的责任，确保各项防控措施落实落地落细。

二是有效防控动物疫病。动物疫病是影响畜牧业高质量发展的重要制约因素。以部门规章形式，对动物养殖、隔离、屠宰加工、无害化处理、经营等相关场所的动物防疫条件作出明确规定，开展动物防疫条件审查和监督管理，确保相关场所在投入使用前就符合国家动物防疫要求、具备相应防疫能力，达到相应防疫效果，对有效预防、控制、净化和消灭动物疫病将发挥重要促进作用。动物防疫条件审查工作是动物防疫工作的重要内容。因此，有效防控动物疫病是包括《动物防疫条件审查办法》在内的动物防疫领域相关法律规章的主要立法目的。

三是有效保障公共卫生安全和人体健康。动物防疫工作是国家公共卫生安全和生物安全风险防控的重要组成部分。做好动物防疫工作，事关畜牧业高质量发展和人民群众身体健康。新修订的《动物防疫法》在立法目的中增加了“防控人畜共患传染病”。加强动物防疫条件审查工作，对落实“人病兽防、关口前移”要求、有效防控人畜共患传染病、保障国家公共卫生安全具有重要意义。全面修订《动物防疫条件审查办法》，及时优化完善相关场所防疫条件规定，将为进一步强化动物防疫工作提供有力法制保障。

第二条 动物饲养场、动物隔离场所、动物屠宰加工场所以及动物和动物产品无害化处理场所，应当符合本办法规定的动物防疫条件，并取得动物防疫条件合格证。

经营动物和动物产品的集贸市场应当符合本办法规定的动物防疫条件。

【理解与适用】本条是关于本办法适用范围的规定。

本条与原办法第二条相比，主要调整了适用范围，删去了“养殖小区”，与《动物防疫法》保持一致。

根据《动物防疫法》第二十四条、第二十五条、第二十六条规定，动物饲养场、动物隔离场所、动物屠宰加工场所、动物和动物产品无害化处理场所四类场所，在场所选址、布局、设施设备、防疫人员配备、防疫制度等方面应当符合相应的动物防疫条件，并取得动物防疫条件合格证。开办以上四类场所，应当向县级人民政府农业农村主管部门提出申请并附具相关材料，县级人民政府农业农村主管部门依照《动物防疫法》《行政许可法》和本办法规定进行审查，审查合格后发给动物防疫条件合格证。经营动物和动物产品的集贸市场，应当符合农业农村部规定的动物防疫条件

(无需取得动物防疫条件合格证)，并接受县级以上地方人民政府农业农村主管部门的监督检查。

根据《动物防疫法》规定，本办法进一步明确了动物防疫条件审查工作的调整范围，即动物饲养场、动物隔离场所、动物屠宰加工场所、动物和动物产品无害化处理场所、经营动物和动物产品的集贸市场五类场所，均应符合农业农村部规定的动物防疫条件，前四类场所还应取得动物防疫条件合格证。

第三条 农业农村部主管全国动物防疫条件审查和监督管理工作。

县级以上地方人民政府农业农村主管部门负责本行政区域内的动物防疫条件审查和监督管理工作。

【理解与适用】本条是关于动物防疫审查工作管理体制的规定。

本条与原办法第三条相比，主要修改了两处。**一是**调整主管部门名称，与《动物防疫法》表述保持一致，将“农业部”修改为“农业农村部”，将“县级以上地方人民政府兽医主管部门”修改为“县级以上地方人民政府农业农村主管部门”；**二是**调整监管主体，根据《动物防疫法》规定，动物卫生监督机构不再承担动物防疫监督执法工作，此次修订本办法时删去了相关内容。

根据《动物防疫法》第九条第一款、第二款规定，国务院农业农村主管部门主管全国的动物防疫工作，县级以上地方人民政府农业农村主管部门主管本行政区域的动物防疫工作。

根据《动物防疫法》和本办法的规定，农业农村部主管全国动物防疫条件审查和监督管理工作。主要职责包括：规定动物饲养场、动物隔离场所、动物屠宰加工场所、动物和动物产品无害化处理场所、经营动物和动物产品的集贸市场的动物防疫条件，指导地方各级农业农村主管部门做好动物防疫条件审查和监督管理工作，加强动物防疫条件审查信息化建设。

根据《动物防疫法》和本办法的规定，县级以上地方人民政府农业农村主管部门负责本行政区域内的动物防疫条件审查和监督管理工作。主要职责包括：(1) 省级农业农村主管部门负责制定动物饲养场、动物隔离场所、动物屠宰加工场所、动物和动物产品无害化处理场所四类场所选址的评估办法。(2) 县级农业农村主管部门依据省级农业农村主管部门制定的选址评估办法，对四类场所选址进行综合评估，确认场所选址；场所竣工后，依法受理申请人提出的申请，并结合选址评估结果进行动物防疫条件审查，对审查合格的发给动物防疫条件合格证，对审查不合格的书面通知申请人并说明理由。(3) 县级以上地方农业农村主管部门对动物饲养场、动物隔离场所、动物屠宰加工场所、动物和动物产品无害化处理场所、经营动物和动物产品的集贸市场五类场所的动物防疫条件进行监督检查，加强事中事后监管，对违反《动物防疫法》和本办法规定的行为依法予以处罚。

第四条 动物防疫条件审查应当遵循公开、公平、公正、便民的原则。

【理解与适用】 本条是关于动物防疫条件审查工作原则的规定。

《行政许可法》第五条规定：“设定和实施行政许可，应当遵循公开、公平、公正、非歧视的原则。”第六条规定：“实施行政许可，应当遵循便民的原则，提高办事效率，提供优质服务。”动物防疫条件审查工作与基层群众联系紧密，服务直接，审查结果关系到动物饲养场、动物隔离场所、动物屠宰加工场所、动物和动物产品无害化处理场所等相关场所能否设立，相关生产经营活动能否开展，与生产经营主体的利益密切相关。各级农业农村主管部门在开展动物防疫条件审查工作时应当坚持依法依规、公开透明、客观公正、实事求是的原则，充分保障群众的知情权和监督权，热情服务，文明服务，不断提高服务便民化水平。要按照中央“放管服”改革要求，优化完善防疫条件审查工作流程，努力为人民群众提供更加优质、高效、便捷的兽医卫生公共服务。

第五条 农业农村部加强信息化建设，建立动物防疫条件审查信息管理系统。

【理解与适用】 本条是关于动物防疫条件审查信息化管理的规定，是新增条款。

加强动物防疫条件审查信息化管理是促进畜牧业高质量发展的重要措施，有利于提高工作效率，提升便民服务化水平。农业农村部应当进一步加强信息化建设应用，建立动物防疫条件审查信息管理系统，进一步优化许可办理流程，积极推行动物防疫条件合格证网上办理，做好动物防疫条件审查工作，让数据多跑路、群众少跑腿，进一步增强基层群众的获得感和幸福感。

第二章 动物防疫条件

在此次修订中，对原办法第二章、第三章、第四章、第五章、第六章相关内容进行了全面整合和优化完善，将动物饲养场、动物隔离场所、动物屠宰加工场所、动物和动物产品无害化处理场所、经营动物和动物产品的集贸市场五类场所应当符合的动物防疫条件合并为一章，即第二章。本章共七条，对动物饲养场、动物隔离场所、动物屠宰加工场所、动物和动物产品无害化处理场所四类场所在选址、布局、人员配备、设施设备、防疫制度等方面均应符合的基本条件作出规定，并根据四类场所的不同防疫要求分别规定了附加条件；对经营动物和动物产品的集贸市场、活禽交易市场应当符合的动物防疫条件作出了规定。

第六条 动物饲养场、动物隔离场所、动物屠宰加工场所以及动物和动物产品无害化处理场所应当符合下列条件：

（一）各场所之间，各场所与动物诊疗场所、居民生活区、生活饮用水水源地、学校、医院等公共场所之间保持必要的距离；

（二）场区周围建有围墙等隔离设施；场区出入口处设置运输车辆消毒通道或者消毒池，并单独设置人员消毒通道；生产经营区与生活办公区分开，并有隔离设施；生产经营区入口处设置人员更衣消毒室；

（三）配备与其生产经营规模相适应的执业兽医或者动物防疫技术人员；

（四）配备与其生产经营规模相适应的污水、污物处理设施，清洗消毒设施设备，以及必要的防鼠、防鸟、防虫设施设备；

（五）建立隔离消毒、购销台账、日常巡查等动物防疫制度。

【理解与适用】本条是关于动物饲养场、动物隔离场所、动物屠宰加工场所以及动物和动物产品无害化处理场所四类场所应当符合的基本防疫条件的规定。

本条对原办法第二章、第三章、第四章、第五章中四类场所动物防疫条件要求进行了整合，并修改完善了六个方面内容。**一是**调整了场所选址距离的规定，明确规定“各场所之间，各场所与动物诊疗场所、居民生活区、生活饮用水水源地、学校、医院等公共场所之间保持必要的距离”；**二是**将“场区周围建有围墙”修改为“场区周围建有围墙等隔离设施”；**三是**增加了“场区出入口处单独设置人员消毒通道”；**四是**将人员配备要求修改为“配备与其生产经营规模相适应的执业兽医或者动物防疫技术人员”；**五是**在设施设备方面增加了“清洗消毒设施设备，必要的防鼠、防鸟、防虫设施设备”；**六是**在防疫制度方面增加了“隔离消毒、购销台账、日常巡查等动物防疫制度”。

根据《动物防疫法》第二十四条第一款规定，动物饲养场、动物隔离场所、动物屠宰加工场所、动物和动物产品无害化处理场所四类场所在场所选址、布局、设施设备、人员配备、防疫制度等方面应符合相应的防疫条件。

关于场所选址距离要求。场所选址规定是动物防疫条件的重要内容。根据《动物防疫法》第二十四条第一款有关规定，四类场所的位置与居民生活区、生活饮用水水源地、学校、医院等公共场所的距离应当符合国务院农业农村主管部门的规定。为优化动物防疫条件审查工作，促进畜牧业高质量发展，2019 年年底，《农业农村部关于调整动物防疫条件审查有关规定的通知》（农牧发〔2019〕42 号）印发，暂停执行开办四类场所的选址距离规定，要求县级农业农村主管部门统筹考虑场所周边防疫屏障、行政区划、饲养环境、动物分布、动物疫病流行状况等因素，组织开展四类场所选址风险评估，根据评估结果确定场所选址。

根据《动物防疫法》规定，为促进畜牧业健康发展，结合近年来各地动物防疫条件审查工作实践，本办法对四类场所选址规定进行了重要调整，将前期农业农村部有关政策措施转化为部门规章要求并进一步优化完善。经过此次修订，农业农村部对四类场所的选址距离作出原则规定，要求各场所之间，各场所与动物诊疗场所、居民生活区、生活饮用水水源地、学校、医院等公共场所之间保持必要的距离。关于确定选址距离，农业农村部授权省级农业农村主管部门制定四类场所选址评估办法。四类场所之间、场所与相关公共场所之间距离应当通过评估确定。四类场所选址距离规定调整后，县级农业农村主管部门依据选址评估办法，结合防疫屏障条件、行政区划、饲养环境、动物分布情况，以及周边动物疫病流行状况等因素，组织开展综合评估，因地制宜做好具体选址，更符合基层实际，有效提高了服务便民化水平。

关于场所布局和设施设备要求。根据《动物防疫法》第二十四条第一款有关规定，四类场所的生产经营区域应当封闭隔离，其工艺设计和有关流程应符合动物防疫要求；四类场所应有与其规模相适应的污水污物处理设施，病死动物和病害动物产品无害化处理设施设备或冷藏冷冻等暂存设施设备，以及清洗消毒设施设备。区域布局、工艺流程和必要的设施设备是四类场所动物防疫条件的重要内容。相关设施设备是防范疫情发生、消除风险隐患的重要条件保障。为加强动物防疫管理、提高生物安全防护水平，尽可能减少风险隐患，本办法对相关要求进行了优化完善。

四类场所应符合三个方面的防疫条件要求。

一是不同功能区域相对封闭隔离。通过设置围墙、围栏等隔离设施，实现场所内生产经营区与生活办公区之间相对封闭隔离，确保相关区域形成相对独立的生物安全控制单元，便于加强生物安全防护。

二是配备卫生消毒设施设备。场区出入口处均单独设置人员消毒通道和运输车辆消毒通道（池），严格管控人流物流，加强卫生消毒和流程控制，避免交叉污染，强化生物安全管理。配备与其生产经营规模相适应的污水污物处理设施，以及清洗消毒设施设备，确保有效实施清洗消毒和安全排放，减少对生态环境和公共卫生的影响。

三是配备生物安全防护设施设备。为防止野生动物和虫媒生物传播疫病，加强生物安全防护，本办法将配备野生动物和虫媒生物防护设施作为四类场所的通用防疫条件，规定四类场所均应配备必要的防鼠、防鸟、防虫设施。

关于场所人员配备要求。《动物防疫法》第二十四条第一款规定，四类场所应当有与其规模相适应的执业兽医或动物防疫技术人员。四类场所相关活动与动物防疫工作密切相关，发生疫情的风险不可忽视，是动物防疫管理的重点。动物防疫工作专业性、技术性较强，必须配备足够的兽医专业技术人员以有效开展动物疫病防控工作，提高防疫能力和水平，确保及时发现和消除风险隐患。为落实《动物防疫法》有关要求，本办法明确四类场所应当配备与其生产经营规模相适应的执业兽医或动物防疫技术人员。

关于场所防疫制度要求。《动物防疫法》第二十四条第一款规定，四类场所应具有完善的隔离消毒、购销台账、日常巡查等动物防疫制度。完善的防疫制度是加强动物防疫活动管理、落实防疫措施、维持防疫水平、防范疫病发生传播的重要保障。为落实《动物防疫法》有关要求，本办法对四类场所防疫制度作出了明确规定，四类场所应建立隔离消毒、购销台账、日常巡查等动物防疫制度。四类场所应加强功能区域封闭隔离、做好卫生消毒，对动物和动物产品的购入渠道和出场流向进行认真记录，加强场区巡查，及时发现和消除隐患。

第七条 动物饲养场除符合本办法第六条规定外，还应当符合下列条件：

（一）设置配备疫苗冷藏冷冻设备、消毒和诊疗等防疫设备的兽医室；

（二）生产区清洁道、污染道分设；具有相对独立的动物隔离舍；

（三）配备符合国家规定的病死动物和病害动物产品无害化处理设施设备或者冷藏冷冻等暂存设施设备；

（四）建立免疫、用药、检疫申报、疫情报告、无害化处理、畜禽标识及养殖档案管理等动物防疫制度。

禽类饲养场内的孵化间与养殖区之间应当设置隔离设施，并配备种蛋熏蒸消毒设施，孵化间的流程应当单向，不得交叉或者回流。

种畜禽场除符合本条第一款、第二款规定外，还应当有国家规定的动物疫病的净化制度；有动物精液、卵、胚胎采集等生产需要的，应当设置独立的区域。

【理解与适用】本条是关于动物饲养场在布局、设施设备、防疫制度等方面应当符合的附加条件的规定。

本条明确了动物饲养场除符合第六条规定外还应符合的附加条件，对原办法第二章相关内容进行了整合和完善，主要对两方面内容进行了修改完善。**一是**完善了无害化处理设施设备要求，将相关内容修改为“配备符合国家规定的病死动物和病害动物产品无害化处理设施设备或者冷藏冷冻等暂存设施设备”；**二是**调整了种畜禽场防疫条件表述，将相关内容修改为“有动物精液、卵、胚胎采集等生产需要的，应当设置独立的区域”。

动物饲养场畜禽养殖密度大，发生疫病风险较高，防疫要求较高。为加强生物安全管理、提高风险管控能力、防止发生疫情，动物饲养场除符合相关基本条件外，在布局、设施设备、防疫制度等方面还应符合六项要求。

一是设置配备相关防疫设施设备的兽医室。动物饲养场畜禽饲养量大，发生疫病风险较高，应当建有兽医室，并配备疫苗冷藏冷冻设备，以及消毒、诊疗等防疫设备，便于执业兽医或动物防疫技术人员根据疫病防控需要开展免疫接种、采样检测、诊疗、消毒等工作，为有效落实相关防疫措施提供了有力保障。

二是配备相关道路和隔离设施。生产区应分别设置清洁道和污染道。动物饲养场应当具有相对独立的动物隔离舍，便于对引入动物进行隔离观察，对患病动物进行隔离治疗。配备上述设施，有利于做好动物饲养场卫生消毒，强化场区内各功能区封闭隔离和人流物流管控，加强生物安全防护。

三是配备无害化处理和生物安全防护设施。为及时做好病死动物和病害动物产品的无害化处理，动物饲养场应当配备符合国家规定的病死动物和病害动物产品无害化处理设施设备或冷藏冷冻等暂存设施设备，确保有效实施病死动物和病害动物产品的无害化处理或暂存，减少对生态环境和公共卫生的影响。

四是健全完善防疫制度。科学合理、健全完善的防疫制度是加强动物防疫活动管理、防范疫病发生传播的重要基础和保障。在建立隔离消毒、购销台账、日常巡查等基本防疫制度的基础上，动物饲养场还应当建立免疫、用药、检疫申报、疫情报告、无害化处理、畜禽标识及养殖档案管理等防疫制度。上述防疫制度的建立，有效涵盖了动物疫病预防、控制、净化、消灭全过程，进一步完善了动物饲养场生物安全体系，压实了动物防疫主体责任。

五是制定禽类饲养场附加条件。有孵化间的禽类饲养场，应当采取措施防止孵化间与养殖区交叉污染、种蛋传播动物疫病。本办法规定，有孵化间的禽类饲养场，其孵化间与养殖区之间应当设置隔离设施，配备种蛋熏蒸消毒设施，孵化间的流程应当单向，不得交叉或者回流。通过配备上述设施，加强禽类饲养场卫生消毒和流程控制，提高生物安全防护水平。

六是制定种畜禽场附加条件。与普通的商品代畜禽饲养场相比，种畜禽场饲养的畜禽经济价值高，防疫要求高，应当具备更为严格的防疫条件要求。除符合动物饲养场和禽类饲养场的基本条件外，种畜禽场还应当符合相关附加要求。建立国家规定的相关动物疫病（如猪瘟、禽白血病等）净化制度，规范开展种畜禽场疫病净化工作，确保供体动物符合健康标准；根据不同的生产需要，单独设置精液、卵、胚胎等遗传物质采集区域，便于加强生物安全防护，抓好动物疫病源头净化，防止发生种源感染。

第八条 动物隔离场所除符合本办法第六条规定外，还应当符合下列条件：

（一）饲养区内设置配备疫苗冷藏冷冻设备、消毒和诊疗等防疫设备的兽医室；

（二）饲养区内清洁道、污染道分设；

（三）配备符合国家规定的病死动物和病害动物产品无害化处理设施设备或者冷藏冷冻等暂存设施设备；

（四）建立动物进出登记、免疫、用药、疫情报告、无害化处理等动物防疫制度。

【理解与适用】本条是关于动物隔离场所在布局、设施设备、防疫制度等方面应当符合的附加条件的规定。

本条明确了动物隔离场所除符合第六条规定外还应符合的附加条件，对原办法第四章相关内容进行了整合和完善，主要对三方面内容进行了修改完善。**一是**增加兽医室的相关要求，将相关内容修改为“饲养区设置配备疫苗冷藏冷冻设备、消毒和诊疗等防疫设备的兽医室”；**二是**完善无害化处理设施设备要求，将有关内容修改为“配备符合国家规定的病死动物和病害动物产品无害化处理设施设备或者冷藏冷冻等暂存设施设备”；三是完善了防疫制度要求，将相关内容修改为“动物进出登记、免疫、用药、疫情报告、无害化处理等动物防疫制度”。

动物隔离场所是对一定时期内未知疫病状况的畜禽进行隔离观察和监测评估的场所，对动物防疫条件要求相对较高。动物隔离场所除符合相关基本条件外，在布局、设施设备、防疫制度等方面还应符合四项要求。

一是设置配备相关防疫设施设备的兽医室。动物隔离场所饲养的畜禽存在发生疫病的风险，饲养区内应当配套设立兽医室，并配备疫苗冷藏冷冻设备，以及消毒、诊疗等设备，便于执业兽医或动物防疫技术人员及时处理发病、死亡等异常情况，根据防控需要开展免疫接种、采样检测、诊疗、消毒等工作，为有效应对突发情况、落实各项防控措施提供了有力保障。

二是道路设置符合要求。为防止交叉污染，饲养区内应分别设置清洁道、污染道，做好卫生消毒，加强生物安全防护，及时消除风险隐患。

三是配备无害化处理和生物安全防护设施。为及时做好病死动物和病害动物产品的无害化处理，动物隔离场所应当配备符合国家规定的病死动物和病害动物产品无害化处理设施设备或冷藏冷冻等暂存设施设备，确保有效实施病死动物和病害动物产品的无害化处理或者暂存，减少对生态环境和公共卫生的影响。

四是完善相关防疫制度。在建立隔离消毒、购销台账、日常巡查等基本防疫制度的基础上，还应建立动物进出登记、免疫、用药、疫情报告、无害化处理等防疫制度，进一步完善动物隔离场所防疫制度体系，有效防止生物安全风险外溢。

第九条 动物屠宰加工场所除符合本办法第六条规定外，还应当符合下列条件：

（一）入场动物卸载区域有固定的车辆消毒场地，并配备车辆清洗消毒设备；

（二）有与其屠宰规模相适应的独立检疫室和休息室；有待宰圈、急宰间，加工原毛、生皮、绒、骨、角的，还应当设置封闭式熏蒸消毒间；

（三）屠宰间配备检疫操作台；

（四）有符合国家规定的病死动物和病害动物产品无害化处理设施设备或者冷藏冷冻等暂存设施设备；

（五）建立动物进场查验登记、动物产品出场登记、检疫申报、疫情报告、无害化处理等动物防疫制度。

【理解与适用】本条是关于动物屠宰加工场所在布局、设施设备、防疫制度等方面应当符合的附加条件的规定。

本条明确了动物屠宰加工场所除符合第六条规定外还应符合的附加条件，对原办法第三章相关内容进行了整合和完善，主要对两方面内容进行了修改完善。**一是**完善无害化处理设施设备要求，将相关内容修改为“有符合国家规定的病死动物和病害动物产品无害化处理设施设备或者冷藏冷冻等暂存设施设备”；**二是**完善了防疫制度要求，将相关内容修改为“动物进场查验登记、动物产品出场登记、检疫申报、疫情报告、无害化处理等动物防疫制度”。

动物屠宰加工场所屠宰的动物来源复杂，感染动物疫病风险不可忽视。为强化屠宰环节生物安全风险管控，除符合相关基本条件外，动物屠宰加工场所在区域布局、设施设备、防疫制度等方面应当符合相关附加条件。

关于区域布局要求。动物屠宰加工场所的区域布局、工艺设计和生产流程是动物防疫条件的重要内容。通过在入场动物卸载区域设置固定的车辆消毒场地并配备清洗消毒设备，对屠宰加工场所的动物运输车辆进行严格管控，避免交叉污染。根据屠宰环节防疫要求，屠宰加工场所应当设置待宰圈和急宰间；加工原毛、生皮、绒、骨、角的，还应当设置封闭式熏蒸消毒间，便于加强屠宰过程动物疫病防控。为便于官方兽医和协检员开展屠宰检疫，屠宰加工场所还应建有与其屠宰规模相适应的独立检疫室和休息室。

关于设施设备要求。动物检疫、无害化处理等设施设备是防范疫情发生、消除风险隐患的重要基础。在动物检疫设施方面，屠宰间应配备检疫操作台等检疫设施，确保屠宰检疫工作正常开展。在无害化处理设施设备方面，应有符合国家规定的病死动物和病害动物产品无害化处理设施设备或者冷藏冷冻等暂存设施设备，确保有效实施病死动物和病害动物产品的无害化处理或暂存。

关于防疫制度要求。科学完善的防疫制度，对加强屠宰加工场所动物防疫活动管理，消除生物安全隐患发挥着重要作用。本办法规定，动物屠宰加工场所应当建立动物进场查验登记、动物产品出场登记、检疫申报、疫情报告、无害化处理等各项防疫制度，进一步压实屠宰加工场所的动物防疫主体责任。

第十条　动物和动物产品无害化处理场所除符合本办法第六条规定外，还应当符合下列条件：

（一）无害化处理区内设置无害化处理间、冷库；

（二）配备与其处理规模相适应的病死动物和病害动物产品的无害化处理设施设备，符合农业农村部规定条件的专用运输车辆，以及相关病原检测设备，或者委托有资质的单位开展检测；

（三）建立病死动物和病害动物产品入场登记、无害化处理记录、病原检测、处理产物流向登记、人员防护等动物防疫制度。

【理解与适用】本条是关于动物和动物产品无害化处理场所在布局、设施设备、防疫制度等方面应当符合的附加条件的规定。

本条明确了动物和动物产品无害化处理场所除符合第六条规定外还应符合的附加条件，对原办法第五章相关内容进行了整合和完善，主要对五方面内容进行修改完善。**一是**删去了“配置机动消毒设备”“动物扑杀间”；**二是**完善了无害化处理设施要求，将相关表述修改为“配备与其处理规模相适应的病死动物和病害动物产品的无害化处理设施设备”；**三是**优化了运输车辆要求，将有关表述修改为“配备符合农业农村部规定条件的专用运输车辆”；**四是**新增了病原检测要求，要求无害化处理场所“配备相关病原检测设备，或委托有资质的单位开展检测”；**五是**完善了防疫制度要求，增加了“无害化处理记录、病原检测制度”，将“无害化处理后的物品流向登记”修改为“处理产物流向登记”。

动物和动物产品无害化处理场所是病死动物和病害动物产品的集中流向地，动物和动物产品来源比较复杂、携带多种病原，是生物安全高风险场所，应当符合更严格的动物防疫条件要求。本办法规定，动物和动物产品无害化处理场所除符合相关基本条件外，还应在区域布局、设施设备、防疫制度等方面符合相关附加条件。

关于区域布局要求。动物和动物产品无害化处理场所的区域布局和工艺流程是动物防疫条件的重要内容。通过在无害化处理区内设置无害化处理间、冷库，进一步强化无害化处理场所处理区域与暂存区域间的封闭隔离，防止病原微生物二次污染和扩散传播。

关于设施设备要求。无害化处理设施设备、运输车辆和病原检测设备是规范开展无害化处理、防范病原传播扩散、消除风险隐患的重要基础。本办法针对动物和动物产品无害化处理场所特点，对设施设备进行了重要调整完善，进一步细化了相关要求。关于无害化处理设施设备，《动物防疫法》第二十四条第一款和本办法规定，动物和动物产品无害化处理场所应当“配备与其处理规模相适应的病死动物和病害动物产品无害化处理设施设备”。配备的设施设备应当与处理能力相适应且符合无害化处理技术规范要求，确保及时、有效地对病死动物和病害动物产品实施无害化处理。

关于专用运输车辆。《动物防疫法》第二十四条第二款规定，动物和动物产品无害化处理场所应当具有符合动物防疫要求的专用运输车辆。病死动物和病害动物产品携带多种动物疫病病原，传播疫病风险较高。为切实防范疫病传播，无害化处理场所应使用符合农业农村部规定条件的专用车辆运输相关动物及动物产品。2022 年 5 月，农业农村部发布的《病死畜禽和病害畜禽产品无害化处理管理办法》（农业农村部令 2022 年第 3 号）对病死畜禽和病害畜禽产品专用运输车辆应符合的条件作出了明确规定，包括车辆不得运输病死畜禽和病害畜禽产品以外的其他物品，车厢应密闭、防水、防渗、耐腐蚀，易于清洗消毒，配备能够接入国家监管监控平台的车辆定位跟踪系统、车载终端，以及人员防护、清洗消毒等应急防疫用品，有符合动物防疫需要的其他设施设备等。相关从业者应当严格遵守上述规定。

关于病原检测设备。《动物防疫法》第二十四条第二款规定，动物和动物产品无害化处理场所应当具有病原检测设备、检测能力。无害化处理场所集中处理病死动物和病害动物产品，存在一定的动物疫病传播风险。开展病原检测有利于及时掌握无害化处理场所生物安全状况和周边地区动物疫病流行状况。因此，本办法规定，无害化处理场所应当配备相关病原检测设备，自行开展病原检测，也可根据实际委托有资质的单位（如具备相应资质的动物疫病预防控制机构或第三方检测机构）开展病原检测。

关于防疫制度要求。完善的防疫制度是加强无害化处理场所动物防疫活动管理、落实防疫措施、维持防疫水平、防范疫病发生传播的重要保障。本办法进一步完善了无害化处理场所防疫制度要求，增加了“无害化处理记录、病原检测制度”，将“无害化处理后的物品流向登记”修改为“处理产物流向登记”，要求无害化处理场所规范开展无害化处理、病原检测等工作，进一步压实了无害化处理场所的防疫主体责任。通过建立病死动物和病害动物产品入场登记、消毒、日常巡查、无害化处理记录、病原检测、处理产物流向登记、人员防护等各项防疫制度，为强化无害化处理场所日常防疫管理和生物安全风险管控提供了更加有力的保障。

第十一条 经营动物和动物产品的集贸市场应当符合下列条件：

（一）场内设管理区、交易区和废弃物处理区，且各区相对独立；

（二）动物交易区与动物产品交易区相对隔离，动物交易区内不同种类动物交易场所相对独立；

（三）配备与其经营规模相适应的污水、污物处理设施和清洗消毒设施设备；

（四）建立定期休市、清洗消毒等动物防疫制度。

经营动物的集贸市场，除符合前款规定外，周围应当建有隔离设施，运输动物车辆出入口处设置消毒通道或者消毒池。

【理解与适用】本条是关于经营动物和动物产品的集贸市场动物防疫条件的规定。

《动物防疫法》第二十六条第一款规定，经营动物和动物产品的集贸市场应当具备国务院农业农村主管部门规定的动物防疫条件。本办法对原办法第二十四条、第二十五条第一款进行了整合，对经营动物和动物产品的集贸市场应当具备的动物防疫条件进行了优化完善，从布局、设施设备、防疫制度等方面作出明确规定。

一是具备基本条件。经营动物和动物产品的集贸市场内不同功能区域应相对独立，便于加强生物安全防护。市场内应分别设置管理区、交易区和废弃物处理区，各区相对独立。动物交易区与动物产品交易区相对隔离，动物交易区内不同种类动物交易场所相对独立。市场应配备与其经营规模相适应的污水污物处理设施和清洗消毒设施设备，建立定期休市、清洗消毒等动物防疫制度，确保有效落实卫生消毒等措施，及时消除风险隐患。

二是满足附加要求。经营动物的集贸市场人流物流量大、卫生条件差、疫病传播风险高，必须进一步加强动物防疫管理，提高防疫条件要求。经营动物的集贸市场周围应建有围墙等隔离设施，运输动物车辆出入口处应设置消毒通道或消毒池，加强出入消毒。通过采取上述措施，实现场区与其他区域之间相对封闭隔离，加强卫生消毒和人流物流管控，有利于及时消除风险隐患，提高生物安全防护水平。

第十二条 活禽交易市场除符合本办法第十一条规定外，还应当符合下列条件：

（一）活禽销售应单独分区，有独立出入口；市场内水禽与其他家禽应相对隔离；活禽宰杀间应相对封闭，宰杀间、销售区域、消费者之间应实施物理隔离；

（二）配备通风、无害化处理等设施设备，设置排污通道；

（三）建立日常监测、从业人员卫生防护、突发事件应急处置等动物防疫制度。

【理解与适用】本条是关于活禽交易市场动物防疫条件的补充规定。

活禽交易市场的禽只来源复杂、卫生条件差、防疫水平低，容易造成动物疫病特别是人畜共患传染病的传播扩散，是动物防疫管理的重点和难点。2017 年 8 月，《关于进一步加强活禽经营市场管理的通知》（国卫应急发〔2017〕44 号）明确提出压实活禽市场属地责任和各方管理责任，提升市场硬件条件，全面完善各项管理制度，有效降低病毒传播风险的需求。为加强活禽市场防疫管理，减少疫情传播风险，本办法对原办法第二十五条第二款内容进行了补充完善，并结合近年来 H7N9 流感防控实践，借鉴了前期有关政策措施要求，专门设立一条，对活禽交易市场动物防疫条件作出了补充规定。

一是相关区域相对封闭隔离。活禽销售单独分区并设置独立出入口，可有效减少活禽销售中的风险隐患。水禽与其他家禽应当相对隔离，与鸡等旱禽相比，鸭、鹅等水禽健康带毒较为普遍，水禽与其他家禽混合销售容易造成病毒传播扩散。活禽宰杀间相对封闭，在宰杀间、销售区域、消费者间实施物理隔离（如挂帘等），将有效降低消费者感染病毒概率。通过对各功能区域实行相对封闭隔离，进一步加强生物安全防护，减少活禽市场传播疫情风险。

二是配备相关设施设备。活禽市场应配备与活禽宰杀规模相适应的通风、无害化处理等设施设备，设置排污通道。通过配备相关设施设备，对活禽粪便、污物及宰杀活禽的废弃物等实施无害化处理，对污水等进行安全排放，保障公共卫生安全和生态环境安全。

三是完善防疫管理制度。建立活禽市场日常监测制度，加强市场内人员和家禽定期监测，及时发现和消除风险隐患。建立从业人员卫生防护制度，指导从业人员及时规范穿戴使用防护用品，加强卫生消毒和人员健康监测，做好人员安全防护。建立突发事件应急处置制度，做好消毒药、防护用品等应急物资储备，一旦出现人感染病例、家禽发生疫病或发现监测阳性等突发情况，及时报告、科学处置。通过健全完善上述防疫管理制度，强化各项应急准备，提高应急处置能力和生物安全防护水平，有效防止疫情传播扩散。

第三章　审查发证

本章共四条，对动物饲养场、动物隔离场所、动物屠宰加工场所、动物和动物产品无害化处理场所四类场所选址评估、提交材料、审查发证、证书格式等作出了规定。

第十三条　开办动物饲养场、动物隔离场所、动物屠宰加工场所以及动物和动物产品无害化处理场所，应当向县级人民政府农业农村主管部门提交选址需求。

县级人民政府农业农村主管部门依据评估办法，结合场所周边的天然屏障、人工屏障、饲养环境、动物分布等情况，以及动物疫病发生、流行和控制等因素，实施综合评估，确定本办法第六条第一项要求的距离，确认选址。

前款规定的评估办法由省级人民政府农业农村主管部门依据《中华人民共和国畜牧法》《中华人民共和国动物防疫法》等法律法规和本办法制定。

【理解与适用】本条是关于开办四类场所实施选址评估的规定。

本条对原办法第二十六条进行了补充完善。主要修改了三个方面。**一是**将“兴办”修改为“开办”，删除了“养殖小区”表述，与《动物防疫法》表述保持一致。**二是**新增了场所开办者提出选址需求和主管部门开展选址评估相关内容，开办四类场所的，应向县级农业农村主管部门提出选址需求。县级农业农村主管部门依据评估办法进行综合评估，根据评估结果确认场所选址。**三是**明确由省级农业农村主管部门制定四类场所选址评估办法。

关于四类场所的选址规定，是动物防疫条件的重要内容。《动物防疫法》第二十四条第一款规定，四类场所的位置与居民生活区、生活饮用水水源地、学校、医院等公共场所的距离，应符合国务院农业农村主管部门的规定。在《动物防疫法》有关规定基础上，本办法对四类场所选址规定进行了细化完善。本办法第六条第一项规定，四类场所之间，各场所与动物诊疗场所、居民生活区、生活饮用水水源地、学校、医院等公共场所之间应保持必要的距离。

根据《动物防疫法》和本办法规定，农业农村部对四类场所选址作出基本规定。农业农村部授权省级农业农村主管部门根据《畜牧法》《动物防疫法》等法律法规和本办法规定，制定四类场所选址评估具体办法。

为规范动物防疫条件审查工作，加强监督管理，本办法对四类场所选址规定进行了重要调整，引入评估机制，实行场所兴建前行政确认选址。开办四类场所的，应在动工前向县级农业农村主管部门提出选址需求。县级农业农村主管部门依据省级农业农村主管部门制定的选址评估办法，综合考虑相关地址的土地性质、环境影响、行政区划、防疫屏障条件（包括天然屏障、人工屏障）、饲养环境、动物分布等情况，以及当地动物疫病流行状况等各方面因素，组织有关方面专家对四类场所选址进行综合评估，确定各场所之间、场所与相关公共场所之间的距离，确认场所选址。场所开办者根据选址确认结果进行工程设计和施工。

第十四条　本办法第十三条规定的场所建设竣工后，应当向所在地县级人民政府农业农村主管部门提出申请，并提交以下材料：

（一）《动物防疫条件审查申请表》；

（二）场所地理位置图、各功能区布局平面图；

（三）设施设备清单；

（四）管理制度文本；

（五）人员信息。

申请材料不齐全或者不符合规定条件的，县级人民政府农业农村主管部门应当自收到申请材料之日起五个工作日内，一次性告知申请人需补正的内容。

【理解与适用】本条是关于开办四类场所提交防疫条件审查材料的规定。

本条对原办法第二十七条进行了修改完善。主要修改了两处。**一是**将“人员情况”修改为“人员信息”；**二是**将受理申请的主管部门由“县级地方人民政府兽医主管部门”修改为“县级人民政府农业农村主管部门”。

根据《动物防疫法》和本办法规定，四类场所建设竣工后，场所开办者应当向县级农业农村主管部门提出动物防疫条件审查申请，并按照审查要求及时提交防疫条件审查申请表、场所地理位置图、功能区平面布局图、设施设备清单、管理制度、人员信息等材料。对申请材料不齐全或不符合规定条件的（如缺少相关设施设备，防疫管理制度不完善，人员配备不符合要求等），县级农业农村主管部门应当自收到申请材料之日起五个工作日内，一次性告知申请人需补正的全部内容，便于申请人及时补充材料，申请行政许可。

第十五条 县级人民政府农业农村主管部门应当自受理申请之日起十五个工作日内完成材料审核，并结合选址综合评估结果完成现场核查，审查合格的，颁发动物防疫条件合格证；审查不合格的，应当书面通知申请人，并说明理由。

【理解与适用】本条是关于四类场所审查发证的规定。

本条对原办法第二十八条、第二十九条进行了全面整合和优化调整。主要修改了五处。**一是**下放了动物隔离场所、动物和动物产品无害化处理场所的发证机关层级，从省级农业农村主管部门下放到县级农业农村主管部门，此次调整后，动物饲养场、动物隔离场所、动物屠宰加工场所、动物和动物产品无害化处理场所四类场所的发证机关统一确定为县级农业农村主管部门；**二是**将开展防疫条件审查的主管部门由“县级地方人民政府兽医主管部门”修改为“县级人民政府农业农村主管部门”；**三是**明确规定县级农业农村主管部门应结合选址综合评估结果开展动物防疫条件审查；**四是**将“收到申请”修改为“受理申请”；**五是**缩短了行政许可的办理时限，由二十个工作日缩短为十五个工作日。

《动物防疫法》第二十五条第二款和本办法规定，四类场所建设竣工后，县级农业农村主管部门依申请完成材料审核，并结合选址综合评估结果进行现场核查，对审查合格的，颁发动物防疫条件合格证；对审查不合格的（如选址评估不合格），应当书面通知申请人并说明理由。

根据“放管服”改革要求，为进一步减轻申请人负担，优化营商环境，推进行政审批服务便民化，本办法下放了动物隔离场所、动物和动物产品无害化处理场所的动物防疫条件合格证审批部门层级，由省级农业农村主管部门下放到县级农业农村主管部门。调整后，四类场所均由县级农业农村主管部门审查发证，基层群众提交申请材料、办理防疫条件合格证更加方便快捷，进一步减轻了基层群众负担。同时，为进一步提高发证机关工作效率，方便群众办事创业，激发市场主体活力，本办法缩短了四类场所的行政许可办理时限，动物防疫条件合格证的办理时限由二十个工作日缩短到十五个工作日，符合条件的四类场所开办者可以更快取得动物防疫条件合格证，及时开展相关生产经营活动。

第十六条 动物防疫条件合格证应当载明申请人的名称（姓名）、场（厂）址、动物（动物产品）种类等事项，具体格式由农业农村部规定。

【理解与适用】本条是关于动物防疫条件合格证载明内容和格式的规定，是新增条款。

动物防疫条件合格证是农业农村主管部门对动物饲养场、动物隔离场所、动物屠宰加工场所、动物和动物产品无害化处理场所进行动物防疫条件审查、确认其在开始生产经营前达到规定防疫条件的行政许可证件和法律凭证。《动物防疫法》第二十五条第三款和本办法第十六条规定，动物防疫条件合格证应当载明申请人的名称（姓名）、场（厂）址、动物（动物产品）种类等事项，具体格式由农业农村部制定。2010 年，农业部印发农医发〔2010〕26 号文件，对动物防疫条件合格证样式及填写规范作出了具体规定。根据《动物防疫法》和本办法规定，农业农村部将结合工作实际，适时对相关规定进行优化调整。

第四章　监督管理

本章共七条，对相关人员从业限制、动物防疫条件监督检查的实施主体、动物饲养场分级管理、相关场所防疫条件变化后管理要求、年度报告制度、动物防疫条件合格证使用管理要求等作出了规定。

第十七条　患有人畜共患传染病的人员不得在本办法第二条所列场所直接从事动物疫病检测、检验、协助检疫、诊疗以及易感染动物的饲养、屠宰、经营、隔离等活动。

【理解与适用】本条是关于相关人员从业限制的规定，是新增条款。

《动物防疫法》第三十五条规定："患有人畜共患传染病的人员不得直接从事动物疫病监测、检测、检验检疫、诊疗以及易感染动物的饲养、屠宰、经营、隔离、运输等活动。"患有结核病等人畜共患传染病的人员（包括生产经营者和国家公职人员）如果直接从事相关活动，容易将疫病传染给动物或污染动物产品，影响动物产品质量安全和公共卫生安全，应当作出相关从业限制。为落实《动物防疫法》有关要求，结合动物疫病防控实际，本办法对相关人员从业限制规定进行了细化，患有相关人畜共患传染病的人员不得在动物饲养场、动物隔离场所、动物屠宰加工场所、动物和动物产品无害化处理场所、动物和动物产品集贸市场五类场所直接从事动物疫病检测、检验、协助检疫、诊疗以及易感染动物的饲养、屠宰、经营、隔离等活动。场所开办者、经营者和有关部门在配备工作人员、组织开展相关工作时应当严格遵守《动物防疫法》和本办法规定，对相关人员进行从业限制，减少疫病传播风险，确保养殖业生产安全和公共卫生安全。

第十八条　县级以上地方人民政府农业农村主管部门依照《中华人民共和国动物防疫法》和本办法以及有关法律、法规的规定，对本办法第二条所列场所的动物防疫条件实施监督检查，有关单位和个人应当予以配合，不得拒绝和阻碍。

【理解与适用】本条是关于对五类场所实施监督检查的规定。

本条与原办法第三十条相比，主要修改了三处。**一是**将监督检查工作的实施主体由“动物卫生监督机构”调整为“县级以上地方人民政府农业农村主管部门”；**二是**在法律法规依据中增加“本办法”；**三是**删除了“养殖小区”。

《动物防疫法》第七十四条规定：“县级以上地方人民政府农业农村主管部门依照本法规定，对动物饲养、屠宰、经营、隔离、运输以及动物产品生产、经营、加工、贮藏、运输等活动中的动物防疫实施监督管理。”动物饲养场、动物隔离场所、动物屠宰加工场所、动物和动物产品无害化处理场所、动物和动物产品集贸市场五类场所投入运营后，县级以上地方人民政府农业农村主管部门要依据《动物防疫法》和本办法及有关法律法规的规定，进一步加强监督管理，及时对五类场所的动物防疫条件、防疫措施落实情况等开展监督检查，督促场所开办者按要求报告防疫条件变化情况和防疫制度执行情况，落实各项防疫措施。相关场所应当积极配合农业农村主管部门实施监督检查，不得拒绝或阻碍，否则将承担相应的法律责任。

第十九条 推行动物饲养场分级管理制度，根据规模、设施设备状况、管理水平、生物安全风险等因素采取差异化监管措施。

【理解与适用】本条是关于实施动物饲养场分级管理的规定，是新增条款。

为加强对动物饲养场的有效监管，结合近年来各地非洲猪瘟等重大动物疫病防控实践，本办法引入动物疫病风险管理机制，统筹考虑动物饲养场规模、布局、设施设备状况、饲养管理情况、防疫水平、疫病发生情况等多方面因素，对动物饲养场进行分级评估，实施风险分级管理制度，对不同风险等级的饲养场采取差异化监管措施。动物饲养场风险分级管理办法由农业农村部另行制定。

第二十条 取得动物防疫条件合格证后，变更场址或者经营范围的，应当重新申请办理，同时交回原动物防疫条件合格证，由原发证机关予以注销。

变更布局、设施设备和制度，可能引起动物防疫条件发生变化的，应当提前三十日向原发证机关报告。发证机关应当在十五日内完成审查，并将审查结果通知申请人。

变更单位名称或者法定代表人（负责人）的，应当在变更后十五日内持有效证明申请变更动物防疫条件合格证。

【理解与适用】本条是关于四类场所防疫条件和有关信息变更后落实相关要求的规定。

本条与原办法第三十一条相比，主要修改了两处。**一是**根据“放管服”改革要求，缩短了发证机关的办理时限。将第二款中“变更布局、设施设备和制度，可能引起动物防疫条件发生变化的，应当提前 30 日向发证机关报告，发证机关应当在 20 日内完成审查”修改为“……，发证机关应当在十五日内完成审查”。**二是**将“变更单位名称或者其负责人”修改为“变更单位名称或者法定代表人（负责人）”。

根据《动物防疫法》和本办法规定，四类场所取得动物防疫条件合格证后，如果场所动物防疫条件和相关信息发生变更，场所开办者应按要求报告发证机关，根据不同情形采取申请重新办理动物防疫条件合格证、开展防疫条件审查、变更动物防疫条件合格证等措施。

关于变更场址或者经营范围。场所的具体选址和经营范围是动物防疫条件的重要内容和核心指标。如果选址或经营范围发生变化，将直接影响相关场所的动物防疫活动和生物安全风险管控工作。四类场所应当及时向原发证机关报告，重新申请办理动物防疫条件合格证，同时交回原动物防疫条件合格证，由原发证机关予以注销。

关于变更布局、设施设备和制度。四类场所的布局、设施设备和防疫制度，是动物防疫条件的重要内容，是开展动物防疫活动、防止疫情发生传播的重要基础和保障。如果场所布局、设施设备和防疫制度发生变化后，可能引起动物防疫条件发生变化（如生产经营区域封闭隔离状态改变，工程设计和有关流程调整，更换无害化处理设施设备，调整消毒制度等）的，场所开办者应当在变更布局、设施设备和防疫制度前，提前三十日向原发证机关报告相关情况。发证机关应当在十五日内完成防疫条件审查，并将审查结果通知申请人。经发证机关审查同意后，申请人方可按要求变更相关场所的布局、设施设备和防疫制度。

关于变更单位名称或者法定代表人（负责人）。四类场所的名称或法定代表人（负责人）发生变更后，发证机关之前颁发的动物防疫条件合格证上载明的相关信息与场所实际信息出现不一致，场所开办者应当及时向主管部门申请变更，便于主管部门有效开展监督检查，督促落实防疫措施。本条规定，相关场所开办者应当在单位名称或法定代表人（负责人）信息变更后十五日内持有效证明向原发证机关申请变更动物防疫条件合格证。

第二十一条 动物饲养场、动物隔离场所、动物屠宰加工场所以及动物和动物产品无害化处理场所，应当在每年三月底前将上一年的动物防疫条件情况和防疫制度执行情况向县级人民政府农业农村主管部门报告。

【理解与适用】本条是关于四类场所年度防疫条件情况和防疫制度执行情况报告的规定。

本条与原办法第三十三条相比，主要对报告时间进行了修改，将“1月底”修改为“三月底”。

《动物防疫法》第七条规定：“从事动物饲养、屠宰、经营、隔离、运输以及动物产品生产、经营、加工、贮藏等活动的单位和个人，依照本法和国务院农业农村主管部门的规定，做好免疫、消毒、检测、隔离、净化、消灭、无害化处理等动物防疫工作，承担动物防疫相关责任。”四类场所的开办者应当依法履行防疫义务，严格落实防疫措施，积极承担防疫主体责任，按照《动物防疫法》和本办法规定，在每年三月底前向主管部门报告上一年本场所布局、设施设备、人员配备等防疫条件情况和防疫制度执行情况。报告形式可根据实际灵活掌握，可以报送书面报告或电子文档。

第二十二条 禁止转让、伪造或者变造动物防疫条件合格证。

【理解与适用】本条是关于动物防疫条件合格证使用的禁止性规定。

本条与原办法第三十四条相比没有变化。

动物防疫条件合格证是四类场所已依法履行防疫义务、达到规定防疫条件、可以开展生产经营活动的重要证明，是国家开展动物防疫监督管理的重要内容，是农业农村主管部门对四类场所进行动物防疫条件审查、确认其在开始生产经营前达到国家规定的防疫条件的行政许可证件和法律凭证。行政主体和行政相对人之间通过这项法律凭证建立正常的动物防疫管理秩序。

转让动物防疫条件合格证，是指依法取得动物防疫条件合格证的单位和个人，以有偿或无偿形式将动物防疫条件合格证提供给未取得该合格证的单位或个人使用的行为。

伪造动物防疫条件合格证，是指仿制法定的动物防疫条件合格证式样、擅自制作动物防疫条件合格证的行为。

变造动物防疫条件合格证，是指对动物防疫条件合格证采用剪贴、挖补、涂改、拼接、彩印、电脑涂改等方法进行加工处理，改变动物防疫条件合格证原有项目或内容的行为。如改变动物防疫条件合格证上场所开办者的姓名、场址、动物或动物产品种类等信息。

转让、伪造或者变造动物防疫条件合格证是破坏国家动物防疫管理秩序的违法行为，应当严格禁止。农业农村主管部门应当采取有效措施，对动物防疫条件合格证进行严格管理，禁止转让、伪造或者变造动物防疫条件合格证。场所开办者应当妥善保管动物防疫条件合格证，不得将其依法取得的动物防疫条件合格证出借或转让给他人，防止不法分子借机从事相关违法活动。

需要说明的是，使用转让、伪造或者变造的动物防疫条件合格证，同样是破坏国家正常的动物防疫管理秩序的违法行为，应当严格禁止。开办四类场所的行政相对人，如果使用转让、伪造或变造的动物防疫条件合格证，等同于开办四类场所未取得动物防疫条件合格证，违反了《动物防疫法》第九十八条规定，将承担相应的法律责任。

第二十三条 动物防疫条件合格证丢失或者损毁的，应当在十五日内向原发证机关申请补发。

【理解与适用】本条是关于补发动物防疫条件合格证的规定。

本条与原办法第三十五条相比，在文字上略作修改，将“15 日”修改为“十五日”。

场所开办者应妥善保管动物防疫条件合格证，如果丢失，可能出现他人非法持有的情况，干扰正常的防疫管理秩序；如果损毁，农业农村主管部门在对相关场所开展监督检查时无法准确掌握场所防疫水平和相关信息，同样影响防疫管理工作开展。因此，动物防疫条件合格证出现丢失或损毁后，场所开办者应及时向原发证机关申请补发新的动物防疫条件合格证，防止不法分子借机从事违法活动，确保动物防疫监督管理工作顺利开展。

第五章　法律责任

本章共五条，对违反本办法规定的相关行为的法律责任作出了规定。

第二十四条　违反本办法规定，有下列行为之一的，依照《中华人民共和国动物防疫法》第九十八条的规定予以处罚：

（一）动物饲养场、动物隔离场所、动物屠宰加工场所以及动物和动物产品无害化处理场所变更场所地址或者经营范围，未按规定重新办理动物防疫条件合格证的；

（二）经营动物和动物产品的集贸市场不符合本办法第十一条、第十二条动物防疫条件的。

【理解与适用】本条是关于四类场所变更场所地址或者经营范围后未按规定重新办理动物防疫条件合格证，以及经营动物和动物产品的集贸市场不符合相关动物防疫条件的法律责任的规定。

本条对原办法第三十六条第一款和第三十七条内容进行了全面整合，合并为一条。对四类场所变更场所地址或者经营范围后未按规定重新办理动物防疫条件合格证的，以及经营动物和动物产品的集贸市场不符合本办法第十一条、第十二条规定的动物防疫条件的，均应按照《动物防疫法》第九十八条的规定予以处罚。

本条的适用对象是动物饲养场、动物屠宰加工场所、动物隔离场所、动物和动物产品无害化处理场所四类场所的违法开办者，以及动物和动物产品集贸市场的开办者。

关于四类场所变更场所地址或者经营范围后未按规定重新办理动物防疫条件合格证。《动物防疫法》第二十五条第二款和第九十八条第一项规定，开办四类场所的，应当向县级以上地方人民政府农业农村主管部门提出申请，经审查合格的，发给动物防疫条件合格证；未取得动物防疫条件合格证即开办四类场所，属于违法行为，应当承担相应的法律责任。本办法第二十条第一款规定，四类场所取得动物防疫条件合格证后，变更场所地址或经营范围的，应当重新申请办理动物防疫条件合格证，同时交回原动物防疫条件合格证，由原发证机关予以注销。因此，变更场所地址或经营范围后未重新申请办理动物防疫条件合格证的，在法律效果上等同于未取得动物防疫条件合格证，应按照《动物防疫法》第九十八条第一项规定进行处罚，由县级以上地方人民政府农业农村主管部门责令改正，处三千元以上三万元以下罚款；情节严重的，责令停业整顿，并处三万元以上十万元以下罚款。

关于经营动物和动物产品的集贸市场不符合规定的动物防疫条件。《动物防疫法》第二十六条第一款和第九十八条第二项规定，经营动物、动物产品的集贸市场应当具备国务院农业农村主管部门规定的动物防疫条件，并接受农业农村主管部门的监督检查；经营动物、动物产品的集贸市场不具备国务院农业农村主管部门规定的防疫条件的，属于违法行为，应承担相应的法律责任。根据《动物防疫法》有关要求，本办法第十一条、第十二条对动物和动物产品集贸市场应当符合的动物防疫条件进行了细化规定，作出了明确要求。对不符合本办法规定要求的动物和动物产品集贸市场，应当按照《动物防疫法》第九十八条规定进行处罚，由县级以上地方人民政府农业农村主管部门责令其改正，处三千元以上三万元以下罚款；情节严重的，责令停业整顿，并处三万元以上十万元以下罚款。

第二十五条 违反本办法规定，动物饲养场、动物隔离场所、动物屠宰加工场所以及动物和动物产品无害化处理场所未经审查变更布局、设施设备和制度，不再符合规定的动物防疫条件继续从事相关活动的，依照《中华人民共和国动物防疫法》第九十九条的规定予以处罚。

【理解与适用】本条是关于四类场所未经审查变更场所布局、设施设备和制度、不再符合规定防疫条件的法律责任的规定。

本条与原办法第三十六条第二款相比，主要修改了两处。**一是**将相关违法行为表述修改为“未经审查变更布局、设施设备和制度，不再符合规定的动物防疫条件的”；**二是**将具体法律责任修改为“按照《中华人民共和国动物防疫法》第九十九条的规定予以处罚”。

本条的适用对象是动物饲养场、动物隔离场所、动物屠宰加工场所、动物和动物产品无害化处理场所四类场所的开办者。

《动物防疫法》第二十四条、第二十五条和第九十九条规定，开办四类场所，应当符合相应的动物防疫条件，县级以上地方人民政府农业农村主管部门根据场所开办者提出的申请和附具的相关材料进行审查；四类场所生产经营条件发生变化，不再符合法律规定的动物防疫条件继续从事相关活动的，应当承担相应的法律责任。在《动物防疫法》基础上，本办法第二章第六条、第七条、第八条、第九条、第十条，从布局、设施设备、防疫制度等方面对四类场所应符合的动物防疫条件进行了细化规定，作出了明确要求。

场所的布局、设施设备和防疫制度，是动物防疫条件的重要内容，是相关场所开展动物防疫活动、维持防疫水平的重要保障。如果四类场所未经审查擅自变更布局、设施设备和制度，不再符合规定的动物防疫条件（如生产经营区域封闭隔离状态出现改变、更换无害化处理设施设备、消毒制度改变等），从法律上讲，已经不具备继续从事相关生产经营活动的基本条件。对不具备法律规定条件继续从事相关活动的，应当按照《动物防疫法》第九十九条规定进行处罚，由县级以上地方人民政府农业农村主管部门予以警告，责令限期改正，逾期仍达不到规定条件的，吊销动物防疫条件合格证，并通报市场监督管理部门依法处理。

第二十六条 违反本办法规定，动物饲养场、动物隔离场所、动物屠宰加工场所以及动物和动物产品无害化处理场所变更单位名称或者法定代表人（负责人）未办理变更手续的，由县级以上地方人民政府农业农村主管部门责令限期改正；逾期不改正的，处一千元以上五千元以下罚款。

【理解与适用】本条是关于四类场所变更单位名称或者法定代表人（负责人）未按规定办理变更手续的法律责任的规定，是新增条款。

本条的适用对象是动物饲养场、动物隔离场所、动物屠宰加工场所、动物和动物产品无害化处理场所四类场所的开办者。

《动物防疫法》和本办法第二十条第三款规定，四类场所取得动物防疫条件合格证后，如果单位名称或者法定代表人（负责人）发生变更，场所开办者应当在变更后十五日内持有效证明向原发证机关申请变更动物防疫条件合格证。如果未按规定及时办理变更手续，农业农村主管部门不能及时掌握相关情况，对加强四类场所日常监督管理、督促落实防疫措施造成不利影响，场所开办者应当承担相应的法律责任。

本条规定的法律责任包括行政命令和行政处罚。

一是责令限期改正。按照本条规定，变更单位名称或者法定代表人（负责人）、未按规定办理变更手续的，县级以上地方人民政府农业农村主管部门应当以行政命令方式责令违法行为人限期改正；有关人员接到责令限期改正的命令后，应当在规定的时限内按要求改正其违法行为。

二是罚款。本条规定的罚款，是指县级以上地方人民政府农业农村主管部门在作出责令限期改正的命令后，对拒不改正的违法行为人作出的行政处罚。因此，实施本项处罚的前提是“违法行为人拒不改正”。本条规定的罚款额度是一千元以上五千元以下。农业农村主管部门应当根据违法行为人的违法情节、危害程度、对错误的认识态度等因素，在一千元以上五千元以下的幅度内进行处罚。如果违法行为人接到行政机关的限期改正命令后在规定期限内及时改正，不应再处以罚款。

第二十七条 违反本办法规定，动物饲养场、动物隔离场所、动物屠宰加工场所以及动物和动物产品无害化处理场所未按规定报告动物防疫条件情况和防疫制度执行情况的，依照《中华人民共和国动物防疫法》第一百零八条的规定予以处罚。

【理解与适用】本条是关于四类场所未按规定报告防疫条件情况和防疫制度执行情况的法律责任的规定，是新增条款。

本条的适用对象是动物饲养场、动物隔离场所、动物屠宰加工场所、动物和动物产品无害化处理场所四类场所的开办者。

《动物防疫法》第七条规定："从事动物饲养、屠宰、经营、隔离、运输以及动物产品生产、经营、加工、贮藏等活动的单位和个人，依照本法和国务院农业农村主管部门的规定，做好免疫、消毒、检测、隔离、净化、消灭、无害化处理等动物防疫工作，承担动物防疫相关责任。"《动物防疫法》第一百零八条第二项规定，从事动物饲养、屠宰、经营、隔离、运输以及动物产品生产、经营、加工、贮藏、无害化处理等活动的单位和个人，不如实提供与动物防疫有关的资料的，应当承担相应的法律责任。本办法第二十一条规定，四类场所应当在每年三月底前将上一年的动物防疫条件和防疫制度执行情况向原发证机关报告。

四类场所的开办者，按照《动物防疫法》和本办法规定，定期向农业农村主管部门报告防疫条件情况和防疫制度执行情况，是履行防疫义务、落实防疫责任的具体体现。如果场所开办者未按照规定报告相关情况，农业农村主管部门不能及时掌握相关场所防疫状况，将对督促落实防疫措施造成不利影响，场所开办者应当承担相应的法律责任。对违反本办法规定的四类场所的开办者，应当按照《动物防疫法》第一百零八条第二项的规定予以处罚，由县级以上地方人民政府农业农村主管部门责令改正，可以处一万元以下罚款；拒不改正的，处一万元以上五万元以下罚款，并可以责令停业整顿。

第二十八条 违反本办法规定，涉嫌犯罪的，依法移送司法机关追究刑事责任。

【理解与适用】 本条是关于相关违法行为与刑事责任的衔接规定。

本条与原办法第三十九条相比，主要是将"构成犯罪或者违反治安管理规定的，依法移送公安机关处理"修改为"涉嫌犯罪的，依法移送司法机关追究刑事责任"。

《动物防疫法》第一百零九条第二款规定："违反本法规定，构成犯罪的，依法追究刑事责任。"《行政处罚法》第二十七条规定："违法行为涉嫌犯罪的，行政机关应当及时将案件移送司法机关，依法追究刑事责任。"

违反本办法规定的行为，同时违反《中华人民共和国刑法》等其他法律法规，涉嫌构成犯罪的（如涉嫌构成妨害动植物防疫、检疫罪，污染环境罪，伪造、变造、买卖国家机关公文证件印章罪等），除依照本办法承担行政责任外，农业农村主管部门应当及时将案件移送司法机关，由司法机关依法追究相应的刑事责任。

第六章　附　　则

本章共两条，对动物饲养场与经营动物和动物产品的集贸市场含义、有关例外情形、本办法施行时间等作出了规定。

第二十九条　本办法所称动物饲养场是指《中华人民共和国畜牧法》规定的畜禽养殖场。

本办法所称经营动物和动物产品的集贸市场，是指经营畜禽或者专门经营畜禽产品，并取得营业执照的集贸市场。

动物饲养场内自用的隔离舍，参照本办法第八条规定执行，不再另行办理动物防疫条件合格证。

动物饲养场、隔离场所、屠宰加工场所内的无害化处理区域，参照本办法第十条规定执行，不再另行办理动物防疫条件合格证。

【理解与适用】本条是关于动物饲养场、经营动物和动物产品的集贸市场含义，以及相关场所内附属设施（区域）防疫条件管理的规定。

本条与原办法第四十条相比，主要修改了四处。**一是**删去了“养殖小区”表述；**二是**根据《畜牧法》修订情况对动物饲养场含义进行了相应修改；**三是**新增一款，对本办法调整的经营动物和动物产品的集贸市场进行了界定；**四是**对相关场所内设置的动物隔离舍、无害化处理区域的动物防疫条件管理规定进行了修改完善。

关于动物饲养场。根据《动物防疫法》第二十四条、第二十五条和本办法规定，对动物饲养场的含义，应从三个方面进行理解把握。**一是**本办法适用于畜禽养殖场。2020 年 5 月，农业农村部第 303 号公告发布了《国家畜禽遗传资源目录》，包括 33 种传统畜禽和特种畜禽，对畜禽品种进行了明确界定。观赏动物、实验动物、野生动物等其他动物饲养场不在本办法调整范围内。**二是**适用于畜禽规模养殖场。我国畜禽养殖主体多，养殖状况复杂，数以千万计的散养户饲养管理水平低，自主防疫能力差，目前不具备对其发放动物防疫条件合格证的条件。**三是**畜禽规模养殖场的具体标准遵循《畜牧法》相关规定。《畜牧法》第三十九条第三款规定："畜禽养殖场的规模标准和备案管理办法，由国务院农业农村主管部门制定。"本办法调整范围内的动物饲养场是指符合农业农村部制定的规模标准的畜禽养殖场。

关于经营动物和动物产品的集贸市场。根据《动物防疫法》规定，结合各地实际，本办法对纳入调整范围内的经营动物和动物产品的集贸市场进行了规定。本办法调整范围内的经营动物和动物产品的集贸市场分为两类。**一是**经营畜禽并取得营业执照的集贸市场，包括专门经营畜禽和兼营畜禽的合法集贸市场，城乡地区的畜禽临时交易场所等不在本办法调整范围内。**二是**专门经营畜禽产品并取得营业执照的集贸市场。对兼营畜禽产品的集贸市场，如城乡地区广泛存在的农产品批发市场、零售市场、超市等，由于这类市场数量较多、经营商品种类繁多、经营畜禽产品总量不大，为减轻行政相对人负担，不纳入本办法调整范围内。

关于相关场所内设置的自用动物隔离舍和无害化处理区域。为切实做好相关场所动物疫病防控工作，对引进动物和患病动物进行隔离观察和及时处置，以及对病死动物和病害动物产品及时进行无害化处理，动物饲养场内需设置自用的动物隔离舍，动物饲养场、动物隔离场所、动物屠宰加工场所内需设置无害化处理区域。鉴于动物饲养场、动物隔离场所、动物屠宰加工场所均已通过防疫条件审查并取得了动物防疫条件合格证，对其内部设置自用的动物隔离舍和无害化处理区域，无需再办理动物防疫条件合格证；应当分别参照本办法第八条、第十条规定，配备相应的设施设备，做好动物隔离观察、消毒、免疫、诊疗等工作，以及病死动物及病害动物产品的无害化处理工作。

第三十条　本办法自2022年12月1日起施行。农业部2010年1月21日公布的《动物防疫条件审查办法》同时废止。

本办法施行前已取得动物防疫条件合格证的各类场所，应当自本办法实施之日起一年内达到本办法规定的条件。

【理解与适用】本条是关于本办法时间效力和相关场所限期达到规定

条件的规定。

本条与原办法第四十一条相比，主要修改了两处。**一是**根据本办法修订发布情况，确定了正式施行时间；**二是**明确了衔接规定，对新办法施行前已取得动物防疫条件合格证的相关场所，要求在一定期限内达到规定的防疫条件。

关于时间效力。本办法于 2022 年 8 月 22 日经农业农村部第 9 次部常务会议审议通过，由农业农村部令第 8 号发布。部门规章从公布到正式施行需留出一定时间的过渡期，便于各地开展宣传培训。各级农业农村主管部门和生产经营者要及时学习掌握本办法主要内容，准确把握本办法的基本规定和精神实质，自觉依法规范自身行为，严格执法、全民守法，确保本办法有效落地实施，为规范动物防疫条件审查工作提供坚强有力的法制保障。同时，统筹考虑我国动物防疫条件审查工作的实际需要，确定本办法从 2022 年 12 月 1 日起正式施行。

关于衔接规定。为贯彻落实 2022 年修订的《动物防疫法》，结合各地实际，农业农村部对《动物防疫条件审查办法》进行了全面修订，对动物饲养场、动物隔离场所、动物屠宰加工场所、动物和动物产品无害化处理场所、经营动物和动物产品的集贸市场五类场所应符合的动物防疫条件，以及相关场所审查发证、监督管理、法律责任等进行了全面优化完善。在本办法施行前已取得动物防疫条件合格证的相关场所，按照本办法规定，在一些方面尚未达到相关动物防疫条件要求。为确保相关场所及时达到规定条件，本办法设置了一年的过渡期，要求相关场所在 2023 年 12 月 1 日前达到本办法规定的动物防疫条件。对逾期仍未达到规定动物防疫条件的相关场所，地方各级农业农村主管部门应当加强监督检查，按照本办法有关规定予以处罚，及时消除风险隐患，确保养殖业生产安全和公共卫生安全。

第三部分

《病死畜禽和病害畜禽产品无害化处理管理办法》解析

第一章　总　　则

总则是对本办法若干原则的规定，对其他各章起到引领和指导作用。本章共十条，对本办法的立法目的、适用范围、依法应当无害化处理的畜禽和畜禽产品种类、无害化处理工作原则、主体责任、无害化处理规范、集中无害化处理场所规划和建设、无害化处理补助政策等作出了规定。

第一条　为了加强病死畜禽和病害畜禽产品无害化处理管理，防控动物疫病，促进畜牧业高质量发展，保障公共卫生安全和人体健康，根据《中华人民共和国动物防疫法》（以下简称《动物防疫法》），制定本办法。

【理解与适用】本条是关于本办法立法目的规定。

一、制订本办法的依据和相关背景

《动物防疫法》第五十七条第四款规定："动物和动物产品无害化处理管理办法由国务院农业农村、野生动物保护主管部门按照职责制定。"按照我国动物防疫职责分工，农业农村主管部门主要负责家畜家禽、水生动物（含水生野生动物）管理工作，林业草原主管部门负责陆生野生动物管理。因此，由农业农村部制定《病死畜禽和病害畜禽产品无害化处理管理办法》，符合《动物防疫法》的规定和部门职责分工。同时，从我国病死动物和病害动物产品的种类看，病死畜禽和病害畜禽产品是主要的种类。本着突出重点、解决主要矛盾的原则，农业农村部针对病死畜禽和病害畜禽产品无害化处理制定专门的管理办法，为规范病死畜禽和病害畜禽产品无害化处理工作提供重要的法治保障。

本办法以《动物防疫法》相关制度为依据，注重与《国务院办公厅关于建立病死畜禽无害化处理机制的意见》《农业农村部　财政部关于进一步加强病死畜禽无害化处理工作的通知》等相关政策措施做好衔接，总结吸纳各地近年来的实践经验和做法，力求更加科学地指导各地做好病死畜禽和病害畜禽无害化处理工作。

二、本办法立法目的

《动物防疫法》第三条第四款规定，动物防疫包括病死动物、病害动物产品的无害化处理。病死畜禽、病害畜禽产品无害化处理是动物防疫工作的重要内容。制定本办法主要有四个方面的考虑。

1. 加强病死畜禽和病害畜禽产品无害化处理管理 无害化处理工作在流程上涉及收集、转运、处理等多个环节，在机制构建上涉及处理模式、处理设施、处理技术、监督管理等要素，在责任主体上涉及生产经营主体、监管部门和属地政府等，是一项系统工程。通过制订本办法，总结近年来我国病死畜禽和病害畜禽产品无害化处理实践经验，补齐工作短板，有利于明确各方责任，规范处理流程，健全处理体系，完善运行机制，有效强化监管。

2. 强化动物疫病防控 病死畜禽和病害畜禽产品无害化处理是指用物理、化学等方法处理病死畜禽尸体及相关畜禽产品，消灭其所携带的病原微生物，消除畜禽尸体危害的过程。病死畜禽和病害畜禽产品携带大量病原微生物，随意处置会造成动物疫病的传播扩散。通过采用焚烧、化制、高温等方法对病死畜禽、病害畜禽产品实施无害化处理能有效消灭病原微生物，达到阻断动物疫病传播、防控动物疫病的目标。

3. 促进畜牧业高质量发展 加强病死畜禽和病害畜禽产品无害化处理，规范无害化处理流程，强化无害化处理等环节信息管理，完善市场化运作模式，合理制定补助标准，完善保险联动机制，大力推进资源化利用，持续推动畜牧业绿色循环发展，是落实《国务院办公厅关于促进畜牧业高质量发展的意见》的重要举措，对维护养殖业生产安全具有重要意义。

4. 保障公共卫生安全和人体健康 做好病死畜禽和病害畜禽产品无害化处理不仅保护畜禽健康，促进畜牧业发展，更重要的是保障公共安全和人体健康。目前，世界上已知的人畜共患传染病有几百种，其中布鲁氏菌病、狂犬病、结核病、炭疽都曾经给人类带来灾难性的危害。畜禽是易罹患人畜共患传染病的主要脊椎动物，畜禽产品是人类消费的主要动物源性食品。因此，做好病死畜禽和病害畜禽产品的无害化处理，对阻断人畜共患病传播，维护公共卫生安全，保障动物源性食品安全具有重要意义，是落实“人病兽防、关口前移”理念的重要体现。

第二条 本办法适用于畜禽饲养、屠宰、经营、隔离、运输等过程中病死畜禽和病害畜禽产品的收集、无害化处理及其监督管理活动。

发生重大动物疫情时，应当根据动物疫病防控要求开展病死畜禽和病害畜禽产品无害化处理。

【理解与适用】 本条是关于本办法适用范围的规定。

一、本办法的适用范围和主体

根据《畜牧法》《动物防疫法》等法律规定和农业农村部职能，本办法适用于《国家畜禽遗传资源目录》明确的畜禽种类范围，涵盖畜禽饲养、屠宰、经营、隔离、运输等过程中病死畜禽和病害畜禽产品的收集、无害化处理及其监督管理活动。

本办法的适用主体包括两个类别。第一类是指畜禽饲养、屠宰、经营、隔离、运输等过程中从事病死畜禽和病害畜禽产品的收集、无害化处理活动的单位和个人，也包括从事畜禽饲养、屠宰、经营、隔离、运输等活动的单位和个人。第二类是指与病死畜禽和病害畜禽产品的收集、无害化处理活动监督管理有关的单位和个人，包括履行病死畜禽和病害畜禽产品无害化处理监督管理职责的农业农村主管等部门及其工作人员。

二、发生重大动物疫情时无害化处理要求

《动物防疫法》第三十二条第二款和第四十七条规定，重大动物疫情是指一、二、三类动物疫病突然发生，迅速传播，给养殖业生产安全造成严重威胁、危害，以及可能对公众身体健康与生命安全造成危害的情形；发生重大动物疫情时，依照法律和国务院的规定以及应急预案采取应急处置措施。重大动物疫情传播速度快、造成危害大、应急处置要求高，无害化处理作为突发疫情应急响应的重要措施，对迅速控制和扑灭重大动物疫

情至关重要。因此，发生重大动物疫情时，对依法需要扑杀的畜禽和销毁的畜禽产品、有关物品，应当按照重大动物疫情“早、快、严、小”处置要求，由重大动物疫情应急指挥机构统筹考虑疫情处置要求、处理能力等因素，选择符合疫情处置要求的无害化处理方法。

第三条 下列畜禽和畜禽产品应当进行无害化处理：

（一）染疫或者疑似染疫死亡、因病死亡或者死因不明的；

（二）经检疫、检验可能危害人体或者动物健康的；

（三）因自然灾害、应激反应、物理挤压等因素死亡的；

（四）屠宰过程中经肉品品质检验确认为不可食用的；

（五）死胎、木乃伊胎等；

（六）因动物疫病防控需要被扑杀或销毁的；

（七）其他应当进行无害化处理的。

【理解与适用】 本条是关于依法应当进行无害化处理畜禽和畜禽产品的规定。

染疫或者疑似染疫死亡、因病死亡或者死因不明的。“染疫死亡”是指感染《一、二、三类动物疫病病种名录》所列疫病死亡的畜禽及其产品。“疑似染疫死亡”是指经检查初步怀疑其感染动物疫病但尚未最终确认具体病种死亡的畜禽及其产品。“因病死亡”主要是指因患内科病、外科病、营养代谢病等死亡的畜禽及其产品。“死因不明”是指难以确定死亡原因的畜禽及其产品。

经检疫、检验可能危害人体或者动物健康的，是指经动物卫生监督机构等按照国家规定的检疫规程实施检疫，判定为检疫不合格；以及经具有畜禽或者畜禽产品质量安全或者动物疫病检验资质的机构按照国家有关规定进行检验，判定为检验不合格。经检疫、检验发现畜禽和畜禽产品携带致病性微生物、含有禁用物质、兽药残留超标等情形，可能危害人体或动物健康，需要对上述畜禽和畜禽产品进行无害化处理。

因自然灾害、应激反应、物理挤压等因素死亡的，是指因洪涝、雨雪冰冻、泥石流、地震等自然灾害死亡，生理性、病理性因素应激死亡，以及养殖、运输过程中因密度过高等物理性因素挤压死亡的畜禽。

屠宰过程中经肉品品质检验确认为不可食用的，是指屠宰企业兽医卫生检验人员在畜禽屠宰过程中按照肉品品质检验规程检验确认的病变淋巴结、甲状腺、肾上腺及脓肿、肿瘤组织等不可食用的组织或脏器。

死胎、木乃伊胎等，是指畜禽在繁育过程中出现的死胎、木乃伊胎及胎衣等繁殖废弃物。

因动物疫病防控需要被扑杀或销毁的，是指在动物疫病预防、控制、净化、消灭过程中，依法需要强制扑杀或销毁的畜禽和畜禽产品。

其他应当进行无害化处理的，是指法律法规规定需要无害化处理的其他畜禽和畜禽产品。

第四条 病死畜禽和病害畜禽产品无害化处理坚持统筹规划与属地负责相结合、政府监管与市场运作相结合、财政补助与保险联动相结合、集中处理与自行处理相结合的原则。

【理解与适用】本条是关于病死畜禽和病害畜禽产品无害化处理工作原则的规定。

《国务院办公厅关于建立病死畜禽无害化处理机制的意见》（国办发〔2014〕7号）明确提出，无害化处理工作要坚持统筹规划与属地负责相结合、政府监管与市场运作相结合、财政补助与保险联动相结合、集中处理与自行处理相结合。“四个结合”为推进无害化处理工作提供了根本遵循，进一步明确了生产经营主体责任、地方政府属地管理责任、农业农村部门监管责任等各方责任。

一是统筹规划与属地负责相结合。推进无害化处理体系和机制建设，既要加强顶层设计，统筹规划，又要严格落实地方政府属地管理责任。《动物防疫法》进一步加强了无害化处理相关政策设计，明确省级人民政府结合本地区畜牧业发展规划和畜禽养殖、疫病发生、畜禽死亡等情况制定集中无害化处理场所建设规划；县级以上地方人民政府要根据省级制定的集中无害化处理场所建设规划，结合本地区情况合理布局病死畜禽收集处理体系，组织建设覆盖饲养、屠宰、经营、运输等环节的病死畜禽无害化处理场所和处理体系，建立监管运行机制，落实监管措施。

二是政府监管与市场运作相结合。推进无害化处理工作既要依法履行政府监管职能，又要注重发挥市场主体作用。具体来讲，无害化处理场所的建设以及病死畜禽和病害畜禽产品收集、处理要符合动物防疫、环境保护等法律法规要求，政府有关职能部门要依法加强监管，确保无害化处理规范运行。在无害化处理场所建设和运行时，要充分发挥市场主体的积极性，引导社会资本投资建设无害化处理体系，引入市场机制运行无害化处理体系，有利于推动无害化处理工作的落实。

三是财政补助与保险联动相结合。这是病死畜禽无害化处理运行的核心政策措施。2011 年我国开始实施生猪规模化养殖场病死猪无害化处理补助政策，2014 年将病死猪无害化处理补助范围由规模养殖场扩大到生猪散养户，按照“谁处理、补给谁”原则，实施病死猪无害化处理补助。近年来，有些地区已逐步将牛羊禽等其他畜种纳入无害化处理补助覆盖范围。病死畜禽无害化处理补助政策的实施，有效调动了病死畜禽收集和无害化处理相关主体的积极性，完善了无害化处理机制，促进了病死畜禽和病害畜禽产品无害化处理落实。《国务院办公厅关于建立病死畜禽无害化处理机制的意见》明确要求，将病死畜禽无害化处理作为保险理赔的前提条件，不能确认无害化处理的，保险机构不予赔偿。2021 年，农业农村部会同财政部、银保监会等部门组织开展病死猪无害化处理与保险联动机制建设试点工作，通过试点，逐步摸索病死畜禽无害化处理与保险联动的成熟机制，促进畜牧业稳定发展。

四是集中处理与自行处理相结合。这是推进无害化处理模式的重要指导意见。2020 年，农业农村部、财政部印发通知，要求以适宜区域范围内统一收集、集中处理为重点，推动建立集中处理为主、自行分散处理为补充的处理体系，逐步提高专业无害化处理的覆盖率。国家鼓励实施集中处理，对山区、牧区、边远地区等暂时不具备集中处理条件的地区，可以按照规定自行处理。近年来，我国各地加快推动专业无害化处理场建设，部分地区已经建成覆盖饲养、屠宰、经营、运输等各环节的集中无害化处理体系，为病死畜禽和病害畜禽产品集中处理提供了物质基础和设施条件。为充分发挥财政和社会资本投资建设的无害化处理体系的作用，提高专业化处理水平，引导鼓励实施集中处理是必须坚持的方向，集中无害化处理体系健全的地区，在做好动物疫病防控的前提下，倡导养殖场户委托专业无害化处理场集中处理病死畜禽。

第五条 从事畜禽饲养、屠宰、经营、隔离等活动的单位和个人，应当承担主体责任，按照本办法对病死畜禽和病害畜禽产品进行无害化处理，或者委托病死畜禽无害化处理场处理。

运输过程中发生畜禽死亡或者因检疫不合格需要进行无害化处理的，承运人应当立即通知货主，配合做好无害化处理，不得擅自弃置和处理。

【理解与适用】 本条是关于病死畜禽和病害畜禽产品无害化处理主体的规定。

从事动物饲养、屠宰、经营、隔离等活动的单位和个人是无害化处理的主体。《动物防疫法》第五十七条第一款规定，从事动物饲养、屠宰、经营、隔离等活动的单位和个人，应当按照国家有关规定做好病死动物、病害动物产品的无害化处理，或者委托动物和动物产品无害化处理场所处理。本条第一款与《动物防疫法》第五十七条第一款规定有效衔接，进一步明确从事畜禽饲养、屠宰、经营、隔离等活动的单位和个人是无害化处理的主体，承担主体责任。

运输畜禽承运人应当配合货主做好无害化处理。《动物防疫法》第五十七条第二款规定："从事动物、动物产品运输的单位和个人，应当配合做好病死动物和病害动物产品的无害化处理，不得在途中擅自弃置和处理有关动物和动物产品。"第五十六条规定，经检疫不合格的动物，货主应当在农业农村主管部门的监督下按照国家有关规定处理，处理费用由货主承担。本条第二款与《动物防疫法》有关规定进行衔接，进一步明确了运输畜禽的承运人，在运输过程中发生畜禽死亡或者因检疫不合格需要进行无害化处理时，应当立即通知货主，并配合货主做好无害化处理的责任。

第六条 在江河、湖泊、水库等水域发现的死亡畜禽，依法由所在地县级人民政府组织收集、处理并溯源。

在城市公共场所和乡村发现的死亡畜禽，依法由所在地街道办事处、乡级人民政府组织收集、处理并溯源。

【理解与适用】 本条是关于水域、城市公共场所和乡村发现死亡畜禽收集、处理和溯源主体的规定。

《动物防疫法》第五十八条第一款、第二款规定："在江河、湖泊、水库等水域发现的死亡畜禽，由所在地县级人民政府组织收集、处理并溯源。在城市公共场所和乡村发现的死亡畜禽，由所在地街道办事处、乡级人民政府组织收集、处理并溯源。"

本办法继续沿用了相关表述，明确死亡畜禽收集、处理、溯源工作的责任主体，压实了县级人民政府、街道办事处和乡级人民政府的属地管理责任。

第七条 病死畜禽和病害畜禽产品收集、无害化处理、资源化利用应当符合农业农村部相关技术规范，并采取必要的防疫措施，防止传播动物疫病。

【理解与适用】 本条是关于病死畜禽和病害畜禽产品收集、无害化处理、资源化利用应当遵从技术规范和防疫措施的规定。

病死畜禽和病害畜禽产品携带大量的病原微生物，其收集、无害化处理、资源化利用应当符合农业农村部相关技术规范要求，否则容易造成动物疫病的扩散蔓延，影响畜牧业发展，甚至威胁公共卫生安全和人体健康。为进一步规范病死及病害动物和相关动物产品无害化处理操作，防止动物疫病传播扩散，保障动物产品质量安全，2017 年 7 月 3 日，农业部印发了《病死及病害动物无害化处理技术规范》（农医发〔2017〕25 号），明确了无害化处理的技术工艺和操作注意事项，对焚烧法、化制法、高温法、深埋法、化学处理法等不同处理技术的适用对象、技术工艺、操作注意事项进行详细规定；对病死及病害动物和相关动物产品的包装、暂存、转运等规定了密封包装、冷冻或冷藏暂存、封闭防渗转运等技术要求，全面规范收集环节操作。

第八条 农业农村部主管全国病死畜禽和病害畜禽产品无害化处理工作。

县级以上地方人民政府农业农村主管部门负责本行政区域病死畜禽和病害畜禽产品无害化处理的监督管理工作。

【理解与适用】本条是关于病死畜禽和病害畜禽产品无害化处理工作管理体制的规定。

病死畜禽和病害畜禽产品无害化处理是国家动物防疫工作的重要内容，其管理体制应当遵循动物防疫工作的总体管理体制。《动物防疫法》第九条第一款、第二款规定，国务院农业农村主管部门主管全国的动物防疫工作，县级以上地方人民政府农业农村主管部门主管本行政区域的动物防疫工作。

本办法规定，农业农村部主管全国病死畜禽和病害畜禽产品无害化处理工作。主要职责包括：（1）制定病死畜禽和病害畜禽产品的收集、无害化处理和资源化利用有关技术规范；（2）建立病死畜禽无害化处理监管监控平台；（3）制定全国病死畜禽和病害畜禽产品生物安全风险调查评估方案，对相关风险因素进行调查评估；（4）指导各地根据病死畜禽无害化处理场规模、设施装备状况、管理水平等因素，推行分级管理制度；（5）指导地方各级农业农村主管部门做好无害化处理及其监督管理工作。

本办法规定，县级以上地方人民政府农业农村主管部门负责本行政区域病死畜禽和病害畜禽产品无害化处理的监督管理工作。

1. 省级人民政府农业农村主管部门主要职责 （1）结合本行政区域畜牧业发展规划和畜禽养殖、疫病发生、畜禽死亡等情况，编制病死畜禽和病害畜禽产品集中无害化处理场所建设规划，合理布局病死畜禽无害化处理场，经本级人民政府批准后实施，并报农业农村部备案；（2）对于边远和交通不便地区以及畜禽养殖户自行处理零星病死畜禽的，可以结合实际情况和风险评估结果，组织制定相关技术规范；（3）制定本行政区域病死畜禽和病害畜禽产品生物安全风险调查评估方案并组织实施。

2. 县级人民政府农业农村主管部门主要职责 对专业从事病死畜禽和病害畜禽产品收集的单位和个人配备的专用运输车辆依法备案。

3. 县级以上地方人民政府农业农村主管部门主要职责 （1）落实病死畜禽无害化处理财政补助政策和农机购置与应用补贴政策，协调落实无害化处理场用地、税收优惠政策，推动建立无害化处理和保险联动机制；（2）做好无害化处理信息审核，加强数据运用和安全管理；（3）对跨县级以上行政区域运输病死畜禽和病害畜禽产品的，相关区域县级以上农业农村主管部门应当加强协作配合，及时通报紧急情况，落实监管责任；（4）根据病死畜禽无害化处理场规模、设施装备状况、管理水平等因素，推行分级管理制度。

第九条 省级人民政府农业农村主管部门结合本行政区域畜牧业发展规划和畜禽养殖、疫病发生、畜禽死亡等情况，编制病死畜禽和病害畜禽产品集中无害化处理场所建设规划，合理布局病死畜禽无害化处理场，经本级人民政府批准后实施，并报农业农村部备案。

鼓励跨县级以上行政区域建设病死畜禽无害化处理场。

【理解与适用】本条是关于病死畜禽和病害畜禽产品集中无害化处理场所建设规划的规定。

关于无害化处理场所规划编制和布局。《动物防疫法》第五十九条规定："省、自治区、直辖市人民政府制定动物和动物产品集中无害化处理场所建设规划，建立政府主导、市场运作的无害化处理机制。"本条第一款，结合无害化处理工作实际，为确保无害化处理政策落地落实，进一步明确省级人民政府农业农村主管部门编制病死畜禽和病害畜禽产品集中无害化处理场所建设规划，合理布局病死畜禽无害化处理场，经本级人民政府批准后实施，并报农业农村部备案。这有利于病死畜禽和病害畜禽产品集中无害化处理场所建设规划的尽快制定和实施。

实行规划管理的必要性。无害化处理具有较强的公益属性，集中无害化处理场所具有公共服务功能。集中无害化处理场所数量、布局、处理能力应当与区域内畜禽养殖量、养殖模式、养殖水平、品种结构等相适应。如果区域内集中无害化处理场数量过多，单场处理死亡畜禽数量少，不仅造成重复建设和资源浪费，而且影响投资效果，不利于无害化处理体系可持续运行。如果区域内没有集中无害化处理场所或处理能力不足，就会造成死亡畜禽不能及时无害化处理，增加动物疫病流行传播风险。因此，省级农业农村主管部门应当根据工作需要对集中无害化处理场所建设统筹规划管理；建设规划确定后，规划应当具有约束性，并实行总量控制。

规划编制和实施主体。根据无害化处理工作“统筹规划与属地负责相结合”原则，考虑到无害化处理工作对动物疫病防控、公共卫生安全的重要影响，其具有公益属性。同时，以省域为单位统筹推进无害化处理体系建设，有利于统筹考虑区域处理需求，科学布局无害化处理设施，防止无害化处理设施无序建设，落实属地管理责任，推动处理设施建设落地。因此，本办法规定，省级人民政府农业农村主管部门编制集中无害化处理场所建设规划，经本级人民政府批准后实施，并报农业农村部备案。

关于跨行政区域建设无害化处理场。为最大限度发挥规模效益，加快完善集中无害化处理体系，逐步提高专业无害化处理覆盖率，2020 年，《农业农村部 财政部关于进一步加强病死畜禽无害化处理工作的通知》（农牧发〔2020〕6 号）提出，引导社会资本投资，跨行政区域建设无害化处理场。本办法第二款对近年来各地无害化处理工作实践经验进行了总结分析，将前一时期农业农村部有关政策措施及时上升为部门规章要求，并进一步优化完善，规定鼓励跨县级以上行政区域建设病死畜禽无害化处理场。

第十条 县级以上人民政府农业农村主管部门应当落实病死畜禽无害化处理财政补助政策和农机购置与应用补贴政策，协调有关部门优先保障病死畜禽无害化处理场用地、落实税收优惠政策，推动建立病死畜禽无害化处理和保险联动机制，将病死畜禽无害化处理作为保险理赔的前提条件。

【理解与适用】本条是关于病死畜禽无害化处理政策保障的规定。

病死畜禽无害化处理工作事关动物疫病防控，事关畜牧业高质量发展，事关公共卫生安全和人体健康，各级政府应当对无害化处理工作给予必要的政策引导、鼓励和支持，建立处理体系，完善处理机制。各级农业农村主管部门应当落实各项补助、补贴、优惠政策，协调有关部门优先保障无害化处理场用地，推动建立病死畜禽无害化处理和保险联动机制，调动从业者的积极性，全面落实无害化处理措施，最大限度降低病死畜禽和病害畜禽产品对畜牧业生产、食品安全、公共卫生安全、生态环境安全的潜在风险。

近年来，国家采取多项综合措施，探索建立无害化处理制度和政策供给，持续推动完善病死畜禽无害化处理机制。《动物防疫法》第六十条规定："各级财政对病死动物无害化处理提供补助。"《国务院办公厅关于建立病死畜禽无害化处理机制的意见》明确，全面实施病死猪无害化处理补助政策，对无害化处理设施建设用地、无害化处理设施设备纳入农机购置补贴、从事病死畜禽无害化处理按规定享受税收优惠等提出了指导意见，对畜禽保险与无害化处理联动作出了明确规定。《农业农村部　财政部关于进一步加强病死畜禽无害化处理工作的通知》进一步优化完善病死畜禽无害化处理政策。目前，病死猪无害化处理补助已全面实施，屠宰环节病害生猪及生猪产品进行无害化处理的费用和损失由地方各级人民政府结合本地实际予以适当补贴；无害化处理设施纳入农机购置与应用补贴、无害化处理税收优惠等政策已在部分地区实施，畜禽养殖保险与无害化处理联动机制主要在生猪方面实施，政策供给与落实落地还有较大差距。作为无害化处理主管部门，各级农业农村主管部门应当加强沟通协调，增强工作合力。对已实施的政策要规范落实、加强监管，确保政策实施到位；对已有指导意见、尚未真正落地的政策，有条件的地区要积极协调争取突破，先行先试，积累经验，为加快推广应用提供有效支撑。

第二章　收　　集

本章共六条，对病死畜禽和病害畜禽产品委托处理要求、集中暂存点符合条件、专用运输车辆备案要求、专用运输车辆要求、运输单位和个人义务、跨县级以上区域运输监管等作出了规定。

第十一条　畜禽养殖场、养殖户、屠宰厂（场）、隔离场应当及时对病死畜禽和病害畜禽产品进行贮存和清运。

畜禽养殖场、屠宰厂（场）、隔离场委托病死畜禽无害化处理场处理的，应当符合以下要求：

（一）采取必要的冷藏冷冻、清洗消毒等措施；

（二）具有病死畜禽和病害畜禽产品输出通道；

（三）及时通知病死畜禽无害化处理场进行收集，或自行送至指定地点。

【理解与适用】本条是关于病死畜禽和病害畜禽产品贮存清运主体和委托无害化处理相关要求的规定。

《动物防疫法》第五十七条规定，从事动物饲养、屠宰、经营、隔离的单位和个人，应当按照国家有关规定做好病死动物、病害动物产品的无害化处理，或者委托动物和动物产品无害化处理场所处理。无论相关生产经营主体对病死畜禽和病死畜禽产品进行自行处理或委托处理，都应当遵守国家有关规定。本条对委托主体的义务和相关要求作出了具体规定。第一款规定了畜禽养殖场、养殖户、屠宰厂（场）、隔离场应当及时对其产生的病死畜禽和病害畜禽产品进行贮存和清运的义务。第二款对除养殖户外的畜禽养殖场、屠宰厂（场）、隔离场三类场所，委托无害化处理应当具备的条件作出了具体规定，确保第一款规定的贮存和清运义务落实到位。

畜禽养殖场、屠宰厂（场）、隔离场是动物防疫管理的重要场所，病死畜禽和病害畜禽产品产生数量相对较多，疫情传播扩散的风险相对较高。同时，《动物防疫法》规定，畜禽养殖场、屠宰厂（场）、隔离场是法定的动物防疫条件审查对象，对实行委托无害化处理的，依法应当具备病死畜禽和病害畜禽产品冷藏冷冻以及清洗消毒等设施设备，确保在符合相关动物防疫条件基础上，规范落实无害化处理措施。

为规范病死畜禽和病害畜禽产品的贮存和清运，应采取必要的技术措施，以有效降低病死畜禽和病害畜禽产品贮存清运过程中的动物疫病传播风险。**一是**科学设置冷藏冷冻库。冷库位置应与生产区、管理区、生活区等功能区相对隔离。冷藏冷冻温度要达到相应要求，做到防渗漏，防止病原滋生和扩散；冷库贮存容量应当与场所病死畜禽和病害畜禽产品产生量和清运频率相匹配。**二是**完善消毒设施设备和措施。配备高压消毒泵、雾化消毒器等清洗消毒设备设施，配备人员负责冷库等设施场所及入库、出库时清洗消毒。**三是**具有专门的病死畜禽和病害产品输出通道，并规范清运操作流程，防止病原的交叉污染。**四是**明确收集责任。要及时通知无害化处理场所收集病死畜禽或自行送至指定地点，冷库贮存容量最好不要超过设计容量的80%。对于畜禽养殖户，虽然没有要求其配备相关的设施设备条件，但也要保障病死畜禽的及时清运，防止动物疫病的传播扩散。

第十二条 病死畜禽和病害畜禽产品集中暂存点应当具备下列条件：

（一）有独立封闭的贮存区域，并且防渗、防漏、防鼠、防盗，易于清洗消毒；

（二）有冷藏冷冻、清洗消毒等设施设备；

（三）设置显著警示标识；

（四）有符合动物防疫需要的其他设施设备。

【理解与适用】 本条是关于病死畜禽和病害畜禽产品集中暂存点应具备条件的规定。

病死畜禽和病害畜禽产品集中暂存点是指承担指定行政区域内的病死畜禽和病害畜禽产品收集后的暂时性存放，并符合相关动物防疫要求的场所，具有公益属性。

集中暂存点的动物防疫要求主要包括四个方面。

一是区域布局方面。集中暂存点要有独立封闭的病死畜禽和病死畜禽产品贮存区域，且防渗漏、防鼠、防盗，易于清洗消毒。暂存点入口应设立消毒池或喷淋消毒设施，场地应硬化，周围应设置围墙等隔离设施，防止交叉污染。

二是设施设备配备方面。要配备与病死畜禽和病害畜禽产品收集种类、数量相适应的冷藏冷冻库，并配备高压消毒泵、雾化消毒器等清洗消毒设备设施。

三是标识设置方面。集中暂存点存放病死畜禽和病害畜禽产品，是重要的动物防疫场所，应在集中暂存点设置显著醒目的警示标识，避免闲杂人员进入。

四是其他设施设备方面。集中暂存点应当配备视频监控等设施设备，以便更好地开展收集和转运管理工作。承担收集任务的集中暂存点，还应当有符合动物防疫要求的病死畜禽收集车辆，能够及时收集和转运病死畜禽。

第十三条 专业从事病死畜禽和病害畜禽产品收集的单位和个人，应当配备专用运输车辆，并向承运人所在地县级人民政府农业农村主管部门备案。备案时应当通过农业农村部指定的信息系统提交车辆所有权人的营业执照、运输车辆行驶证、运输车辆照片。

县级人民政府农业农村主管部门应当核实相关材料信息，备案材料符合要求的，及时予以备案；不符合要求的，应当一次性告知备案人补充相关材料。

【理解与适用】本条是关于专业从事病死畜禽和病害畜禽产品收集专用运输车辆备案的规定。

《动物防疫法》第五十二条第三款规定，国家对从事动物运输的单位、个人和车辆实施备案管理制度。运输病死畜禽和病害畜禽产品与运输健康动物相比，传播疫病风险更高。因此，专业从事病死畜禽和病害畜禽产品收集的单位和个人在收集时，应当配备专用的运输车辆，并实行备案管理。这样有利于规范病死畜禽和病害畜禽产品转运，有效降低因运输造成的动物疫病传播扩散风险。

专业从事病死畜禽和病害畜禽产品收集的单位和个人应当通过农业农村部指定的信息系统，对配备的专用运输车辆向承运人所在地县级农业农村主管部门进行备案，便于对运输过程监管。备案时，应提交专用车辆所有权人的营业执照、运输车辆行驶证、运输车辆照片等。提交备案材料后，县级农业农村主管部门应当核实相关信息，材料符合要求的，及时予以备案或一次性告知应补充的材料。

第十四条 病死畜禽和病害畜禽产品专用运输车辆应当符合以下要求：

（一）不得运输病死畜禽和病害畜禽产品以外的其他物品；

（二）车厢密闭、防水、防渗、耐腐蚀，易于清洗和消毒；

（三）配备能够接入国家监管监控平台的车辆定位跟踪系统、车载终端；

（四）配备人员防护、清洗消毒等应急防疫用品；

（五）有符合动物防疫需要的其他设施设备。

【理解与适用】本条是关于病死畜禽和病害畜禽产品专用运输车辆应符合要求的规定。

病死畜禽和病害畜禽产品转运车辆是否符合动物防疫要求，直接关系到病死畜禽无害化处理防疫安全。本办法借鉴《医疗废物转运车技术要求（试行）》（GB 19217—2003）和《病死及病害动物无害化处理技术规范》有关规定内容，对病死畜禽和病害畜禽产品专用运输车应具备的硬件条件和管理要求进行了细化规定。

一是不得运输病死畜禽和病害畜禽产品以外的其他物品，确保专车专用、闭环运输，防止专用运输车辆运送其他物品导致动物疫病传播。

二是车厢密闭、防水、防渗、耐腐蚀，易于清洗消毒，防止运输过程中发生遗洒、渗漏等情况，且能满足运输作业后清洗消毒需要，及时消除疫病传播隐患。

三是配备能够接入国家监管监控平台的车辆定位跟踪系统、车载终端，确保将运输车辆纳入国家监管网络，接受相关部门实时监控，防止出现违反规定路线运输及随意处置病死畜禽等违法违规情况，加强追溯管理。

四是配备人员防护、清洗消毒等应急防疫用品，防止人员感染或被动传播动物疫病，做好应急处置。

此外，要根据当地病死畜禽和病害畜禽产品运输的有关要求，配备符合动物防疫需要的其他设施设备。

第十五条 运输病死畜禽和病害畜禽产品的单位和个人，应当遵守下列规定：

（一）及时对车辆、相关工具及作业环境进行消毒；

（二）作业过程中如发生渗漏，应当妥善处理后再继续运输；

（三）做好人员防护和消毒。

【理解与适用】本条是关于运输病死畜禽和病害畜禽产品的单位和个人有关动物防疫义务的规定。

一是及时对车辆、相关工具及作业环境进行消毒。病死畜禽和病害畜禽产品专用运输车辆来往于畜禽养殖场（户）、屠宰厂（场）、隔离场、无害化处理等场所，做好运输工具、装卸作业工具及作业环境的彻底规范消毒，是防范动物疫病向养殖场（户）等场所易感动物传播的关键措施，必须严格落实。在具体操作中，运输单位和个人应当根据动物疫病特点，制定实施更有针对性的消毒方案，确保消毒效果。

二是作业过程中如发生渗漏，应当妥善处理后再继续运输。病死畜禽和病害畜禽产品运输过程中，可能因车辆设备性能故障、道路交通事故等因素出现突发情况，运输单位和个人应当事先制定应急预案，明确突发情况的报告、现场处置等具体操作要求，并对驾驶员进行培训，确保妥善规范处置突发情况。

三是做好人员防护和消毒。从事病死畜禽运输等作业的人员，存在感染人畜共患传染病和机械性传播动物疫病的风险，必须做好防护和消毒。运输单位和个人应当对驾驶员等从业人员加强公共卫生和动物防疫知识的宣传培训，提高人员防护和生物安全意识。要落实相关人员防护措施，配备防护服、鞋、护目镜等应急防疫用品，在运输过程尤其是运输后做好个人消毒，定期组织开展人员体检和疫病检测等。

第十六条 跨县级以上行政区域运输病死畜禽和病害畜禽产品的，相关区域县级以上地方人民政府农业农村主管部门应当加强协作配合，及时通报紧急情况，落实监管责任。

【理解与适用】本条是关于跨县级以上行政区域运输病死畜禽和病害畜禽产品监管协作的规定。

为充分发挥财政资金的引导作用，引导社会资本投资，加快构建无害化处理体系网络，逐步提高专业无害化处理覆盖率，本办法继续沿用了近年来农业农村部和财政部相关政策要求，进一步明确，鼓励跨县级以上行政区域建设无害化处理场。随着跨县级以上行政区域无害化处理场逐步增多，跨县级以上行政区域运输病死畜禽和病害畜禽产品的运输活动也日渐频繁，对监管工作提出了新要求。**一是**如何实现病死畜禽和病害畜禽产品收集、运输、落地等环节监管无缝衔接，确保各环节监管责任和措施落实落地，实现闭环管理，有效管控风险。**二是**发生重大动物疫情或重大自然灾害等突发情况后，如何建立应急防疫工作与无害化处理组织协调机制，确保不因病死畜禽跨区域转运造成疫病传播。**三是**无害化处理补助及畜禽养殖保险与无害化处理联动等政策协同实施，确保无害化处理补助和保险理赔所需的勘测数据复核和信息互通。

为破解上述问题，本办法明确跨县级以上行政区域运输病死畜禽和病害畜禽产品的监管协作规定。在具体工作落实中，**一是**加强协调引导，由跨行政区域的上一级农业农村主管部门牵头，建立并实施跨区域联动机制，便于协调管理；**二是**建立健全制度，明确跨行政区域处理过程监管、突发事件应急协调处置、补助和保险政策衔接等具体要求和工作流程；**三是**完善机制，无害化处理委托方、收集病死畜禽和病害畜禽产品的单位或个人及农业农村主管部门应当建立协作监管机制，签订协议，明确收集、转运、落地接收等环节监管职责和监管人员，明确各环节相关主体责任；**四是**数字化联动，全程实施信息化监控。

第三章　无害化处理

本章共八条，对病死畜禽和病害畜禽产品无害化处理总体要求、无害化处理场建设要求、相关场所自行处理要求、委托处理要求、人员配备要求、处理产物资源化利用、无害化处理安全和环保责任等作出了规定。

第十七条　病死畜禽和病害畜禽产品无害化处理以集中处理为主，自行处理为补充。

病死畜禽无害化处理场的设计处理能力应当高于日常病死畜禽和病害畜禽产品处理量，专用运输车辆数量和运载能力应当与区域内畜禽养殖情况相适应。

【理解与适用】本条是关于无害化处理总体要求的规定。

关于无害化处理体系要求。国家鼓励对病死畜禽和病害畜禽产品实施集中处理，对山区、牧区、边远地区等暂时不具备集中处理条件的地区，可按照相关规定自行处理。2020 年，农业农村部、财政部印发《关于进一步加强病死畜禽无害化处理工作的通知》，指导各地加快建立集中处理为主、自行分散处理为补充的处理体系，在适宜区域范围内统一收集、集中处理，逐步提高集中无害化处理覆盖率。2021 年 4 月 9 日，《农业农村部关于进一步做好病死畜禽无害化处理工作的通知》（农办牧〔2021〕21 号）印发，要求病死畜禽集中无害化处理体系健全的地区，原则上养殖场户的病死畜禽应委托无害化处理场进行处理，确有必要自行处理的，应按照环境影响评价和动物防疫条件相关要求建设处理设施，按照《病死及病害动物无害化处理技术规范》要求规范处理；对病死畜禽无害化处理场无法覆盖的牧区县、山区县等，要在生物安全和环境风险评估基础上，确定无害化处理方式，引导建设适宜的收集、暂存、处理设施。本办法延续了前期农业农村部和财政部的有关政策措施，并进一步细化完善。

关于设计处理能力和运载能力要求。病死畜禽无害化处理场的设计处理能力应根据辐射区域内畜禽饲养和动物产品加工经营数量以及病死畜禽和病害畜禽产品种类、数量等情况科学测算，避免处理能力不足造成死亡畜禽不能及时无害化处理，增加动物疫病流行传播风险。同时，还要留足一定空间，防止自然灾害或动物疫情发生导致畜禽集中死亡时无害化处理能力不足。病死畜禽和病害畜禽产品专用运输车辆的数量和运载能力应与区域内畜禽养殖情况相适应，确保车辆数量和运载能力充足，避免因运输能力不足造成病死畜禽过量存贮、难以清运，增大动物疫病传播风险。

第十八条 病死畜禽无害化处理场应当符合省级人民政府病死畜禽和病害畜禽产品集中无害化处理场所建设规划并依法取得动物防疫条件合格证。

【理解与适用】本条是关于集中无害化处理场所建设要求的规定。

集中无害化处理场所建设应符合省级建设规划。《动物防疫法》第五十九条规定："省、自治区、直辖市人民政府制定动物和动物产品集中无害化处理场所建设规划，建立政府主导、市场运作的无害化处理机制。"本办法第九条规定："省级人民政府农业农村部门结合本行政区域畜牧业发展规划和畜禽养殖、疫病发生、畜禽死亡等情况，编制病死畜禽和病害畜禽产品集中无害化处理场所建设规划。"因此本条与相关规定衔接，要求病死畜禽无害化处理场符合省级人民政府病死畜禽和病害畜禽产品集中无害化处理场所建设规划。

集中无害化处理场所建设应取得动物防疫条件合格证。病死畜禽无害化处理场是病死畜禽和病害畜禽产品的集中流向地，入场畜禽和畜禽产品来源比较复杂，携带多种病原，对畜牧业高质量发展和人体健康构成一定威胁，必须符合动物防疫条件要求。《动物防疫法》第二十五条规定，国家实行动物防疫条件审查制度；开办动物和动物产品无害化处理场所，应当向县级人民政府农业农村主管部门提出申请，并附具相关材料；经县级农业农村主管部门审查合格的，发给动物防疫条件合格证。《动物防疫法》第二十四条对动物和动物产品无害化处理场所应符合的动物防疫条件作出了基本规定，《动物防疫条件审查办法》对动物和动物产品无害化处理场所应符合的动物防疫条件和审查发证工作有更为具体的规定。本条对集中无害化处理场所应依法取得动物防疫条件合格证作出衔接规定。

第十九条 畜禽养殖场、屠宰厂（场）、隔离场在本场（厂）内自行处理病死畜禽和病害畜禽产品的，应当符合无害化处理场所的动物防疫条件，不得处理本场（厂）外的病死畜禽和病害畜禽产品。

畜禽养殖场、屠宰厂（场）、隔离场在本场（厂）外自行处理的，应当建设病死畜禽无害化处理场。

【理解与适用】本条是关于相关生产经营主体自行处理病死畜禽和病害畜禽产品要求的规定。

一是明确自行处理的生产经营主体，畜禽养殖场、屠宰厂（场）、隔离场等生产经营主体可以在本场（厂）内自行处理病死畜禽和病害畜禽产品。**二是**场内自行处理应符合相关要求。畜禽养殖场、屠宰厂（场）、隔离场等场所在本场（厂）内自行处理病死畜禽和病害动物产品的，应当符合无害化处理场所的动物防疫条件。畜禽养殖场、屠宰厂（场）、隔离场对其病死畜禽和病害畜禽产品自行处理的，还应当满足《动物防疫条件审查办法》第六条、第十条相关要求。同时，为减少外来疫情输入风险，保障防疫安全，畜禽养殖场、屠宰厂（场）、隔离场自行处理时，不得处理本场（厂）外的病死畜禽和病害畜禽产品。**三是**场外处理应独立建设病死畜禽无害化处理场。畜禽养殖场、屠宰厂（场）、隔离场在本场（厂）外自行处理的，应当单独建设病死畜禽无害化处理场，符合省级建设规划，并且在选址、布局、设施设备、人员配备、防疫制度等方面应符合《动物防疫法》《动物防疫条件审查办法》等规定的动物防疫条件，依法取得动物防疫条件合格证。

第二十条 畜禽养殖场、养殖户、屠宰厂（场）、隔离场委托病死畜禽无害化处理场进行无害化处理的，应当签订委托合同，明确双方的权利、义务。

无害化处理费用由财政进行补助或者由委托方承担。

【理解与适用】本条是关于生产经营主体委托处理要求的规定。

2014年10月20日印发的《国务院办公厅关于建立病死畜禽无害化处理机制的意见》（国办发〔2014〕47号）规定，从事畜禽饲养、屠宰、经营的单位和个人是病死畜禽无害化处理的第一责任人，负有对病死畜禽及时进行无害化处理并向当地畜牧兽医部门报告畜禽死亡及处理情况的义务。《动物防疫法》第五十七条第一款规定：“从事动物饲养、屠宰、经营、隔离以及动物产品生产、经营、加工、贮藏等活动的单位和个人，应当按照国家有关规定做好病死动物、病害动物产品的无害化处理，或者委托动物和动物产品无害化处理场所处理。”因此，从事动物和动物产品相关生产经营活动的单位和个人，应当承担无害化处理的主体责任。

关于委托处理要求。近年来，我国各地加快推动病死畜禽集中无害化处理场所建设，部分地区已建成覆盖饲养、屠宰、经营、运输等各环节的病死畜禽无害化处理体系，为病死动物、病害动物产品集中处理提供了保障。本条第一款规定，畜禽养殖场、养殖户、屠宰厂（场）、隔离场可将病死畜禽和病害畜禽产品委托集中无害化处理场处理。实施委托处理时，委托方与集中无害化处理场双方应签订委托合同，明确双方的权利和义务。规范委托处理行为，有利于督促双方更好地承担动物防疫责任，如果不履行相关义务，将承担相应的法律责任。

关于无害化处理费用。《动物防疫法》第六十条规定：“各级财政对病死动物无害化处理提供补助。”2014年10月20日印发的《国务院办公厅关于建立病死畜禽无害化处理机制的意见》规定，按照“谁处理、补给谁”原则，建立与养殖量、无害化处理率相挂钩的财政补助机制。2020年农业农村部、财政部联合印发的《关于进一步加强病死畜禽无害化处理工作的通知》要求发挥地方财政统筹作用，对落实和推动无害化处理补助政策确有困难的县市，可降低或取消县市财政承担比例；有条件的地区应加强地方财政支持，将牛羊禽等其他畜种纳入无害化处理补助覆盖范围。目前，各级财政对病死猪无害化处理予以补贴，并确定了补助标准，有力推动了无害化处理工作的顺利开展，取得了积极成效。此外，对病死畜禽实施无害化处理是相关生产经营主体的法定义务，生产经营主体实施并承担无害化处理费用符合法律规定。因此，本条第二款明确：“无害化处理费用由财政进行补助或者由委托方承担。”

第二十一条 对于边远和交通不便地区以及畜禽养殖户自行处理零星病死畜禽的，省级人民政府农业农村主管部门可以结合实际情况和风险评估结果，组织制定相关技术规范。

【理解与适用】 本条是关于自行处理零星病死畜禽技术要求的规定。

对于边远和交通不便地区以及畜禽养殖户自行处理零星病死畜禽，如果缺乏有效的技术指导，未达到无害化处理效果，容易引起疫病传播扩散。省级农业农村主管部门结合实际情况和风险评估结果，制定相关技术规范，规范无害化处理操作流程，有利于提高无害化处理工作效率，同时具有科学性、针对性和可操作性，在防止动物疫病传播扩散、保障动物产品质量安全方面发挥重要作用。

省级农业农村主管部门要结合当地实际和风险评估情况，制定自行处理零星病死畜禽的技术规范，确定具体处理方式，逐步减少深埋、化尸窖、堆肥等处理方式，引导建设适宜的收集、暂存、处理设施，确保有效杀灭病原，清洁安全，不污染环境。

第二十二条 病死畜禽和病害畜禽产品集中暂存点、病死畜禽无害化处理场应当配备专门人员负责管理。

从事病死畜禽和病害畜禽产品无害化处理的人员，应当具备相关专业技能，掌握必要的安全防护知识。

【理解与适用】 本条是关于病死畜禽和病害畜禽产品集中暂存点和无害化处理场人员配备要求的规定。

相关场点配备专人管理。 集中暂存点和无害化处理场所是病死畜禽和病害畜禽产品的集中流向地，容易造成动物疫病传播，应当严格管理。集中暂存点和无害化处理场作为承担病死畜禽贮藏和无害化处理任务的经营主体，应当认真落实防疫主体责任，及时配备专门人员负责场点管理，落实各项防疫措施，如实报告病死畜禽收集和处理情况，提高收集、暂存、运输、处理设施建设标准，强化运输车辆清洗消毒，确保符合动物防疫和环境保护要求。

从业人员相关技能要求。无害化处理工作专业技术性较强，工作人员的实际操作能力和技术水平高低直接影响到无害化处理效果。为降低疫病传播风险，确保有效杀灭病原体，无害化处理场应对相关工作人员加强培训，确保其具备相关专业技能和安全防护知识。相关工作人员应熟悉畜禽无害化处理相关法律规章制度、生物安全知识、病死畜禽品种分类，掌握病死畜禽无害化处理工艺流程和操作规范，以及安全生产防护、个人卫生、设备维护措施，熟悉无害化处理过程中突发事件应急处置程序。

第二十三条 鼓励在符合国家有关法律法规规定的情况下，对病死畜禽和病害畜禽产品无害化处理产物进行资源化利用。

病死畜禽和病害畜禽产品无害化处理场所销售无害化处理产物的，应当严控无害化处理产物流向，查验购买方资质并留存相关材料，签订销售合同。

【理解与适用】本条是关于病死畜禽和病害畜禽产品无害化处理产物资源化利用的规定。

关于无害化处理产物资源化利用。《国务院办公厅关于建立病死畜禽无害化处理机制的意见》提出，处理设施应优先采用化制、发酵等既能实现无害化处理又能资源化利用的工艺技术。近年来，农业农村部积极推进病死畜禽无害化处理产物资源化利用，通过碳化、化制、硫酸分解等处理方法产生的碳化产物、肉骨粉残渣、油脂、液态氨基酸等均有较好的资源再利用价值。如碳化产物，可用于土壤改良剂，修复受污染的土壤，并促进植物生长；采用化制、高温法处理压榨烘干后产生的肉骨粉，可作为有机肥生产原料，油脂可作为生物柴油原料、工业用油原辅料及肥皂生产原辅料；采用硫酸分解法产生的氨基酸原液，在简单酸碱中和后可直接制成氨基酸水溶肥。处理产物的资源化利用应符合国家有关法律法规，有条件的无害化处理场可对副产物（肉骨残渣、飞灰、污泥）进行微生物等相应理化指标的检测，确保副产物利用和处置的生物安全和环境安全。

关于无害化处理产物流向管理。病死畜禽和病害畜禽产品无害化处理产物包含肉骨粉残渣、油脂等。为避免产物被不法分子加工为动物饲料，或作为食用油流入餐桌，无害化处理场应当加强无害化处理产物流向管理，建立查验制度，认真查验并留存购买方资质相关材料，签订销售合同，明确双方购销责任；建立无害化处理产物流向记录，包括产物种类、数量、接收单位、出库时间等，严防无害化处理产物流入饲料和食品加工领域。

第二十四条 病死畜禽和病害畜禽产品无害化处理应当符合安全生产、环境保护等相关法律法规和标准规范要求，接受有关主管部门监管。

病死畜禽无害化处理场处理本办法第三条之外的病死动物和病害动物产品的，应当要求委托方提供无特殊风险物质的证明。

【理解与适用】本条是关于无害化处理安全和环保责任的规定。

关于安全生产责任。安全生产责任制是生产经营主体和企业岗位责任制的重要组成部分。根据“管生产必须管安全”的原则，安全生产责任制包括安全生产管理、安全操作制度。无害化处理场负责人应当按照安全生产法等相关法律法规和标准规范要求，严格履行安全生产主体责任，建立健全安全生产应急预案，加强培训演练，确保企业人员熟悉所在岗位的危险因素、危害程度、预防措施及应急处置措施，落实落细各环节安全措施，并接受有关主管部门监管，确保无害化处理场安全生产。

关于环境保护责任。病死畜禽和病害畜禽产品无害化处理过程中会产生大量的污水、废气等有毒有害物质，无害化处理场应当建立污水处理系统，排放标准应根据环境影响评价报告中的排放限制执行；建立烟气处理系统，对生产过程中产生的烟气进行净化处理，确保排放达标；建立废气收集处理系统，对处理过程中产生的废气等进行收集和处理，并符合国家有关标准。无害化处理场应承担环境保护责任，落实环境保护相关法律法规和标准规范要求，接受有关主管部门监管。

关于特殊风险物质管控。本办法所称无害化处理，是指用物理、化学等方法处理病死及病害动物和相关动物产品，消灭其所携带的病原，消除危害的过程。按照《病死及病害动物无害化处理技术规范》要求，不同的无害化处理技术工艺处理的范围有所不同，处理前需要清楚病死畜禽和病害畜禽产品是否含有特殊风险物质，以便有针对性地选择处理工艺。因此，本条第二款规定，处理本办法第三条之外的病死动物和病害动物产品的，因其可能存在未知的特殊风险物质，影响无害化处理效果，接受委托时应要求委托方提供无特殊风险物质的证明。

第四章　监督管理

本章共八条，对病死畜禽无害化处理信息化管理、无害化处理场所生物安全风险调查评估、无害化处理场分级管理制度、无害化处理场所管理制度要求、收集处理台账记录和视频监控、年度报告制度、监督检查、举报及调查处理等作出了规定。

第二十五条　农业农村部建立病死畜禽无害化处理监管监控平台，加强全程追溯管理。

从事畜禽饲养、屠宰、经营、隔离及病死畜禽收集、无害化处理的单位和个人，应当按要求填报信息。

县级以上地方人民政府农业农村主管部门应当做好信息审核，加强数据运用和安全管理。

【理解与适用】本条是关于病死畜禽无害化处理信息化管理的规定。

《农业农村部　财政部关于进一步加强病死畜禽无害化处理工作的通知》要求，建立无害化处理监管信息系统，配备无害化处理设施运行视频监控设备，推动实施病死畜禽无害化处理信息化监管。《“十四五”全国农业农村信息化发展规划》要求，全面推动现代信息技术与农业农村各领域各环节深度融合，发展智慧畜牧，实现畜牧业生产、流通、屠宰等各环节信息互联互通。

通过建立病死畜禽无害化处理监管监控平台，加快构建分级使用、全覆盖监管、全流程操作的无害化处理信息化监管机制，加快实现病死畜禽和病害畜禽产品收集、运输、无害化处理等各环节信息互联互通、相互印证，实现全链条可追溯管理，提升监管效能。同时，借助大数据统计分析功能，还可对畜禽养殖、死亡情况等作出有效评估、超前预警，为有关部门提供决策参考。

目前，农业农村部建立了病死畜禽无害化处理监管监控平台，已在多个省份推广应用，实现病死畜禽收集、暂存、转运、处理等全程信息化可追溯管理，并积极探索与保险机构数据系统联通，实现病死畜禽申报、查勘、理赔、无害化处理全程联动。

关于信息填报要求。本办法第五条规定，从事畜禽饲养、屠宰、经营、隔离的单位和人应当承担主体责任，按照本办法做好病死畜禽和病害畜禽产品的无害化处理，或者委托病死畜禽无害化处理场处理。从事病死畜禽收集、无害化处理的单位和个人是承担病死畜禽无害化处理任务的责任主体，应当按照相关法律法规和标准规范要求如实报告病死畜禽收集和处理情况。病死畜禽无害化处理涉及财政补助、疫病防控等多个方面，相关主体在应用病死畜禽无害化处理监管监控平台时应按照要求填报无害化处理相关信息。病死畜禽和病害畜禽产品运输、集中暂存点、病死畜禽无害化处理场还应配备专门人员做好信息填报，主动接受有关主管部门监管。

关于信息化数据运用和安全管理。县级以上地方人民政府农业农村主管部门应当做好信息审核，重点加强病死畜禽收集、暂存、转运、处理等环节信息化监管，实现病死畜禽无害化处理全程可追溯管理。加强数据运用，推动各环节数据资源整合共享，构建大数据体系，通过终端数据采集、传输、汇总、分析，实现对相关监管数据有效统计、准确分析和科学运用。同时，要按照有关法律法规规定和国家标准要求，规范网络数据处理行为，保障数据安全，建立完善数据安全管理制度和技术保护机制。

第二十六条 农业农村部负责组织制定全国病死畜禽和病害畜禽产品无害化处理生物安全风险调查评估方案，对病死畜禽和病害畜禽产品收集、无害化处理生物安全风险因素进行调查评估。

省级人民政府农业农村主管部门应当制定本行政区域病死畜禽和病害畜禽产品无害化处理生物安全风险调查评估方案并组织实施。

【理解与适用】本条是关于病死畜禽和病害畜禽产品无害化处理生物安全风险调查评估的规定。

关于生物安全风险调查评估。生物安全风险调查评估是对病死畜禽和病害畜禽产品收集、暂存、转运和无害化处理各个环节的生物安全进行分析评估，量化生物安全风险的潜在可能。不同时期、不同区域的病死畜禽无害化处理场面临的生物安全风险不同，采取的防控措施各有不同。应当根据生物安全风险管控实际，综合考虑各方面因素，对生物安全风险进行调查评估，以便于采取更有针对性的措施，预防、控制、消除生物安全风险。

关于生物安全风险调查评估方案制定实施。当前，我国动物疫病防控形势依然复杂严峻，病种多、流行范围广。病死畜禽和病害畜禽产品收集、无害化处理环节是病死畜禽和病害畜禽产品的聚集地和流向地，与养殖、屠宰等环节相比，其携带的病原微生物传播扩散的风险更高。为科学评估病死畜禽和病害畜禽产品收集、无害化处理等环节生物安全水平，规范生物安全风险评估工作，科学指导开展无害化处理，国家层面，农业农村部组织制定全国病死畜禽和病害畜禽产品无害化处理生物安全风险调查评估方案，指导各地对病死畜禽和病害畜禽产品收集、无害化处理生物安全风险因素进行调查评估；地方层面，省级人民政府农业农村主管部门结合本地实际，制定本行政区域病死畜禽和病害畜禽产品无害化处理生物安全风险调查评估方案并组织实施。依据生物安全风险调查评估结果，采取更有针对性的风险管控措施。

第二十七条 根据病死畜禽无害化处理场规模、设施装备状况、管理水平等因素，推行分级管理制度。

【理解与适用】本条是关于病死畜禽无害化处理场分级管理的规定。

分级管理针对不同级别的对象适用不同的管理方法，通过量化评价和分级，实行重点管理的科学管理模式。按照本条规定，根据病死畜禽无害化处理场规模、设施装备状况、管理水平等因素，实行分级管理。

规模，是指不同病死畜禽无害化处理场的处理能力、覆盖区域范围等。

设施装备状况，是指病死畜禽无害化处理场设施设备建设水平、处理工艺、运行维护等情况。

管理水平，是指病死畜禽无害化处理场制度建立及执行、运行管理、人员配备、风险管控等情况。

综合规模、设施装备状况、管理水平等因素，对病死畜禽无害化处理场设置不同等级标准，并根据评价分级结果，实行不同的监管手段和措施，以降低病死畜禽无害化处理场生物安全风险。

第二十八条 病死畜禽和病害畜禽产品无害化处理场所应当建立并严格执行以下制度：

（一）设施设备运行管理制度；

（二）清洗消毒制度；

（三）人员防护制度；

（四）生物安全制度；

（五）安全生产和应急处理制度。

【理解与适用】本条是关于病死畜禽和病害畜禽产品无害化处理场所相关管理制度的规定。

管理制度是病死畜禽和病害畜禽产品无害化处理场所规范生产经营活动的重要保障。本条规定了病死畜禽和病害畜禽产品无害化处理场所应当建立并严格执行的设施设备运行管理、清洗消毒、人员防护、生物安全、安全生产和应急处理等方面的制度。

设施设备运行管理制度，指为加强设施设备运行管理，保证设施设备安全生产和正常运行而采取的措施。如严格按照相关设施设备指导说明、操作规程，做好日常设施设备运行操作、维护保养，完善相关记录等。

清洗消毒制度，指病死畜禽无害化处理场所为加强生物安全管理，对运输车辆、收集处理设施设备和环境等采取清洗消毒的措施要求。例如，对运输车辆先冲洗、后消毒，对病死畜禽无害化处理场生产区域和环境等及时或定期进行消毒，并完善相关消毒记录。

人员防护制度，主要是指在进行病死畜禽和病害畜禽产品收集、无害化处理时，严格执行相关操作规程，采取必要的个人安全防护措施。例如，配备劳动保护用品，穿戴工作服、手套，避免与病死畜禽直接接触，做好人员消毒。

生物安全制度，指在病死及病害畜禽收集、暂存、转运和无害化处理过程中，为预防和控制病原微生物对畜禽养殖、生态环境和人体健康的潜在威胁而采取的措施要求。

安全生产和应急处理制度，指在病死畜禽无害化处理过程中，为保障从业人员安全和生产经营活动安全，及时应对突发事件而采取相应的预防、控制和处置措施要求。例如，明确安全生产岗位职责，严格按操作规程生产，定期检测、维护设施设备，加强安全风险隐患排查，开展安全生产应急演练等。

第二十九条 从事畜禽饲养、屠宰、经营、隔离以及病死畜禽和病害畜禽产品收集、无害化处理的单位和个人，应当建立台账，详细记录病死畜禽和病害畜禽产品的种类、数量（重量）、来源、运输车辆、交接人员和交接时间、处理产物销售情况等信息。

病死畜禽和病害畜禽产品无害化处理场所应当安装视频监控设备，对病死畜禽和病害畜禽产品进（出）场、交接、处理和处理产物存放等进行全程监控。

相关台账记录保存期不少于二年，相关监控影像资料保存期不少于三十天。

【理解与适用】本条是关于有关场所台账和视频监控的规定。

关于台账记录要求。为保证病死畜禽和病害畜禽产品无害化处理全链条可追溯管理，从事畜禽饲养、屠宰、经营、隔离以及病死畜禽和病害畜禽产品收集、无害化处理的单位和个人，应当根据各场所实际情况，建立台账，确保来源清楚、去向明确。从事畜禽饲养、屠宰、经营、隔离的单位和个人，无害化处理台账应包括病死畜禽和病害畜禽产品的种类、数量（重量）、来源、交接人员、运输车辆、送至地点等内容。《病死及病害动物无害化处理技术规范》对病死及病害动物和相关动物产品的收集、暂存、转运、无害化处理等环节的台账和记录也有详细规定，本办法进一步将相关要求固化为规章制度。

在暂存环节，应建立接收台账和运出台账。接收台账和记录应包括病死及病害动物和相关动物产品来源场（户）、种类、数量、动物标识号、死亡原因、收集时间、经办人员等。运出台账和记录应包括运输人员、联系方式、转运时间、车牌号、病死畜禽及病害畜禽产品种类、数量、动物标识号、转运目的地及经办人员等。**在处理环节**，应建立接收台账、处理台账和处理产物销售台账。接收台账和记录应包括病死畜禽及病害畜禽产品来源、种类、数量、动物标识号、转运人员、联系方式、车牌号、接收时间及经手人员等。处理台账和记录应包括处理时间、处理方式、处理数量及操作人员等。此外，为加强病死畜禽和病害畜禽产品无害化处理产物管理，病死畜禽无害化处理场所还应当做好产物销售台账和记录，包括销售时间、数量（重量）、购买单位、经手人员等。

关于视频监控要求。视频监控是监督病死畜禽无害化处理场落实主体责任，规范无害化处理各环节，实现可溯化的重要管理手段。《农业农村部 财政部关于进一步加强病死畜禽无害化处理工作的通知》明确要求建立无害化处理监管信息系统，配备无害化处理设施运行视频监控设备，推动实施病死畜禽无害化处理信息化监管。本条第二款明确了无害化处理场所安装视频监控设备的具体要求，视频监控位点至少涵盖病死畜禽和病害畜禽产品进（出）场、交接、处理和处理产物存放等环节。

进（出）场位点主要监控运输车辆、人员等进出场情况，必要时还可以查看运输车辆洗消情况等；**交接位点**主要监控病死畜禽和病害畜禽产品接收、入库暂存等情况；**处理位点**主要监控车间生产、设备运行、人员操作等情况；**处理产物存放位点**主要监控处理产物出料、存放、转运等情况。

关于相关台账和视频监控保存时限。台账是确保工作有记录、管理可追溯、过程有监控的重要手段。本办法规定，对无害化处理相关台账记录保存期应不少于二年。采用信息化管理的地区可以根据实际情况不再进行各类纸质记录。本办法要求，相关监控影像资料保存期应不少于三十天。需要注意的是，保存时不仅需要达到规定天数，而且存储的视频要清晰、完整，图像质量要达标。

第三十条 病死畜禽和病害畜禽产品无害化处理场所应当于每年一月底前向所在地县级人民政府农业农村主管部门报告上一年度病死畜禽和病害畜禽产品无害化处理、运输车辆和环境清洗消毒等情况。

【理解与适用】本条是关于病死畜禽和病害畜禽产品无害化处理场所实施年度报告制度的规定。

病死畜禽和病害畜禽产品无害化处理场所是具体承担无害化处理工作的单位，有义务向所在地县级农业农村主管部门报告无害化处理情况，主动接受所在地县级农业农村主管部门的监督管理。本办法中的病死畜禽和病害畜禽产品无害化处理场所既包括接受畜禽养殖场、养殖户、屠宰厂（场）、隔离场委托处理的集中无害化处理场，也包括对病死畜禽实行自行处理的畜禽养殖场、屠宰厂（场）、隔离场。

病死畜禽和病害畜禽产品无害化处理场所应当在每年1月底前向所在地县级农业农村主管部门全面报告病死畜禽和病害畜禽产品无害化处理相关情况。报告内容主要包括两个方面。**一是**病死畜禽无害化处理情况。包括病死畜禽无害化处理的接收、无害化处理、产物销售及相关管理等情况。**二是**运输车辆和环境消毒等情况。运输车辆流动性大，必须符合本办法第十四条规定的专业运输车辆要求。除此之外，要加强对车辆、相关工具及作业环境的消毒。病死畜禽无害化处理场所是病死畜禽的聚集地，应当加强防疫消毒设施建设，及时开展环境消毒，按照要求报告运输车辆和环境消毒等相关情况。

第三十一条 县级以上地方人民政府农业农村主管部门执行监督检查任务时，从事病死畜禽和病害畜禽产品收集、无害化处理的单位和个人应当予以配合，不得拒绝或者阻碍。

【理解与适用】本条是关于从事病死畜禽和病害畜禽产品收集、无害化处理的单位和个人配合相关部门做好监督检查的规定。

县级以上地方人民政府农业农村主管部门是开展病死畜禽和病害畜禽产品无害化处理监督管理的实施主体，负责本行政区域病死畜禽和病害畜禽产品收集、无害化处理等活动的监督检查工作。主要监督检查从事病死畜禽和病害畜禽产品收集、无害化处理的单位和个人是否履行主体责任，是否按照规定对病死畜禽和病害畜禽产品进行收集、无害化处理，可以对有关物品按规定采样、留验、抽检；对有关场所调查取证，查阅、复制与无害化处理相关的资料等。监督检查应符合相应的程序，如执法人员在执行监督检查任务时应当出示行政执法证件，佩戴统一标志。行政机关及监督检查人员在依法开展监督检查时，行政相对人应当予以积极配合，不得拒绝或者阻碍，否则将承担相应的法律责任。

第三十二条 任何单位和个人对违反本办法规定的行为，有权向县级以上地方人民政府农业农村主管部门举报。接到举报的部门应当及时调查处理。

【理解与适用】本条是关于举报及调查处理的规定。

举报是指任何组织和个人向有关单位申诉、控告或者检举违法行为的行为。举报是我国宪法和法律赋予公民的权利。对违反本办法的行为，如发现相关场所未按规定处理病死畜禽和病害畜禽产品、运输车辆未经备案等，任何单位和个人都有权向县级以上地方人民政府农业农村主管部门举报。举报可以通过电话、信函、传真、网络等方式，也可以当面、预约或者以其他形式进行举报。县级以上农业农村主管部门应当建立举报制度，向社会公布举报电话、信箱或者电子邮件地址，并为投诉人和举报人保密。接到举报的部门应当及时受理相关违法行为的举报，并及时核实、处理。对实名举报并提供相关核查线索证据的，应当将处理结果告知举报人。

第五章　法律责任

本章共四条，对未按规定处理病死畜禽和病害畜禽产品、相关场所不符合动物防疫条件要求、专用运输车辆未经备案、未建立管理制度、台账或未进行视频监控等违法行为应承担的法律责任作出了规定。

第三十三条　未按照本办法第十一条、第十二条、第十五条、第十九条、第二十二条规定处理病死畜禽和病害畜禽产品的，按照《动物防疫法》第九十八条规定予以处罚。

【理解与适用】本条是对违反本办法第十一条、第十二条、第十五条、第十九条、第二十二条规定处理病死畜禽和病害畜禽产品应当承担的法律责任的规定。

一、本条规定的违法行为

未按照本办法第十一条规定处理病死畜禽和病害畜禽产品的。本办法第十一条规定："畜禽养殖场、养殖户、屠宰厂（场）、隔离场应当及时对病死畜禽和病害畜禽产品进行贮存和清运。畜禽养殖场、屠宰厂（场）、隔离场委托病死畜禽无害化处理场处理的，应当符合以下要求：（一）采取必要的冷藏冷冻、清洗消毒等措施；（二）具有病死畜禽和病害畜禽产品输出通道；（三）及时通知病死畜禽无害化处理场进行收集，或自行送至指定地点。"

对畜禽养殖场、屠宰厂（场）、隔离场未按照规定贮存、清运病死畜禽和病害畜禽产品的，或者不符合上述规定的，均为未按照规定处理病死畜禽和病害畜禽产品，应当承担相应的法律责任，依法予以处罚。

未按照本办法第十二条规定处理病死畜禽和病害畜禽产品的。本办法第十二条规定："病死畜禽和病害畜禽产品集中暂存点应当具备下列条件：（一）有独立封闭的贮存区域，并且防渗、防漏、防鼠、防盗，易于清洗消毒；（二）有冷藏冷冻、清洗消毒等设施设备；（三）设置显著警示标识；（四）有符合动物防疫需要的其他设施设备。”

病死畜禽和病害畜禽产品集中暂存点是病死畜禽无害化处理体系的重要组成部分，是承接畜禽养殖场送交、运输车辆转运病死畜禽和病害畜禽产品的中转站，应当符合相关条件，否则应当予以处罚。

未按照本办法第十五条规定处理病死畜禽和病害畜禽产品的。本办法第十五条规定："运输病死畜禽和病害畜禽产品的单位和个人，应当遵守下列规定：（一）及时对车辆、相关工具及作业环境进行消毒；（二）作业过程中如发生渗漏，应当妥善处理后再继续运输；（三）做好人员防护和消毒。”

病死畜禽和病害畜禽产品运输是动物疫病传播的重要途径，运输车辆流动性大、接触面广，可能造成疫病跳跃式传播，应当采取严格的防疫措施，否则应当承担相应的法律责任。适用对象为运输病死畜禽和病害畜禽产品的责任主体。

未按照本办法第十九条规定处理病死畜禽和病害畜禽产品的。本办法第十九条规定："畜禽养殖场、屠宰厂（场）、隔离场在本场（厂）内自行处理病死畜禽和病害畜禽产品的，应当符合无害化处理场所的动物防疫条件，不得处理本场（厂）外的病死畜禽和病害畜禽产品。畜禽养殖场、屠宰厂（场）、隔离场在本场（厂）外自行处理的，应当建设病死畜禽无害化处理场。”

对相关场所在本场（厂）内自行处理不符合动物防疫条件的，或处理本场以外的病死畜禽和病害畜禽产品，都属于未按照规定处理病死畜禽和病害畜禽产品。适用对象为自行处理病死畜禽和病害畜禽产品相关场所的责任主体。

未按照本办法第二十二条规定处理病死畜禽和病害畜禽产品的。本办法第二十二条规定："病死畜禽和病害畜禽产品集中暂存点、病死畜禽无害化处理场应当配备专门人员负责管理。从事病死畜禽和病害畜禽产品无害化处理的人员，应当具备相关专业技能，掌握必要的安全防护知识。”

对病死畜禽和病害畜禽产品集中暂存点和病死畜禽无害化处理场所未按照规定配备专门人员负责管理的，或者从事无害化处理的人员未具备相关专业技能和安全防护知识的，应视为未按照规定处理病死畜禽和病害畜禽产品。适用对象为暂存点、无害化处理场的责任主体。

二、本条规定的法律责任

责令改正，处三千元以上三万元以下罚款。未按照本办法第十一条、第十二条、第十五条、第十九条、第二十二条规定处理病死畜禽和病害畜禽产品的，均符合《动物防疫法》第九十八条第七项“未按规定处理或者随意弃置病死动物、病害动物产品”的情形。县级以上地方人民政府农业农村主管部门发现有违反上述规定的，对一般违法行为应当以行政命令方式责令违法行为人改正其行为。违法行为人接到责令改正的命令后，必须立即或限期改正。为有效打击相关违法行为，发挥警示作用，同时还应当作出处三千元以上三万元以下罚款。行政机关根据违法行为性质、情节轻重、危害程度、对错误的认识态度等作出裁量，在三千元以上三万元以下罚款的幅度内予以处罚。

责令停业整顿，并处三万元以上十万元以下罚款。对存在本条规定的违法情形且情节严重的，应当责令停业整顿，并处三万元以上十万元以下罚款。多次从事上述违法活动、逾期拒不改正、引发动物疫病或造成疫病传播扩散等情形，均可视为情节严重。

第三十四条 畜禽养殖场、屠宰厂（场）、隔离场、病死畜禽无害化处理场未取得动物防疫条件合格证或生产经营条件发生变化，不再符合动物防疫条件继续从事无害化处理活动的，分别按照《动物防疫法》第九十八条、第九十九条处罚。

【理解与适用】本条是有关场所不符合规定动物防疫条件从事无害化处理活动的法律责任的规定。

一、本条规定的违法行为

有关场所未取得动物防疫条件合格证从事无害化处理活动的。本办法第十八条规定：“病死畜禽无害化处理场应当符合省级人民政府病死畜禽和病害产品集中无害化处理场所建设规划并依法取得动物防疫条件合格证。”未取得动物防疫条件合格证从事无害化处理活动的，属于违法行为，符合《动物防疫法》第九十八条第一项应当被处罚的情形，应当承担相应的法律责任。

生产经营条件发生变化，不再符合动物防疫条件继续从事无害化处理活动的。对相关场所生产经营条件发生变化，不再符合动物防疫条件，已不具备法律确定的规定条件而继续从事相关活动的，符合《动物防疫法》第九十九条进行处罚的情形，应当依法予以处罚。

二、本条规定的法律责任

包括行政命令和多种行政处罚方式。

有关场所未取得动物防疫条件合格证从事无害化处理活动的。按照《动物防疫法》第九十八条规定，对一般违法行为，应由县级以上人民政府农业农村主管部门责令改正，并处三千元以上三万元以下罚款；对情节严重的责令停业整顿，并处三万元以上十万元以下罚款。

生产经营条件发生变化，不再符合动物防疫条件继续从事无害化处理活动的。县级以上人民政府农业农村主管部门发现违法人存在相关违法情形的，应提出警告，责令限期改正。在作出警告的同时，行政执法主体还要责令违法行为人限期改正违法行为，如重新按照规定申请动物防疫条件合格证或依照规定整改使其符合动物防疫条件要求。对违法行为人接到责令整改命令后，逾期仍达不到规定条件的，县级以上人民政府农业农村主管部门应吊销其动物防疫条件合格证。吊销动物防疫条件合格证的前提是“逾期仍达不到规定条件”，包括逾期不改正或整改后未达到规定条件。对吊销动物防疫条件许可证的，还应当通报同级市场监督管理部门，由市场监督管理部门按照有关规定进行处理。

第三十五条 专业从事病死畜禽和病害畜禽产品运输的车辆，未经备案或者不符合本办法第十四条规定的，分别按照《动物防疫法》第九十八条、第九十四条处罚。

【理解与适用】本条是关于专业从事病死畜禽和病害畜禽产品运输的车辆，未经备案或者不符合本办法第十四条规定的法律责任的规定。

一、本条规定的违法行为

本办法第十三条规定："专业从事病死畜禽和病害畜禽产品收集的单位和个人，应当配备专用运输车辆，并向承运人所在地县级人民政府农业农村主管部门备案。"

建立健全病死畜禽和病害畜禽产品运输车辆监管制度，对防控动物疫病传播，落实病死畜禽和病害畜禽产品无害化处理全程监管具有重要作用。未经备案从事病死畜禽和病害畜禽产品运输，存在传播疫病风险和监管盲区，应当承担相应的法律责任。此条适用对象是未经备案从事病死畜禽和病害畜禽产品运输的行为人。

本办法第十四条规定："病死畜禽和病害畜禽产品专用运输车辆应当符合以下要求：（一）不得运输病死畜禽和病害畜禽产品以外的其他物品；（二）车厢密闭、防水、防渗、耐腐蚀，易于清洗和消毒；（三）配备能够接入国家监管监控平台的车辆定位跟踪系统、车载终端；（四）配备人员防护、清洗消毒等应急防疫用品；（五）有符合动物防疫需要的其他设施设备。"

对运输车辆不符合其中任何一项条件，不论是否造成危害后果，相关行为人都应承担本条规定的法律责任。此条适用对象是病死畜禽和病害畜禽产品运输车辆的所有权人。

二、本条规定的法律责任

违反本条规定的情形，分别按照《动物防疫法》第九十八条、第九十四条处罚。对违法行为人未经备案从事病死畜禽和病害畜禽产品运输的，符合《动物防疫法》第九十八条所列情形。对一般违法行为，县级以上人民政府农业农村主管部门应当以行政命令方式责令违法行为人改正其违法行为，同时对违法行为人作出三千元以上三万元以下罚款；对情节严重的，责令停业整顿，并处以三万元以上十万元以下罚款。对病死畜禽和病害畜禽产品专用运输车辆不符合本办法第十四条规定防疫要求的，符合《动物防疫法》第九十四条所列的情形。县级以上人民政府农业农村主管部门发现不符合本办法第十四条规定的，责令违法行为人按规定达到防疫要求，在作出责令改正的同时，可以根据违法行为的性质、情节轻重、危害程度等决定是否处以五千元以下罚款；对情节严重的，必须处五千元以上五万元以下罚款。这里所说的情节严重，一般指责令改正后逾期不改正、拒不执行、引发动物疫病或造成疫病传播扩散等情形。

第三十六条 违反本办法第二十八条、第二十九条规定，未建立管理制度、台账或者未进行视频监控的，由县级以上地方人民政府农业农村主管部门责令改正；拒不改正或者情节严重的，处二千元以上二万元以下罚款。

【理解与适用】本条是关于违反本办法第二十八条、第二十九条规定的法律责任的规定。

本条对未建立管理制度、台账或者未进行视频监控的情形规定了具体的法律责任。

一、本条规定的违法行为

本条规定的违法行为适用于未建立管理制度、台账或者未进行视频监控。

未建立管理制度。本办法第二十八条规定："病死畜禽和病害畜禽产品无害化处理场所应当建立并严格执行以下制度：（一）设施设备运行管理制度；（二）清洗消毒制度；（三）人员防护制度；（四）生物安全制度；（五）安全生产和应急处理制度。"

病死畜禽和病害畜禽产品无害化处理场所如未建立完善的制度或未全面执行各项制度，极易造成生物安全、生产安全等重大风险隐患，应当承担相应的法律责任。此条适用对象是病死畜禽和病害畜禽产品无害化处理场所。

未建立台账。本办法第二十九条规定："从事畜禽饲养、屠宰、经营、隔离以及病死畜禽和病害畜禽产品收集、无害化处理的单位和个人，应当建立台账，详细记录病死畜禽和病害畜禽产品的种类、数量（重量）、来源、运输车辆、交接人员和交接时间、处理产物销售情况等信息。"

相关单位未对病死畜禽和病害畜禽产品的来源、去向进行详细记录，可能导致病死畜禽和病害畜禽产品被随意处置或流入非法渠道，应当承担相应的法律责任。此条适用对象是畜禽饲养、屠宰、经营、隔离以及病死畜禽和病害畜禽产品收集、无害化处理的单位或个人。

未进行视频监控。本办法第二十九条规定："病死畜禽和病害畜禽产品无害化处理场所应当安装视频监控设备，对病死畜禽和病害畜禽产品进（出）场、交接、处理和处理产物存放等进行全程监控。"

未安装视频监控设备或未在规定位置安装，视频监控的范围未覆盖病死畜禽和病害畜禽产品进（出）场、交接、处理和处理产物存放等全部环节，均视为违反本规定。此条适用对象是病死畜禽和病害畜禽产品无害化处理场所。

二、本条规定的法律责任

违反本办法规定，未建立管理制度、台账或者未进行视频监控的，由县级以上地方人民政府农业农村主管部门作出行政命令，并给予行政处罚。

责令改正。县级以上地方人民政府农业农村主管部门发现有关当事人未建立管理制度、台账或者未进行视频监控的，应当以行政命令方式要求当事人立即或限期改正其违法行为，违法行为人应当按照行政命令改正违法行为，如及时建立并执行相关管理制度、完善相关台账、按规定开展视频监控等。

罚款。本条规定的罚款，是县级以上地方人民政府农业农村主管部门在作出责令改正的命令后，对拒不改正或者情节严重的违法行为人实施的行政处罚。本条规定的罚款幅度为二千元以上二万元以下。农业农村主管部门可根据自由裁量规范，在规定的幅度内确定罚款的具体数额。

第六章　附　　则

本章共三条，对本办法中相关术语含义、参照执行情形、本办法施行时间等作出了规定。

第三十七条　本办法下列用语的含义：

（一）畜禽，是指《国家畜禽遗传资源目录》范围内的畜禽，不包括用于科学研究、教学、检定以及其他科学实验的畜禽。

（二）隔离场所，是指对跨省、自治区、直辖市引进的乳用种用动物或输入到无规定动物疫病区的相关畜禽进行隔离观察的场所，不包括进出境隔离观察场所。

（三）病死畜禽和病害畜禽产品无害化处理场所，是指病死畜禽无害化处理场以及畜禽养殖场、屠宰厂（场）、隔离场内的无害化处理区域。

【理解与适用】本条是关于本办法中畜禽、隔离场所、病死畜禽和病害畜禽无害化处理场所术语的含义。

关于畜禽。本办法畜禽是指列入《畜禽遗传资源目录》范围内的畜禽。用于科学研究、教学、检定以及其他科学实验的畜禽，是科学研究的重要资料，鉴于其用途特殊，已有《实验动物管理条例》等对其使用进行规范，应按照实验动物管理的有关规定执行。

关于隔离场所。隔离场所是对输入动物进行规定时限隔离观察，防止动物疫病传播扩散的重要场所。本条所指隔离场所是主要用于对跨省、自治区、直辖市引进的乳用种用动物或输入到无规定动物疫病区相关畜禽进行隔离观察的场所。《动物防疫法》《动物防疫条件审查办法》等明确规定了隔离场所应具备的动物防疫条件，包括隔离场所的选址、布局、设施设备、人员配备、防疫制度等要求。进出境隔离观察场所是指专门用于进境动物隔离检疫的场所，包括海关总署设立或指定的动物隔离检疫场所。对进出境隔离观察场所的管理适用于《中华人民共和国进出境动植物检疫法》《进境动物隔离检疫场使用监督管理办法》等法律法规。

关于病死畜禽和病害畜禽产品无害化处理场所。本办法的病死畜禽和病害畜禽产品无害化处理场所主要有两种。**第一种**是病死畜禽无害化处理场。是指符合省级人民政府病死畜禽和病害畜禽产品集中无害化处理场所建设规划并取得动物防疫条件合格证的集中病死畜禽无害化处理场，接受畜禽养殖场、养殖户、屠宰厂（场）、隔离场等的委托，处理病死畜禽和病害畜禽产品。**第二种**是指畜禽养殖场、屠宰厂（场）、隔离场在本场（厂）内自行处理病死畜禽和病害畜禽产品的无害化处理区域。两者均应符合规定的动物防疫条件要求。

第三十八条 病死水产养殖动物和病害水产养殖动物产品的无害化处理，参照本办法执行。

【理解与适用】本条是关于病死水产养殖动物和病害水产养殖动物产品的无害化处理的规定。

随着近年来水产养殖生产规模化、集约化程度的提高，水产养殖动物疫病发生的频率和危害程度也在增加。水生动物疫病种类较多，疫病暴发流行时有发生。与畜禽疫病发生和传播特点相同，病死水产养殖动物和病害水产养殖动物产品是水产养殖动物疫病的重要传染源。通过对其开展无害化处理，从而有效消灭其所携带病原，消除传播危害。对病死水产养殖动物和病害水产养殖动物产品的无害化处理应当遵循相应的技术规范和管理要求。在出台病死水产养殖动物和病害水产养殖动物产品无害化处理管理规定前，可参照本办法执行。

第三十九条 本办法自 2022 年 7 月 1 日起施行。

【理解与适用】本条是关于本办法时间效力的规定。

本办法是新制定的规章，涉及面广、内容较多，正式实施前留出过渡期，有利于全面学习、广泛宣传，便于有关单位、人员和相关从业者充分掌握其内涵，避免在办法执行过程中出现偏差。同时，考虑到当前病死畜禽无害化处理工作的迫切需要，又需要本办法尽快实施。为此，综合考虑各方因素，规定本办法于 2022 年 7 月 1 起施行。

附　　录

附录1

中华人民共和国动物防疫法

（1997年7月3日第八届全国人民代表大会常务委员会第二十六次会议通过　2007年8月30日第十届全国人民代表大会常务委员会第二十九次会议第一次修订　根据2013年6月29日第十二届全国人民代表大会常务委员会第三次会议《关于修改〈中华人民共和国文物保护法〉等十二部法律的决定》第一次修正　根据2015年4月24日第十二届全国人民代表大会常务委员会第十四次会议《关于修改〈中华人民共和国电力法〉等六部法律的决定》第二次修正　2021年1月22日第十三届全国人民代表大会常务委员会第二十五次会议第二次修订）

目　　录

第一章　总　　则

第一条　为了加强对动物防疫活动的管理，预防、控制、净化、消灭动物疫病，促进养殖业发展，防控人畜共患传染病，保障公共卫生安全和人体健康，制定本法。

第二条 本法适用于在中华人民共和国领域内的动物防疫及其监督管理活动。

进出境动物、动物产品的检疫，适用《中华人民共和国进出境动植物检疫法》。

第三条 本法所称动物，是指家畜家禽和人工饲养、捕获的其他动物。

本法所称动物产品，是指动物的肉、生皮、原毛、绒、脏器、脂、血液、精液、卵、胚胎、骨、蹄、头、角、筋以及可能传播动物疫病的奶、蛋等。

本法所称动物疫病，是指动物传染病，包括寄生虫病。

本法所称动物防疫，是指动物疫病的预防、控制、诊疗、净化、消灭和动物、动物产品的检疫，以及病死动物、病害动物产品的无害化处理。

第四条 根据动物疫病对养殖业生产和人体健康的危害程度，本法规定的动物疫病分为下列三类：

（一）一类疫病，是指口蹄疫、非洲猪瘟、高致病性禽流感等对人、动物构成特别严重危害，可能造成重大经济损失和社会影响，需要采取紧急、严厉的强制预防、控制等措施的；

（二）二类疫病，是指狂犬病、布鲁氏菌病、草鱼出血病等对人、动物构成严重危害，可能造成较大经济损失和社会影响，需要采取严格预防、控制等措施的；

（三）三类疫病，是指大肠杆菌病、禽结核病、鳖腮腺炎病等常见多发，对人、动物构成危害，可能造成一定程度的经济损失和社会影响，需要及时预防、控制的。

前款一、二、三类动物疫病具体病种名录由国务院农业农村主管部门制定并公布。国务院农业农村主管部门应当根据动物疫病发生、流行情况和危害程度，及时增加、减少或者调整一、二、三类动物疫病具体病种并予以公布。

人畜共患传染病名录由国务院农业农村主管部门会同国务院卫生健康、野生动物保护等主管部门制定并公布。

第五条 动物防疫实行预防为主，预防与控制、净化、消灭相结合的方针。

第六条　国家鼓励社会力量参与动物防疫工作。各级人民政府采取措施，支持单位和个人参与动物防疫的宣传教育、疫情报告、志愿服务和捐赠等活动。

第七条　从事动物饲养、屠宰、经营、隔离、运输以及动物产品生产、经营、加工、贮藏等活动的单位和个人，依照本法和国务院农业农村主管部门的规定，做好免疫、消毒、检测、隔离、净化、消灭、无害化处理等动物防疫工作，承担动物防疫相关责任。

第八条　县级以上人民政府对动物防疫工作实行统一领导，采取有效措施稳定基层机构队伍，加强动物防疫队伍建设，建立健全动物防疫体系，制定并组织实施动物疫病防治规划。

乡级人民政府、街道办事处组织群众做好本辖区的动物疫病预防与控制工作，村民委员会、居民委员会予以协助。

第九条　国务院农业农村主管部门主管全国的动物防疫工作。

县级以上地方人民政府农业农村主管部门主管本行政区域的动物防疫工作。

县级以上人民政府其他有关部门在各自职责范围内做好动物防疫工作。

军队动物卫生监督职能部门负责军队现役动物和饲养自用动物的防疫工作。

第十条　县级以上人民政府卫生健康主管部门和本级人民政府农业农村、野生动物保护等主管部门应当建立人畜共患传染病防治的协作机制。

国务院农业农村主管部门和海关总署等部门应当建立防止境外动物疫病输入的协作机制。

第十一条　县级以上地方人民政府的动物卫生监督机构依照本法规定，负责动物、动物产品的检疫工作。

第十二条　县级以上人民政府按照国务院的规定，根据统筹规划、合理布局、综合设置的原则建立动物疫病预防控制机构。

动物疫病预防控制机构承担动物疫病的监测、检测、诊断、流行病学调查、疫情报告以及其他预防、控制等技术工作；承担动物疫病净化、消灭的技术工作。

第十三条 国家鼓励和支持开展动物疫病的科学研究以及国际合作与交流，推广先进适用的科学研究成果，提高动物疫病防治的科学技术水平。

各级人民政府和有关部门、新闻媒体，应当加强对动物防疫法律法规和动物防疫知识的宣传。

第十四条 对在动物防疫工作、相关科学研究、动物疫情扑灭中做出贡献的单位和个人，各级人民政府和有关部门按照国家有关规定给予表彰、奖励。

有关单位应当依法为动物防疫人员缴纳工伤保险费。对因参与动物防疫工作致病、致残、死亡的人员，按照国家有关规定给予补助或者抚恤。

第二章 动物疫病的预防

第十五条 国家建立动物疫病风险评估制度。

国务院农业农村主管部门根据国内外动物疫情以及保护养殖业生产和人体健康的需要，及时会同国务院卫生健康等有关部门对动物疫病进行风险评估，并制定、公布动物疫病预防、控制、净化、消灭措施和技术规范。

省、自治区、直辖市人民政府农业农村主管部门会同本级人民政府卫生健康等有关部门开展本行政区域的动物疫病风险评估，并落实动物疫病预防、控制、净化、消灭措施。

第十六条 国家对严重危害养殖业生产和人体健康的动物疫病实施强制免疫。

国务院农业农村主管部门确定强制免疫的动物疫病病种和区域。

省、自治区、直辖市人民政府农业农村主管部门制定本行政区域的强制免疫计划；根据本行政区域动物疫病流行情况增加实施强制免疫的动物疫病病种和区域，报本级人民政府批准后执行，并报国务院农业农村主管部门备案。

第十七条 饲养动物的单位和个人应当履行动物疫病强制免疫义务，按照强制免疫计划和技术规范，对动物实施免疫接种，并按照国家有关规定建立免疫档案、加施畜禽标识，保证可追溯。

实施强制免疫接种的动物未达到免疫质量要求，实施补充免疫接种后仍不符合免疫质量要求的，有关单位和个人应当按照国家有关规定处理。

用于预防接种的疫苗应当符合国家质量标准。

第十八条 县级以上地方人民政府农业农村主管部门负责组织实施动物疫病强制免疫计划，并对饲养动物的单位和个人履行强制免疫义务的情况进行监督检查。

乡级人民政府、街道办事处组织本辖区饲养动物的单位和个人做好强制免疫，协助做好监督检查；村民委员会、居民委员会协助做好相关工作。

县级以上地方人民政府农业农村主管部门应当定期对本行政区域的强制免疫计划实施情况和效果进行评估，并向社会公布评估结果。

第十九条 国家实行动物疫病监测和疫情预警制度。

县级以上人民政府建立健全动物疫病监测网络，加强动物疫病监测。

国务院农业农村主管部门会同国务院有关部门制定国家动物疫病监测计划。省、自治区、直辖市人民政府农业农村主管部门根据国家动物疫病监测计划，制定本行政区域的动物疫病监测计划。

动物疫病预防控制机构按照国务院农业农村主管部门的规定和动物疫病监测计划，对动物疫病的发生、流行等情况进行监测；从事动物饲养、屠宰、经营、隔离、运输以及动物产品生产、经营、加工、贮藏、无害化处理等活动的单位和个人不得拒绝或者阻碍。

国务院农业农村主管部门和省、自治区、直辖市人民政府农业农村主管部门根据对动物疫病发生、流行趋势的预测，及时发出动物疫情预警。地方各级人民政府接到动物疫情预警后，应当及时采取预防、控制措施。

第二十条 陆路边境省、自治区人民政府根据动物疫病防控需要，合理设置动物疫病监测站点，健全监测工作机制，防范境外动物疫病传入。

科技、海关等部门按照本法和有关法律法规的规定做好动物疫病监测预警工作，并定期与农业农村主管部门互通情况，紧急情况及时通报。

县级以上人民政府应当完善野生动物疫源疫病监测体系和工作机制，根据需要合理布局监测站点；野生动物保护、农业农村主管部门按照职责分工做好野生动物疫源疫病监测等工作，并定期互通情况，紧急情况及时通报。

第二十一条 国家支持地方建立无规定动物疫病区，鼓励动物饲养场建设无规定动物疫病生物安全隔离区。对符合国务院农业农村主管部门规定标准的无规定动物疫病区和无规定动物疫病生物安全隔离区，国务院农业农村主管部门验收合格予以公布，并对其维持情况进行监督检查。

省、自治区、直辖市人民政府制定并组织实施本行政区域的无规定动物疫病区建设方案。国务院农业农村主管部门指导跨省、自治区、直辖市无规定动物疫病区建设。

国务院农业农村主管部门根据行政区划、养殖屠宰产业布局、风险评估情况等对动物疫病实施分区防控，可以采取禁止或者限制特定动物、动物产品跨区域调运等措施。

第二十二条 国务院农业农村主管部门制定并组织实施动物疫病净化、消灭规划。

县级以上地方人民政府根据动物疫病净化、消灭规划，制定并组织实施本行政区域的动物疫病净化、消灭计划。

动物疫病预防控制机构按照动物疫病净化、消灭规划、计划，开展动物疫病净化技术指导、培训，对动物疫病净化效果进行监测、评估。

国家推进动物疫病净化，鼓励和支持饲养动物的单位和个人开展动物疫病净化。饲养动物的单位和个人达到国务院农业农村主管部门规定的净化标准的，由省级以上人民政府农业农村主管部门予以公布。

第二十三条 种用、乳用动物应当符合国务院农业农村主管部门规定的健康标准。

饲养种用、乳用动物的单位和个人，应当按照国务院农业农村主管部门的要求，定期开展动物疫病检测；检测不合格的，应当按照国家有关规定处理。

第二十四条 动物饲养场和隔离场所、动物屠宰加工场所以及动物和动物产品无害化处理场所，应当符合下列动物防疫条件：

（一）场所的位置与居民生活区、生活饮用水水源地、学校、医院等公共场所的距离符合国务院农业农村主管部门的规定；

（二）生产经营区域封闭隔离，工程设计和有关流程符合动物防疫要求；

（三）有与其规模相适应的污水、污物处理设施，病死动物、病害动物产品无害化处理设施设备或者冷藏冷冻设施设备，以及清洗消毒设施设备；

（四）有与其规模相适应的执业兽医或者动物防疫技术人员；

（五）有完善的隔离消毒、购销台账、日常巡查等动物防疫制度；

（六）具备国务院农业农村主管部门规定的其他动物防疫条件。

动物和动物产品无害化处理场所除应当符合前款规定的条件外，还应当具有病原检测设备、检测能力和符合动物防疫要求的专用运输车辆。

第二十五条　国家实行动物防疫条件审查制度。

开办动物饲养场和隔离场所、动物屠宰加工场所以及动物和动物产品无害化处理场所，应当向县级以上地方人民政府农业农村主管部门提出申请，并附具相关材料。受理申请的农业农村主管部门应当依照本法和《中华人民共和国行政许可法》的规定进行审查。经审查合格的，发给动物防疫条件合格证；不合格的，应当通知申请人并说明理由。

动物防疫条件合格证应当载明申请人的名称（姓名）、场（厂）址、动物（动物产品）种类等事项。

第二十六条　经营动物、动物产品的集贸市场应当具备国务院农业农村主管部门规定的动物防疫条件，并接受农业农村主管部门的监督检查。具体办法由国务院农业农村主管部门制定。

县级以上地方人民政府应当根据本地情况，决定在城市特定区域禁止家畜家禽活体交易。

第二十七条　动物、动物产品的运载工具、垫料、包装物、容器等应当符合国务院农业农村主管部门规定的动物防疫要求。

染疫动物及其排泄物、染疫动物产品，运载工具中的动物排泄物以及垫料、包装物、容器等被污染的物品，应当按照国家有关规定处理，不得随意处置。

第二十八条　采集、保存、运输动物病料或者病原微生物以及从事病原微生物研究、教学、检测、诊断等活动，应当遵守国家有关病原微生物实验室管理的规定。

第二十九条　禁止屠宰、经营、运输下列动物和生产、经营、加工、贮藏、运输下列动物产品：

（一）封锁疫区内与所发生动物疫病有关的；

（二）疫区内易感染的；

（三）依法应当检疫而未经检疫或者检疫不合格的；

（四）染疫或者疑似染疫的；

（五）病死或者死因不明的；

（六）其他不符合国务院农业农村主管部门有关动物防疫规定的。

因实施集中无害化处理需要暂存、运输动物和动物产品并按照规定采取防疫措施的，不适用前款规定。

第三十条 单位和个人饲养犬只，应当按照规定定期免疫接种狂犬病疫苗，凭动物诊疗机构出具的免疫证明向所在地养犬登记机关申请登记。

携带犬只出户的，应当按照规定佩戴犬牌并采取系犬绳等措施，防止犬只伤人、疫病传播。

街道办事处、乡级人民政府组织协调居民委员会、村民委员会，做好本辖区流浪犬、猫的控制和处置，防止疫病传播。

县级人民政府和乡级人民政府、街道办事处应当结合本地实际，做好农村地区饲养犬只的防疫管理工作。

饲养犬只防疫管理的具体办法，由省、自治区、直辖市制定。

第三章 动物疫情的报告、通报和公布

第三十一条 从事动物疫病监测、检测、检验检疫、研究、诊疗以及动物饲养、屠宰、经营、隔离、运输等活动的单位和个人，发现动物染疫或者疑似染疫的，应当立即向所在地农业农村主管部门或者动物疫病预防控制机构报告，并迅速采取隔离等控制措施，防止动物疫情扩散。其他单位和个人发现动物染疫或者疑似染疫的，应当及时报告。

接到动物疫情报告的单位，应当及时采取临时隔离控制等必要措施，防止延误防控时机，并及时按照国家规定的程序上报。

第三十二条 动物疫情由县级以上人民政府农业农村主管部门认定；其中重大动物疫情由省、自治区、直辖市人民政府农业农村主管部门认定，必要时报国务院农业农村主管部门认定。

本法所称重大动物疫情，是指一、二、三类动物疫病突然发生，迅速传播，给养殖业生产安全造成严重威胁、危害，以及可能对公众身体健康与生命安全造成危害的情形。

在重大动物疫情报告期间，必要时，所在地县级以上地方人民政府可以作出封锁决定并采取扑杀、销毁等措施。

第三十三条　国家实行动物疫情通报制度。

国务院农业农村主管部门应当及时向国务院卫生健康等有关部门和军队有关部门以及省、自治区、直辖市人民政府农业农村主管部门通报重大动物疫情的发生和处置情况。

海关发现进出境动物和动物产品染疫或者疑似染疫的，应当及时处置并向农业农村主管部门通报。

县级以上地方人民政府野生动物保护主管部门发现野生动物染疫或者疑似染疫的，应当及时处置并向本级人民政府农业农村主管部门通报。

国务院农业农村主管部门应当依照我国缔结或者参加的条约、协定，及时向有关国际组织或者贸易方通报重大动物疫情的发生和处置情况。

第三十四条　发生人畜共患传染病疫情时，县级以上人民政府农业农村主管部门与本级人民政府卫生健康、野生动物保护等主管部门应当及时相互通报。

发生人畜共患传染病时，卫生健康主管部门应当对疫区易感染的人群进行监测，并应当依照《中华人民共和国传染病防治法》的规定及时公布疫情，采取相应的预防、控制措施。

第三十五条　患有人畜共患传染病的人员不得直接从事动物疫病监测、检测、检验检疫、诊疗以及易感染动物的饲养、屠宰、经营、隔离、运输等活动。

第三十六条　国务院农业农村主管部门向社会及时公布全国动物疫情，也可以根据需要授权省、自治区、直辖市人民政府农业农村主管部门公布本行政区域的动物疫情。其他单位和个人不得发布动物疫情。

第三十七条　任何单位和个人不得瞒报、谎报、迟报、漏报动物疫情，不得授意他人瞒报、谎报、迟报动物疫情，不得阻碍他人报告动物疫情。

第四章　动物疫病的控制

第三十八条　发生一类动物疫病时，应当采取下列控制措施：

（一）所在地县级以上地方人民政府农业农村主管部门应当立即派人

到现场，划定疫点、疫区、受威胁区，调查疫源，及时报请本级人民政府对疫区实行封锁。疫区范围涉及两个以上行政区域的，由有关行政区域共同的上一级人民政府对疫区实行封锁，或者由各有关行政区域的上一级人民政府共同对疫区实行封锁。必要时，上级人民政府可以责成下级人民政府对疫区实行封锁；

（二）县级以上地方人民政府应当立即组织有关部门和单位采取封锁、隔离、扑杀、销毁、消毒、无害化处理、紧急免疫接种等强制性措施；

（三）在封锁期间，禁止染疫、疑似染疫和易感染的动物、动物产品流出疫区，禁止非疫区的易感染动物进入疫区，并根据需要对出入疫区的人员、运输工具及有关物品采取消毒和其他限制性措施。

第三十九条 发生二类动物疫病时，应当采取下列控制措施：

（一）所在地县级以上地方人民政府农业农村主管部门应当划定疫点、疫区、受威胁区；

（二）县级以上地方人民政府根据需要组织有关部门和单位采取隔离、扑杀、销毁、消毒、无害化处理、紧急免疫接种、限制易感染的动物和动物产品及有关物品出入等措施。

第四十条 疫点、疫区、受威胁区的撤销和疫区封锁的解除，按照国务院农业农村主管部门规定的标准和程序评估后，由原决定机关决定并宣布。

第四十一条 发生三类动物疫病时，所在地县级、乡级人民政府应当按照国务院农业农村主管部门的规定组织防治。

第四十二条 二、三类动物疫病呈暴发性流行时，按照一类动物疫病处理。

第四十三条 疫区内有关单位和个人，应当遵守县级以上人民政府及其农业农村主管部门依法作出的有关控制动物疫病的规定。

任何单位和个人不得藏匿、转移、盗掘已被依法隔离、封存、处理的动物和动物产品。

第四十四条 发生动物疫情时，航空、铁路、道路、水路运输企业应当优先组织运送防疫人员和物资。

第四十五条 国务院农业农村主管部门根据动物疫病的性质、特点和可能造成的社会危害，制定国家重大动物疫情应急预案报国务院批准，并按照不同动物疫病病种、流行特点和危害程度，分别制定实施方案。

县级以上地方人民政府根据上级重大动物疫情应急预案和本地区的实际情况，制定本行政区域的重大动物疫情应急预案，报上一级人民政府农业农村主管部门备案，并抄送上一级人民政府应急管理部门。县级以上地方人民政府农业农村主管部门按照不同动物疫病病种、流行特点和危害程度，分别制定实施方案。

重大动物疫情应急预案和实施方案根据疫情状况及时调整。

第四十六条　发生重大动物疫情时，国务院农业农村主管部门负责划定动物疫病风险区，禁止或者限制特定动物、动物产品由高风险区向低风险区调运。

第四十七条　发生重大动物疫情时，依照法律和国务院的规定以及应急预案采取应急处置措施。

第五章　动物和动物产品的检疫

第四十八条　动物卫生监督机构依照本法和国务院农业农村主管部门的规定对动物、动物产品实施检疫。

动物卫生监督机构的官方兽医具体实施动物、动物产品检疫。

第四十九条　屠宰、出售或者运输动物以及出售或者运输动物产品前，货主应当按照国务院农业农村主管部门的规定向所在地动物卫生监督机构申报检疫。

动物卫生监督机构接到检疫申报后，应当及时指派官方兽医对动物、动物产品实施检疫；检疫合格的，出具检疫证明、加施检疫标志。实施检疫的官方兽医应当在检疫证明、检疫标志上签字或者盖章，并对检疫结论负责。

动物饲养场、屠宰企业的执业兽医或者动物防疫技术人员，应当协助官方兽医实施检疫。

第五十条　因科研、药用、展示等特殊情形需要非食用性利用的野生动物，应当按照国家有关规定报动物卫生监督机构检疫，检疫合格的，方可利用。

人工捕获的野生动物，应当按照国家有关规定报捕获地动物卫生监督机构检疫，检疫合格的，方可饲养、经营和运输。

国务院农业农村主管部门会同国务院野生动物保护主管部门制定野生动物检疫办法。

第五十一条 屠宰、经营、运输的动物，以及用于科研、展示、演出和比赛等非食用性利用的动物，应当附有检疫证明；经营和运输的动物产品，应当附有检疫证明、检疫标志。

第五十二条 经航空、铁路、道路、水路运输动物和动物产品的，托运人托运时应当提供检疫证明；没有检疫证明的，承运人不得承运。

进出口动物和动物产品，承运人凭进口报关单证或者海关签发的检疫单证运递。

从事动物运输的单位、个人以及车辆，应当向所在地县级人民政府农业农村主管部门备案，妥善保存行程路线和托运人提供的动物名称、检疫证明编号、数量等信息。具体办法由国务院农业农村主管部门制定。

运载工具在装载前和卸载后应当及时清洗、消毒。

第五十三条 省、自治区、直辖市人民政府确定并公布道路运输的动物进入本行政区域的指定通道，设置引导标志。跨省、自治区、直辖市通过道路运输动物的，应当经省、自治区、直辖市人民政府设立的指定通道入省境或者过省境。

第五十四条 输入到无规定动物疫病区的动物、动物产品，货主应当按照国务院农业农村主管部门的规定向无规定动物疫病区所在地动物卫生监督机构申报检疫，经检疫合格的，方可进入。

第五十五条 跨省、自治区、直辖市引进的种用、乳用动物到达输入地后，货主应当按照国务院农业农村主管部门的规定对引进的种用、乳用动物进行隔离观察。

第五十六条 经检疫不合格的动物、动物产品，货主应当在农业农村主管部门的监督下按照国家有关规定处理，处理费用由货主承担。

第六章 病死动物和病害动物产品的无害化处理

第五十七条 从事动物饲养、屠宰、经营、隔离以及动物产品生产、经营、加工、贮藏等活动的单位和个人，应当按照国家有关规定做好病死动物、病害动物产品的无害化处理，或者委托动物和动物产品无害化处理场所处理。

从事动物、动物产品运输的单位和个人，应当配合做好病死动物和病害动物产品的无害化处理，不得在途中擅自弃置和处理有关动物和动物产品。

任何单位和个人不得买卖、加工、随意弃置病死动物和病害动物产品。

动物和动物产品无害化处理管理办法由国务院农业农村、野生动物保护主管部门按照职责制定。

第五十八条　在江河、湖泊、水库等水域发现的死亡畜禽，由所在地县级人民政府组织收集、处理并溯源。

在城市公共场所和乡村发现的死亡畜禽，由所在地街道办事处、乡级人民政府组织收集、处理并溯源。

在野外环境发现的死亡野生动物，由所在地野生动物保护主管部门收集、处理。

第五十九条　省、自治区、直辖市人民政府制定动物和动物产品集中无害化处理场所建设规划，建立政府主导、市场运作的无害化处理机制。

第六十条　各级财政对病死动物无害化处理提供补助。具体补助标准和办法由县级以上人民政府财政部门会同本级人民政府农业农村、野生动物保护等有关部门制定。

第七章　动物诊疗

第六十一条　从事动物诊疗活动的机构，应当具备下列条件：

（一）有与动物诊疗活动相适应并符合动物防疫条件的场所；

（二）有与动物诊疗活动相适应的执业兽医；

（三）有与动物诊疗活动相适应的兽医器械和设备；

（四）有完善的管理制度。

动物诊疗机构包括动物医院、动物诊所以及其他提供动物诊疗服务的机构。

第六十二条　从事动物诊疗活动的机构，应当向县级以上地方人民政府农业农村主管部门申请动物诊疗许可证。受理申请的农业农村主管部门应当依照本法和《中华人民共和国行政许可法》的规定进行审查。经审查合格的，发给动物诊疗许可证；不合格的，应当通知申请人并说明理由。

第六十三条 动物诊疗许可证应当载明诊疗机构名称、诊疗活动范围、从业地点和法定代表人（负责人）等事项。

动物诊疗许可证载明事项变更的，应当申请变更或者换发动物诊疗许可证。

第六十四条 动物诊疗机构应当按照国务院农业农村主管部门的规定，做好诊疗活动中的卫生安全防护、消毒、隔离和诊疗废弃物处置等工作。

第六十五条 从事动物诊疗活动，应当遵守有关动物诊疗的操作技术规范，使用符合规定的兽药和兽医器械。

兽药和兽医器械的管理办法由国务院规定。

第八章　兽医管理

第六十六条 国家实行官方兽医任命制度。

官方兽医应当具备国务院农业农村主管部门规定的条件，由省、自治区、直辖市人民政府农业农村主管部门按照程序确认，由所在地县级以上人民政府农业农村主管部门任命。具体办法由国务院农业农村主管部门制定。

海关的官方兽医应当具备规定的条件，由海关总署任命。具体办法由海关总署会同国务院农业农村主管部门制定。

第六十七条 官方兽医依法履行动物、动物产品检疫职责，任何单位和个人不得拒绝或者阻碍。

第六十八条 县级以上人民政府农业农村主管部门制定官方兽医培训计划，提供培训条件，定期对官方兽医进行培训和考核。

第六十九条 国家实行执业兽医资格考试制度。具有兽医相关专业大学专科以上学历的人员或者符合条件的乡村兽医，通过执业兽医资格考试的，由省、自治区、直辖市人民政府农业农村主管部门颁发执业兽医资格证书；从事动物诊疗等经营活动的，还应当向所在地县级人民政府农业农村主管部门备案。

执业兽医资格考试办法由国务院农业农村主管部门商国务院人力资源主管部门制定。

第七十条 执业兽医开具兽医处方应当亲自诊断，并对诊断结论负责。

国家鼓励执业兽医接受继续教育。执业兽医所在机构应当支持执业兽医参加继续教育。

第七十一条　乡村兽医可以在乡村从事动物诊疗活动。具体管理办法由国务院农业农村主管部门制定。

第七十二条　执业兽医、乡村兽医应当按照所在地人民政府和农业农村主管部门的要求，参加动物疫病预防、控制和动物疫情扑灭等活动。

第七十三条　兽医行业协会提供兽医信息、技术、培训等服务，维护成员合法权益，按照章程建立健全行业规范和奖惩机制，加强行业自律，推动行业诚信建设，宣传动物防疫和兽医知识。

第九章　监督管理

第七十四条　县级以上地方人民政府农业农村主管部门依照本法规定，对动物饲养、屠宰、经营、隔离、运输以及动物产品生产、经营、加工、贮藏、运输等活动中的动物防疫实施监督管理。

第七十五条　为控制动物疫病，县级人民政府农业农村主管部门应当派人在所在地依法设立的现有检查站执行监督检查任务；必要时，经省、自治区、直辖市人民政府批准，可以设立临时性的动物防疫检查站，执行监督检查任务。

第七十六条　县级以上地方人民政府农业农村主管部门执行监督检查任务，可以采取下列措施，有关单位和个人不得拒绝或者阻碍：

（一）对动物、动物产品按照规定采样、留验、抽检；

（二）对染疫或者疑似染疫的动物、动物产品及相关物品进行隔离、查封、扣押和处理；

（三）对依法应当检疫而未经检疫的动物和动物产品，具备补检条件的实施补检，不具备补检条件的予以收缴销毁；

（四）查验检疫证明、检疫标志和畜禽标识；

（五）进入有关场所调查取证，查阅、复制与动物防疫有关的资料。

县级以上地方人民政府农业农村主管部门根据动物疫病预防、控制需要，经所在地县级以上地方人民政府批准，可以在车站、港口、机场等相关场所派驻官方兽医或者工作人员。

第七十七条 执法人员执行动物防疫监督检查任务，应当出示行政执法证件，佩戴统一标志。

县级以上人民政府农业农村主管部门及其工作人员不得从事与动物防疫有关的经营性活动，进行监督检查不得收取任何费用。

第七十八条 禁止转让、伪造或者变造检疫证明、检疫标志或者畜禽标识。

禁止持有、使用伪造或者变造的检疫证明、检疫标志或者畜禽标识。

检疫证明、检疫标志的管理办法由国务院农业农村主管部门制定。

第十章 保障措施

第七十九条 县级以上人民政府应当将动物防疫工作纳入本级国民经济和社会发展规划及年度计划。

第八十条 国家鼓励和支持动物防疫领域新技术、新设备、新产品等科学技术研究开发。

第八十一条 县级人民政府应当为动物卫生监督机构配备与动物、动物产品检疫工作相适应的官方兽医，保障检疫工作条件。

县级人民政府农业农村主管部门可以根据动物防疫工作需要，向乡、镇或者特定区域派驻兽医机构或者工作人员。

第八十二条 国家鼓励和支持执业兽医、乡村兽医和动物诊疗机构开展动物防疫和疫病诊疗活动；鼓励养殖企业、兽药及饲料生产企业组建动物防疫服务团队，提供防疫服务。地方人民政府组织村级防疫员参加动物疫病防治工作的，应当保障村级防疫员合理劳务报酬。

第八十三条 县级以上人民政府按照本级政府职责，将动物疫病的监测、预防、控制、净化、消灭，动物、动物产品的检疫和病死动物的无害化处理，以及监督管理所需经费纳入本级预算。

第八十四条 县级以上人民政府应当储备动物疫情应急处置所需的防疫物资。

第八十五条 对在动物疫病预防、控制、净化、消灭过程中强制扑杀的动物、销毁的动物产品和相关物品，县级以上人民政府给予补偿。具体补偿标准和办法由国务院财政部门会同有关部门制定。

第八十六条 对从事动物疫病预防、检疫、监督检查、现场处理疫情以及在工作中接触动物疫病病原体的人员，有关单位按照国家规定，采取有效的卫生防护、医疗保健措施，给予畜牧兽医医疗卫生津贴等相关待遇。

第十一章　法律责任

第八十七条　地方各级人民政府及其工作人员未依照本法规定履行职责的，对直接负责的主管人员和其他直接责任人员依法给予处分。

第八十八条　县级以上人民政府农业农村主管部门及其工作人员违反本法规定，有下列行为之一的，由本级人民政府责令改正，通报批评；对直接负责的主管人员和其他直接责任人员依法给予处分：

（一）未及时采取预防、控制、扑灭等措施的；

（二）对不符合条件的颁发动物防疫条件合格证、动物诊疗许可证，或者对符合条件的拒不颁发动物防疫条件合格证、动物诊疗许可证的；

（三）从事与动物防疫有关的经营性活动，或者违法收取费用的；

（四）其他未依照本法规定履行职责的行为。

第八十九条　动物卫生监督机构及其工作人员违反本法规定，有下列行为之一的，由本级人民政府或者农业农村主管部门责令改正，通报批评；对直接负责的主管人员和其他直接责任人员依法给予处分：

（一）对未经检疫或者检疫不合格的动物、动物产品出具检疫证明、加施检疫标志，或者对检疫合格的动物、动物产品拒不出具检疫证明、加施检疫标志的；

（二）对附有检疫证明、检疫标志的动物、动物产品重复检疫的；

（三）从事与动物防疫有关的经营性活动，或者违法收取费用的；

（四）其他未依照本法规定履行职责的行为。

第九十条　动物疫病预防控制机构及其工作人员违反本法规定，有下列行为之一的，由本级人民政府或者农业农村主管部门责令改正，通报批评；对直接负责的主管人员和其他直接责任人员依法给予处分：

（一）未履行动物疫病监测、检测、评估职责或者伪造监测、检测、评估结果的；

（二）发生动物疫情时未及时进行诊断、调查的；

（三）接到染疫或者疑似染疫报告后，未及时按照国家规定采取措施、上报的；

（四）其他未依照本法规定履行职责的行为。

第九十一条 地方各级人民政府、有关部门及其工作人员瞒报、谎报、迟报、漏报或者授意他人瞒报、谎报、迟报动物疫情，或者阻碍他人报告动物疫情的，由上级人民政府或者有关部门责令改正，通报批评；对直接负责的主管人员和其他直接责任人员依法给予处分。

第九十二条 违反本法规定，有下列行为之一的，由县级以上地方人民政府农业农村主管部门责令限期改正，可以处一千元以下罚款；逾期不改正的，处一千元以上五千元以下罚款，由县级以上地方人民政府农业农村主管部门委托动物诊疗机构、无害化处理场所等代为处理，所需费用由违法行为人承担：

（一）对饲养的动物未按照动物疫病强制免疫计划或者免疫技术规范实施免疫接种的；

（二）对饲养的种用、乳用动物未按照国务院农业农村主管部门的要求定期开展疫病检测，或者经检测不合格而未按照规定处理的；

（三）对饲养的犬只未按照规定定期进行狂犬病免疫接种的；

（四）动物、动物产品的运载工具在装载前和卸载后未按照规定及时清洗、消毒的。

第九十三条 违反本法规定，对经强制免疫的动物未按照规定建立免疫档案，或者未按照规定加施畜禽标识的，依照《中华人民共和国畜牧法》的有关规定处罚。

第九十四条 违反本法规定，动物、动物产品的运载工具、垫料、包装物、容器等不符合国务院农业农村主管部门规定的动物防疫要求的，由县级以上地方人民政府农业农村主管部门责令改正，可以处五千元以下罚款；情节严重的，处五千元以上五万元以下罚款。

第九十五条 违反本法规定，对染疫动物及其排泄物、染疫动物产品或者被染疫动物、动物产品污染的运载工具、垫料、包装物、容器等未按照规定处置的，由县级以上地方人民政府农业农村主管部门责令限期处理；逾期不处理的，由县级以上地方人民政府农业农村主管部门委托有关单位代为处理，所需费用由违法行为人承担，处五千元以上五万元以下罚款。

造成环境污染或者生态破坏的，依照环境保护有关法律法规进行处罚。

第九十六条　违反本法规定，患有人畜共患传染病的人员，直接从事动物疫病监测、检测、检验检疫，动物诊疗以及易感染动物的饲养、屠宰、经营、隔离、运输等活动的，由县级以上地方人民政府农业农村或者野生动物保护主管部门责令改正；拒不改正的，处一千元以上一万元以下罚款；情节严重的，处一万元以上五万元以下罚款。

第九十七条　违反本法第二十九条规定，屠宰、经营、运输动物或者生产、经营、加工、贮藏、运输动物产品的，由县级以上地方人民政府农业农村主管部门责令改正、采取补救措施，没收违法所得、动物和动物产品，并处同类检疫合格动物、动物产品货值金额十五倍以上三十倍以下罚款；同类检疫合格动物、动物产品货值金额不足一万元的，并处五万元以上十五万元以下罚款；其中依法应当检疫而未检疫的，依照本法第一百条的规定处罚。

前款规定的违法行为人及其法定代表人（负责人）、直接负责的主管人员和其他直接责任人员，自处罚决定作出之日起五年内不得从事相关活动；构成犯罪的，终身不得从事屠宰、经营、运输动物或者生产、经营、加工、贮藏、运输动物产品等相关活动。

第九十八条　违反本法规定，有下列行为之一的，由县级以上地方人民政府农业农村主管部门责令改正，处三千元以上三万元以下罚款；情节严重的，责令停业整顿，并处三万元以上十万元以下罚款：

（一）开办动物饲养场和隔离场所、动物屠宰加工场所以及动物和动物产品无害化处理场所，未取得动物防疫条件合格证的；

（二）经营动物、动物产品的集贸市场不具备国务院农业农村主管部门规定的防疫条件的；

（三）未经备案从事动物运输的；

（四）未按照规定保存行程路线和托运人提供的动物名称、检疫证明编号、数量等信息的；

（五）未经检疫合格，向无规定动物疫病区输入动物、动物产品的；

（六）跨省、自治区、直辖市引进种用、乳用动物到达输入地后未按照规定进行隔离观察的；

（七）未按照规定处理或者随意弃置病死动物、病害动物产品的。

第九十九条 动物饲养场和隔离场所、动物屠宰加工场所以及动物和动物产品无害化处理场所，生产经营条件发生变化，不再符合本法第二十四条规定的动物防疫条件继续从事相关活动的，由县级以上地方人民政府农业农村主管部门给予警告，责令限期改正；逾期仍达不到规定条件的，吊销动物防疫条件合格证，并通报市场监督管理部门依法处理。

第一百条 违反本法规定，屠宰、经营、运输的动物未附有检疫证明，经营和运输的动物产品未附有检疫证明、检疫标志的，由县级以上地方人民政府农业农村主管部门责令改正，处同类检疫合格动物、动物产品货值金额一倍以下罚款；对货主以外的承运人处运输费用三倍以上五倍以下罚款，情节严重的，处五倍以上十倍以下罚款。

违反本法规定，用于科研、展示、演出和比赛等非食用性利用的动物未附有检疫证明的，由县级以上地方人民政府农业农村主管部门责令改正，处三千元以上一万元以下罚款。

第一百零一条 违反本法规定，将禁止或者限制调运的特定动物、动物产品由动物疫病高风险区调入低风险区的，由县级以上地方人民政府农业农村主管部门没收运输费用、违法运输的动物和动物产品，并处运输费用一倍以上五倍以下罚款。

第一百零二条 违反本法规定，通过道路跨省、自治区、直辖市运输动物，未经省、自治区、直辖市人民政府设立的指定通道入省境或者过省境的，由县级以上地方人民政府农业农村主管部门对运输人处五千元以上一万元以下罚款；情节严重的，处一万元以上五万元以下罚款。

第一百零三条 违反本法规定，转让、伪造或者变造检疫证明、检疫标志或者畜禽标识的，由县级以上地方人民政府农业农村主管部门没收违法所得和检疫证明、检疫标志、畜禽标识，并处五千元以上五万元以下罚款。

持有、使用伪造或者变造的检疫证明、检疫标志或者畜禽标识的，由县级以上人民政府农业农村主管部门没收检疫证明、检疫标志、畜禽标识和对应的动物、动物产品，并处三千元以上三万元以下罚款。

第一百零四条 违反本法规定，有下列行为之一的，由县级以上地方人民政府农业农村主管部门责令改正，处三千元以上三万元以下罚款：

（一）擅自发布动物疫情的；

（二）不遵守县级以上人民政府及其农业农村主管部门依法作出的有关控制动物疫病规定的；

（三）藏匿、转移、盗掘已被依法隔离、封存、处理的动物和动物产品的。

第一百零五条　违反本法规定，未取得动物诊疗许可证从事动物诊疗活动的，由县级以上地方人民政府农业农村主管部门责令停止诊疗活动，没收违法所得，并处违法所得一倍以上三倍以下罚款；违法所得不足三万元的，并处三千元以上三万元以下罚款。

动物诊疗机构违反本法规定，未按照规定实施卫生安全防护、消毒、隔离和处置诊疗废弃物的，由县级以上地方人民政府农业农村主管部门责令改正，处一千元以上一万元以下罚款；造成动物疫病扩散的，处一万元以上五万元以下罚款；情节严重的，吊销动物诊疗许可证。

第一百零六条　违反本法规定，未经执业兽医备案从事经营性动物诊疗活动的，由县级以上地方人民政府农业农村主管部门责令停止动物诊疗活动，没收违法所得，并处三千元以上三万元以下罚款；对其所在的动物诊疗机构处一万元以上五万元以下罚款。

执业兽医有下列行为之一的，由县级以上地方人民政府农业农村主管部门给予警告，责令暂停六个月以上一年以下动物诊疗活动；情节严重的，吊销执业兽医资格证书：

（一）违反有关动物诊疗的操作技术规范，造成或者可能造成动物疫病传播、流行的；

（二）使用不符合规定的兽药和兽医器械的；

（三）未按照当地人民政府或者农业农村主管部门要求参加动物疫病预防、控制和动物疫情扑灭活动的。

第一百零七条　违反本法规定，生产经营兽医器械，产品质量不符合要求的，由县级以上地方人民政府农业农村主管部门责令限期整改；情节严重的，责令停业整顿，并处二万元以上十万元以下罚款。

第一百零八条　违反本法规定，从事动物疫病研究、诊疗和动物饲养、屠宰、经营、隔离、运输，以及动物产品生产、经营、加工、贮藏、无害化处理等活动的单位和个人，有下列行为之一的，由县级以上地方人民政府农业农村主管部门责令改正，可以处一万元以下罚款；拒不改正的，处一万元以上五万元以下罚款，并可以责令停业整顿：

（一）发现动物染疫、疑似染疫未报告，或者未采取隔离等控制措施的；

（二）不如实提供与动物防疫有关的资料的；

（三）拒绝或者阻碍农业农村主管部门进行监督检查的；

（四）拒绝或者阻碍动物疫病预防控制机构进行动物疫病监测、检测、评估的；

（五）拒绝或者阻碍官方兽医依法履行职责的。

第一百零九条 违反本法规定，造成人畜共患传染病传播、流行的，依法从重给予处分、处罚。

违反本法规定，构成违反治安管理行为的，依法给予治安管理处罚；构成犯罪的，依法追究刑事责任。

违反本法规定，给他人人身、财产造成损害的，依法承担民事责任。

第十二章　附　　则

第一百一十条 本法下列用语的含义：

（一）无规定动物疫病区，是指具有天然屏障或者采取人工措施，在一定期限内没有发生规定的一种或者几种动物疫病，并经验收合格的区域；

（二）无规定动物疫病生物安全隔离区，是指处于同一生物安全管理体系下，在一定期限内没有发生规定的一种或者几种动物疫病的若干动物饲养场及其辅助生产场所构成的，并经验收合格的特定小型区域；

（三）病死动物，是指染疫死亡、因病死亡、死因不明或者经检验检疫可能危害人体或者动物健康的死亡动物；

（四）病害动物产品，是指来源于病死动物的产品，或者经检验检疫可能危害人体或者动物健康的动物产品。

第一百一十一条 境外无规定动物疫病区和无规定动物疫病生物安全隔离区的无疫等效性评估，参照本法有关规定执行。

第一百一十二条 实验动物防疫有特殊要求的，按照实验动物管理的有关规定执行。

第一百一十三条 本法自2021年5月1日起施行。

附录 2

生猪屠宰管理条例

（1997 年 12 月 19 日中华人民共和国国务院令第 238 号公布　2008 年 5 月 25 日中华人民共和国国务院令第 525 号第一次修订　根据 2011 年 1 月 8 日《国务院关于废止和修改部分行政法规的决定》第二次修订　根据 2016 年 2 月 6 日《国务院关于修改部分行政法规的决定》第三次修订　2021 年 6 月 25 日中华人民共和国国务院令第 742 号第四次修订）

第一章　总　　则

第一条　为了加强生猪屠宰管理，保证生猪产品质量安全，保障人民身体健康，制定本条例。

第二条　国家实行生猪定点屠宰、集中检疫制度。

除农村地区个人自宰自食的不实行定点屠宰外，任何单位和个人未经定点不得从事生猪屠宰活动。

在边远和交通不便的农村地区，可以设置仅限于向本地市场供应生猪产品的小型生猪屠宰场点，具体管理办法由省、自治区、直辖市制定。

第三条　国务院农业农村主管部门负责全国生猪屠宰的行业管理工作。县级以上地方人民政府农业农村主管部门负责本行政区域内生猪屠宰活动的监督管理。

县级以上人民政府有关部门在各自职责范围内负责生猪屠宰活动的相关管理工作。

第四条　县级以上地方人民政府应当加强对生猪屠宰监督管理工作的领导，及时协调、解决生猪屠宰监督管理工作中的重大问题。

乡镇人民政府、街道办事处应当加强生猪定点屠宰的宣传教育，协助做好生猪屠宰监督管理工作。

第五条　国家鼓励生猪养殖、屠宰、加工、配送、销售一体化发展，推行标准化屠宰，支持建设冷链流通和配送体系。

第六条 国家根据生猪定点屠宰厂（场）的规模、生产和技术条件以及质量安全管理状况，推行生猪定点屠宰厂（场）分级管理制度，鼓励、引导、扶持生猪定点屠宰厂（场）改善生产和技术条件，加强质量安全管理，提高生猪产品质量安全水平。生猪定点屠宰厂（场）分级管理的具体办法由国务院农业农村主管部门制定。

第七条 县级以上人民政府农业农村主管部门应当建立生猪定点屠宰厂（场）信用档案，记录日常监督检查结果、违法行为查处等情况，并依法向社会公示。

第二章 生猪定点屠宰

第八条 省、自治区、直辖市人民政府农业农村主管部门会同生态环境主管部门以及其他有关部门，按照科学布局、集中屠宰、有利流通、方便群众的原则，结合生猪养殖、动物疫病防控和生猪产品消费实际情况制订生猪屠宰行业发展规划，报本级人民政府批准后实施。

生猪屠宰行业发展规划应当包括发展目标、屠宰厂（场）设置、政策措施等内容。

第九条 生猪定点屠宰厂（场）由设区的市级人民政府根据生猪屠宰行业发展规划，组织农业农村、生态环境主管部门以及其他有关部门，依照本条例规定的条件进行审查，经征求省、自治区、直辖市人民政府农业农村主管部门的意见确定，并颁发生猪定点屠宰证书和生猪定点屠宰标志牌。

生猪定点屠宰证书应当载明屠宰厂（场）名称、生产地址和法定代表人（负责人）等事项。

生猪定点屠宰厂（场）变更生产地址的，应当依照本条例的规定，重新申请生猪定点屠宰证书；变更屠宰厂（场）名称、法定代表人（负责人）的，应当在市场监督管理部门办理变更登记手续后 15 个工作日内，向原发证机关办理变更生猪定点屠宰证书。

设区的市级人民政府应当将其确定的生猪定点屠宰厂（场）名单及时向社会公布，并报省、自治区、直辖市人民政府备案。

第十条 生猪定点屠宰厂（场）应当将生猪定点屠宰标志牌悬挂于厂（场）区的显著位置。

生猪定点屠宰证书和生猪定点屠宰标志牌不得出借、转让。任何单位和个人不得冒用或者使用伪造的生猪定点屠宰证书和生猪定点屠宰标志牌。

第十一条　生猪定点屠宰厂（场）应当具备下列条件：

（一）有与屠宰规模相适应、水质符合国家规定标准的水源条件；

（二）有符合国家规定要求的待宰间、屠宰间、急宰间、检验室以及生猪屠宰设备和运载工具；

（三）有依法取得健康证明的屠宰技术人员；

（四）有经考核合格的兽医卫生检验人员；

（五）有符合国家规定要求的检验设备、消毒设施以及符合环境保护要求的污染防治设施；

（六）有病害生猪及生猪产品无害化处理设施或者无害化处理委托协议；

（七）依法取得动物防疫条件合格证。

第十二条　生猪定点屠宰厂（场）屠宰的生猪，应当依法经动物卫生监督机构检疫合格，并附有检疫证明。

第十三条　生猪定点屠宰厂（场）应当建立生猪进厂（场）查验登记制度。

生猪定点屠宰厂（场）应当依法查验检疫证明等文件，利用信息化手段核实相关信息，如实记录屠宰生猪的来源、数量、检疫证明号和供货者名称、地址、联系方式等内容，并保存相关凭证。发现伪造、变造检疫证明的，应当及时报告农业农村主管部门。发生动物疫情时，还应当查验、记录运输车辆基本情况。记录、凭证保存期限不得少于2年。

生猪定点屠宰厂（场）接受委托屠宰的，应当与委托人签订委托屠宰协议，明确生猪产品质量安全责任。委托屠宰协议自协议期满后保存期限不得少于2年。

第十四条　生猪定点屠宰厂（场）屠宰生猪，应当遵守国家规定的操作规程、技术要求和生猪屠宰质量管理规范，并严格执行消毒技术规范。发生动物疫情时，应当按照国务院农业农村主管部门的规定，开展动物疫病检测，做好动物疫情排查和报告。

第十五条　生猪定点屠宰厂（场）应当建立严格的肉品品质检验管理

制度。肉品品质检验应当遵守生猪屠宰肉品品质检验规程，与生猪屠宰同步进行，并如实记录检验结果。检验结果记录保存期限不得少于2年。

经肉品品质检验合格的生猪产品，生猪定点屠宰厂（场）应当加盖肉品品质检验合格验讫印章，附具肉品品质检验合格证。未经肉品品质检验或者经肉品品质检验不合格的生猪产品，不得出厂（场）。经检验不合格的生猪产品，应当在兽医卫生检验人员的监督下，按照国家有关规定处理，并如实记录处理情况；处理情况记录保存期限不得少于2年。

生猪屠宰肉品品质检验规程由国务院农业农村主管部门制定。

第十六条 生猪屠宰的检疫及其监督，依照《动物防疫法》和国务院的有关规定执行。县级以上地方人民政府按照本级政府职责，将生猪、生猪产品的检疫和监督管理所需经费纳入本级预算。

县级以上地方人民政府农业农村主管部门应当按照规定足额配备农业农村主管部门任命的兽医，由其监督生猪定点屠宰厂（场）依法查验检疫证明等文件。

农业农村主管部门任命的兽医对屠宰的生猪实施检疫。检疫合格的，出具检疫证明、加施检疫标志，并在检疫证明、检疫标志上签字或者盖章，对检疫结论负责。未经检疫或者经检疫不合格的生猪产品，不得出厂（场）。经检疫不合格的生猪及生猪产品，应当在农业农村主管部门的监督下，按照国家有关规定处理。

第十七条 生猪定点屠宰厂（场）应当建立生猪产品出厂（场）记录制度，如实记录出厂（场）生猪产品的名称、规格、数量、检疫证明号、肉品品质检验合格证号、屠宰日期、出厂（场）日期以及购货者名称、地址、联系方式等内容，并保存相关凭证。记录、凭证保存期限不得少于2年。

第十八条 生猪定点屠宰厂（场）对其生产的生猪产品质量安全负责，发现其生产的生猪产品不符合食品安全标准、有证据证明可能危害人体健康、染疫或者疑似染疫的，应当立即停止屠宰，报告农业农村主管部门，通知销售者或者委托人，召回已经销售的生猪产品，并记录通知和召回情况。

生猪定点屠宰厂（场）应当对召回的生猪产品采取无害化处理等措施，防止其再次流入市场。

第十九条　生猪定点屠宰厂（场）对病害生猪及生猪产品进行无害化处理的费用和损失，由地方各级人民政府结合本地实际予以适当补贴。

第二十条　严禁生猪定点屠宰厂（场）以及其他任何单位和个人对生猪、生猪产品注水或者注入其他物质。

严禁生猪定点屠宰厂（场）屠宰注水或者注入其他物质的生猪。

第二十一条　生猪定点屠宰厂（场）对未能及时出厂（场）的生猪产品，应当采取冷冻或者冷藏等必要措施予以储存。

第二十二条　严禁任何单位和个人为未经定点违法从事生猪屠宰活动的单位和个人提供生猪屠宰场所或者生猪产品储存设施，严禁为对生猪、生猪产品注水或者注入其他物质的单位和个人提供场所。

第二十三条　从事生猪产品销售、肉食品生产加工的单位和个人以及餐饮服务经营者、集中用餐单位生产经营的生猪产品，必须是生猪定点屠宰厂（场）经检疫和肉品品质检验合格的生猪产品。

第二十四条　地方人民政府及其有关部门不得限制外地生猪定点屠宰厂（场）经检疫和肉品品质检验合格的生猪产品进入本地市场。

第三章　监督管理

第二十五条　国家实行生猪屠宰质量安全风险监测制度。国务院农业农村主管部门负责组织制定国家生猪屠宰质量安全风险监测计划，对生猪屠宰环节的风险因素进行监测。

省、自治区、直辖市人民政府农业农村主管部门根据国家生猪屠宰质量安全风险监测计划，结合本行政区域实际情况，制定本行政区域生猪屠宰质量安全风险监测方案并组织实施，同时报国务院农业农村主管部门备案。

第二十六条　县级以上地方人民政府农业农村主管部门应当根据生猪屠宰质量安全风险监测结果和国务院农业农村主管部门的规定，加强对生猪定点屠宰厂（场）质量安全管理状况的监督检查。

第二十七条　农业农村主管部门应当依照本条例的规定严格履行职责，加强对生猪屠宰活动的日常监督检查，建立健全随机抽查机制。

农业农村主管部门依法进行监督检查，可以采取下列措施：

（一）进入生猪屠宰等有关场所实施现场检查；

（二）向有关单位和个人了解情况；

（三）查阅、复制有关记录、票据以及其他资料；

（四）查封与违法生猪屠宰活动有关的场所、设施，扣押与违法生猪屠宰活动有关的生猪、生猪产品以及屠宰工具和设备。

农业农村主管部门进行监督检查时，监督检查人员不得少于2人，并应当出示执法证件。

对农业农村主管部门依法进行的监督检查，有关单位和个人应当予以配合，不得拒绝、阻挠。

第二十八条 农业农村主管部门应当建立举报制度，公布举报电话、信箱或者电子邮箱，受理对违反本条例规定行为的举报，并及时依法处理。

第二十九条 农业农村主管部门发现生猪屠宰涉嫌犯罪的，应当按照有关规定及时将案件移送同级公安机关。

公安机关在生猪屠宰相关犯罪案件侦查过程中认为没有犯罪事实或者犯罪事实显著轻微，不需要追究刑事责任的，应当及时将案件移送同级农业农村主管部门。公安机关在侦查过程中，需要农业农村主管部门给予检验、认定等协助的，农业农村主管部门应当给予协助。

第四章　法律责任

第三十条 农业农村主管部门在监督检查中发现生猪定点屠宰厂（场）不再具备本条例规定条件的，应当责令停业整顿，并限期整改；逾期仍达不到本条例规定条件的，由设区的市级人民政府吊销生猪定点屠宰证书，收回生猪定点屠宰标志牌。

第三十一条 违反本条例规定，未经定点从事生猪屠宰活动的，由农业农村主管部门责令关闭，没收生猪、生猪产品、屠宰工具和设备以及违法所得；货值金额不足1万元的，并处5万元以上10万元以下的罚款；货值金额1万元以上的，并处货值金额10倍以上20倍以下的罚款。

冒用或者使用伪造的生猪定点屠宰证书或者生猪定点屠宰标志牌的，依照前款的规定处罚。

生猪定点屠宰厂（场）出借、转让生猪定点屠宰证书或者生猪定点屠宰标志牌的，由设区的市级人民政府吊销生猪定点屠宰证书，收回生猪定点屠宰标志牌；有违法所得的，由农业农村主管部门没收违法所得，并处5万元以上10万元以下的罚款。

第三十二条 违反本条例规定，生猪定点屠宰厂（场）有下列情形之一的，由农业农村主管部门责令改正，给予警告；拒不改正的，责令停业整顿，处5 000元以上5万元以下的罚款，对其直接负责的主管人员和其他直接责任人员处2万元以上5万元以下的罚款；情节严重的，由设区的市级人民政府吊销生猪定点屠宰证书，收回生猪定点屠宰标志牌：

（一）未按照规定建立并遵守生猪进厂（场）查验登记制度、生猪产品出厂（场）记录制度的；

（二）未按照规定签订、保存委托屠宰协议的；

（三）屠宰生猪不遵守国家规定的操作规程、技术要求和生猪屠宰质量管理规范以及消毒技术规范的；

（四）未按照规定建立并遵守肉品品质检验制度的；

（五）对经肉品品质检验不合格的生猪产品未按照国家有关规定处理并如实记录处理情况的。

发生动物疫情时，生猪定点屠宰厂（场）未按照规定开展动物疫病检测的，由农业农村主管部门责令停业整顿，并处5 000元以上5万元以下的罚款，对其直接负责的主管人员和其他直接责任人员处2万元以上5万元以下的罚款；情节严重的，由设区的市级人民政府吊销生猪定点屠宰证书，收回生猪定点屠宰标志牌。

第三十三条 违反本条例规定，生猪定点屠宰厂（场）出厂（场）未经肉品品质检验或者经肉品品质检验不合格的生猪产品的，由农业农村主管部门责令停业整顿，没收生猪产品和违法所得；货值金额不足1万元的，并处10万元以上15万元以下的罚款；货值金额1万元以上的，并处货值金额15倍以上30倍以下的罚款；对其直接负责的主管人员和其他直接责任人员处5万元以上10万元以下的罚款；情节严重的，由设区的市级人民政府吊销生猪定点屠宰证书，收回生猪定点屠宰标志牌，并可以由公安机关依照《中华人民共和国食品安全法》的规定，对其直接负责的主管人员和其他直接责任人员处5日以上15日以下拘留。

第三十四条 生猪定点屠宰厂（场）依照本条例规定应当召回生猪产品而不召回的，由农业农村主管部门责令召回，停止屠宰；拒不召回或者拒不停止屠宰的，责令停业整顿，没收生猪产品和违法所得；货值金额不足1万元的，并处5万元以上10万元以下的罚款；货值金额1万元以上的，并处货值金额10倍以上20倍以下的罚款；对其直接负责的主管人员和其他直接责任人员处5万元以上10万元以下的罚款；情节严重的，由设区的市级人民政府吊销生猪定点屠宰证书，收回生猪定点屠宰标志牌。

委托人拒不执行召回规定的，依照前款规定处罚。

第三十五条 违反本条例规定，生猪定点屠宰厂（场）、其他单位和个人对生猪、生猪产品注水或者注入其他物质的，由农业农村主管部门没收注水或者注入其他物质的生猪、生猪产品、注水工具和设备以及违法所得；货值金额不足1万元的，并处5万元以上10万元以下的罚款；货值金额1万元以上的，并处货值金额10倍以上20倍以下的罚款；对生猪定点屠宰厂（场）或者其他单位的直接负责的主管人员和其他直接责任人员处5万元以上10万元以下的罚款。注入其他物质的，还可以由公安机关依照《中华人民共和国食品安全法》的规定，对其直接负责的主管人员和其他直接责任人员处5日以上15日以下拘留。

生猪定点屠宰厂（场）对生猪、生猪产品注水或者注入其他物质的，除依照前款规定处罚外，还应当由农业农村主管部门责令停业整顿；情节严重的，由设区的市级人民政府吊销生猪定点屠宰证书，收回生猪定点屠宰标志牌。

第三十六条 违反本条例规定，生猪定点屠宰厂（场）屠宰注水或者注入其他物质的生猪的，由农业农村主管部门责令停业整顿，没收注水或者注入其他物质的生猪、生猪产品和违法所得；货值金额不足1万元的，并处5万元以上10万元以下的罚款；货值金额1万元以上的，并处货值金额10倍以上20倍以下的罚款；对其直接负责的主管人员和其他直接责任人员处5万元以上10万元以下的罚款；情节严重的，由设区的市级人民政府吊销生猪定点屠宰证书，收回生猪定点屠宰标志牌。

第三十七条 违反本条例规定，为未经定点违法从事生猪屠宰活动的单位和个人提供生猪屠宰场所或者生猪产品储存设施，或者为对生猪、生猪产品注水或者注入其他物质的单位和个人提供场所的，由农业农村主管部门责令改正，没收违法所得，并处5万元以上10万以下的罚款。

第三十八条 违反本条例规定，生猪定点屠宰厂（场）被吊销生猪定点屠宰证书的，其法定代表人（负责人）、直接负责的主管人员和其他直接责任人员自处罚决定作出之日起5年内不得申请生猪定点屠宰证书或者从事生猪屠宰管理活动；因食品安全犯罪被判处有期徒刑以上刑罚的，终身不得从事生猪屠宰管理活动。

第三十九条　农业农村主管部门和其他有关部门的工作人员在生猪屠宰监督管理工作中滥用职权、玩忽职守、徇私舞弊，尚不构成犯罪的，依法给予处分。

第四十条　本条例规定的货值金额按照同类检疫合格及肉品品质检验合格的生猪、生猪产品的市场价格计算。

第四十一条　违反本条例规定，构成犯罪的，依法追究刑事责任。

第五章　附　　则

第四十二条　省、自治区、直辖市人民政府确定实行定点屠宰的其他动物的屠宰管理办法，由省、自治区、直辖市根据本地区的实际情况，参照本条例制定。

第四十三条　本条例所称生猪产品，是指生猪屠宰后未经加工的胴体、肉、脂、脏器、血液、骨、头、蹄、皮。

第四十四条　生猪定点屠宰证书、生猪定点屠宰标志牌以及肉品品质检验合格验讫印章和肉品品质检验合格证的式样，由国务院农业农村主管部门统一规定。

第四十五条　本条例自2021年8月1日起施行。

附录3

动物检疫管理办法

第一章 总 则

第一条 为了加强动物检疫活动管理，预防、控制、净化、消灭动物疫病，防控人畜共患传染病，保障公共卫生安全和人体健康，根据《中华人民共和国动物防疫法》，制定本办法。

第二条 本办法适用于中华人民共和国领域内的动物、动物产品的检疫及其监督管理活动。

陆生野生动物检疫办法，由农业农村部会同国家林业和草原局另行制定。

第三条 动物检疫遵循过程监管、风险控制、区域化和可追溯管理相结合的原则。

第四条 农业农村部主管全国动物检疫工作。

县级以上地方人民政府农业农村主管部门主管本行政区域内的动物检疫工作，负责动物检疫监督管理工作。

县级人民政府农业农村主管部门可以根据动物检疫工作需要，向乡、镇或者特定区域派驻动物卫生监督机构或者官方兽医。

县级以上人民政府建立的动物疫病预防控制机构应当为动物检疫及其监督管理工作提供技术支撑。

第五条 农业农村部制定、调整并公布检疫规程，明确动物检疫的范围、对象和程序。

第六条 农业农村部加强信息化建设，建立全国统一的动物检疫管理信息化系统，实现动物检疫信息的可追溯。

县级以上动物卫生监督机构应当做好本行政区域内的动物检疫信息数据管理工作。

从事动物饲养、屠宰、经营、运输、隔离等活动的单位和个人，应当按照要求在动物检疫管理信息化系统填报动物检疫相关信息。

第七条　县级以上地方人民政府的动物卫生监督机构负责本行政区域内动物检疫工作，依照《中华人民共和国动物防疫法》、本办法以及检疫规程等规定实施检疫。

动物卫生监督机构的官方兽医实施检疫，出具动物检疫证明、加施检疫标志，并对检疫结论负责。

第二章　检疫申报

第八条　国家实行动物检疫申报制度。

出售或者运输动物、动物产品的，货主应当提前三天向所在地动物卫生监督机构申报检疫。

屠宰动物的，应当提前六小时向所在地动物卫生监督机构申报检疫；急宰动物的，可以随时申报。

第九条　向无规定动物疫病区输入相关易感动物、易感动物产品的，货主除按本办法第八条规定向输出地动物卫生监督机构申报检疫外，还应当在启运三天前向输入地动物卫生监督机构申报检疫。输入易感动物的，向输入地隔离场所在地动物卫生监督机构申报；输入易感动物产品的，在输入地省级动物卫生监督机构指定的地点申报。

第十条　动物卫生监督机构应当根据动物检疫工作需要，合理设置动物检疫申报点，并向社会公布。

县级以上地方人民政府农业农村主管部门应当采取有力措施，加强动物检疫申报点建设。

第十一条　申报检疫的，应当提交检疫申报单以及农业农村部规定的其他材料，并对申报材料的真实性负责。

申报检疫采取在申报点填报或者通过传真、电子数据交换等方式申报。

第十二条　动物卫生监督机构接到申报后，应当及时对申报材料进行审查。申报材料齐全的，予以受理；有下列情形之一的，不予受理，并说明理由：

（一）申报材料不齐全的，动物卫生监督机构当场或在三日内已经一次性告知申报人需要补正的内容，但申报人拒不补正的；

（二）申报的动物、动物产品不属于本行政区域的；

（三）申报的动物、动物产品不属于动物检疫范围的；

（四）农业农村部规定不应当检疫的动物、动物产品；

（五）法律法规规定的其他不予受理的情形。

第十三条 受理申报后，动物卫生监督机构应当指派官方兽医实施检疫，可以安排协检人员协助官方兽医到现场或指定地点核实信息，开展临床健康检查。

第三章 产地检疫

第十四条 出售或者运输的动物，经检疫符合下列条件的，出具动物检疫证明：

（一）来自非封锁区及未发生相关动物疫情的饲养场（户）；

（二）来自符合风险分级管理有关规定的饲养场（户）；

（三）申报材料符合检疫规程规定；

（四）畜禽标识符合规定；

（五）按照规定进行了强制免疫，并在有效保护期内；

（六）临床检查健康；

（七）需要进行实验室疫病检测的，检测结果合格。

出售、运输的种用动物精液、卵、胚胎、种蛋，经检疫其种用动物饲养场符合第一款第一项规定，申报材料符合第一款第三项规定，供体动物符合第一款第四项、第五项、第六项、第七项规定的，出具动物检疫证明。

出售、运输的生皮、原毛、绒、血液、角等产品，经检疫其饲养场（户）符合第一款第一项规定，申报材料符合第一款第三项规定，供体动物符合第一款第四项、第五项、第六项、第七项规定，且按规定消毒合格的，出具动物检疫证明。

第十五条 出售或者运输水生动物的亲本、稚体、幼体、受精卵、发眼卵及其他遗传育种材料等水产苗种的，经检疫符合下列条件的，出具动物检疫证明：

（一）来自未发生相关水生动物疫情的苗种生产场；

（二）申报材料符合检疫规程规定；

（三）临床检查健康；

（四）需要进行实验室疫病检测的，检测结果合格。

水产苗种以外的其他水生动物及其产品不实施检疫。

第十六条　已经取得产地检疫证明的动物，从专门经营动物的集贸市场继续出售或者运输的，或者动物展示、演出、比赛后需要继续运输的，经检疫符合下列条件的，出具动物检疫证明：

（一）有原始动物检疫证明和完整的进出场记录；

（二）畜禽标识符合规定；

（三）临床检查健康；

（四）原始动物检疫证明超过调运有效期，按规定需要进行实验室疫病检测的，检测结果合格。

第十七条　跨省、自治区、直辖市引进的乳用、种用动物到达输入地后，应当在隔离场或者饲养场内的隔离舍进行隔离观察，隔离期为三十天。经隔离观察合格的，方可混群饲养；不合格的，按照有关规定进行处理。隔离观察合格后需要继续运输的，货主应当申报检疫，并取得动物检疫证明。

跨省、自治区、直辖市输入到无规定动物疫病区的乳用、种用动物的隔离按照本办法第二十六条规定执行。

第十八条　出售或者运输的动物、动物产品取得动物检疫证明后，方可离开产地。

第四章　屠宰检疫

第十九条　动物卫生监督机构向依法设立的屠宰加工场所派驻（出）官方兽医实施检疫。屠宰加工场所应当提供与检疫工作相适应的官方兽医驻场检疫室、工作室和检疫操作台等设施。

第二十条　进入屠宰加工场所的待宰动物应当附有动物检疫证明并加施有符合规定的畜禽标识。

第二十一条　屠宰加工场所应当严格执行动物入场查验登记、待宰巡查等制度，查验进场待宰动物的动物检疫证明和畜禽标识，发现动物染疫或者疑似染疫的，应当立即向所在地农业农村主管部门或者动物疫病预防控制机构报告。

第二十二条　官方兽医应当检查待宰动物健康状况，在屠宰过程中开展同步检疫和必要的实验室疫病检测，并填写屠宰检疫记录。

第二十三条 经检疫符合下列条件的，对动物的胴体及生皮、原毛、绒、脏器、血液、蹄、头、角出具动物检疫证明，加盖检疫验讫印章或者加施其他检疫标志：

（一）申报材料符合检疫规程规定；

（二）待宰动物临床检查健康；

（三）同步检疫合格；

（四）需要进行实验室疫病检测的，检测结果合格。

第二十四条 官方兽医应当回收进入屠宰加工场所待宰动物附有的动物检疫证明，并将有关信息上传至动物检疫管理信息化系统。回收的动物检疫证明保存期限不得少于十二个月。

第五章 进入无规定动物疫病区的动物检疫

第二十五条 向无规定动物疫病区运输相关易感动物、动物产品的，除附有输出地动物卫生监督机构出具的动物检疫证明外，还应当按照本办法第二十六条、第二十七条规定取得动物检疫证明。

第二十六条 输入到无规定动物疫病区的相关易感动物，应当在输入地省级动物卫生监督机构指定的隔离场所进行隔离，隔离检疫期为三十天。隔离检疫合格的，由隔离场所在地县级动物卫生监督机构的官方兽医出具动物检疫证明。

第二十七条 输入到无规定动物疫病区的相关易感动物产品，应当在输入地省级动物卫生监督机构指定的地点，按照无规定动物疫病区有关检疫要求进行检疫。检疫合格的，由当地县级动物卫生监督机构的官方兽医出具动物检疫证明。

第六章 官方兽医

第二十八条 国家实行官方兽医任命制度。官方兽医应当符合以下条件：

（一）动物卫生监督机构的在编人员，或者接受动物卫生监督机构业务指导的其他机构在编人员；

（二）从事动物检疫工作；

（三）具有畜牧兽医水产初级以上职称或者相关专业大专以上学历或者从事动物防疫等相关工作满三年以上；

（四）接受岗前培训，并经考核合格；

（五）符合农业农村部规定的其他条件。

第二十九条　县级以上动物卫生监督机构提出官方兽医任命建议，报同级农业农村主管部门审核。审核通过的，由省级农业农村主管部门按程序确认、统一编号，并报农业农村部备案。

经省级农业农村主管部门确认的官方兽医，由其所在的农业农村主管部门任命，颁发官方兽医证，公布人员名单。

官方兽医证的格式由农业农村部统一规定。

第三十条　官方兽医实施动物检疫工作时，应当持有官方兽医证。禁止伪造、变造、转借或者以其他方式违法使用官方兽医证。

第三十一条　农业农村部制定全国官方兽医培训计划。

县级以上地方人民政府农业农村主管部门制定本行政区域官方兽医培训计划，提供必要的培训条件，设立考核指标，定期对官方兽医进行培训和考核。

第三十二条　官方兽医实施动物检疫的，可以由协检人员进行协助。协检人员不得出具动物检疫证明。

协检人员的条件和管理要求由省级农业农村主管部门规定。

第三十三条　动物饲养场、屠宰加工场所的执业兽医或者动物防疫技术人员，应当协助官方兽医实施动物检疫。

第三十四条　对从事动物检疫工作的人员，有关单位按照国家规定，采取有效的卫生防护、医疗保健措施，全面落实畜牧兽医医疗卫生津贴等相关待遇。

对在动物检疫工作中做出贡献的动物卫生监督机构、官方兽医，按照国家有关规定给予表彰、奖励。

第七章　动物检疫证章标志管理

第三十五条　动物检疫证章标志包括：

（一）动物检疫证明；

（二）动物检疫印章、动物检疫标志；

（三）农业农村部规定的其他动物检疫证章标志。

第三十六条 动物检疫证章标志的内容、格式、规格、编码和制作等要求，由农业农村部统一规定。

第三十七条 县级以上动物卫生监督机构负责本行政区域内动物检疫证章标志的管理工作，建立动物检疫证章标志管理制度，严格按照程序订购、保管、发放。

第三十八条 任何单位和个人不得伪造、变造、转让动物检疫证章标志，不得持有或者使用伪造、变造、转让的动物检疫证章标志。

第八章 监督管理

第三十九条 禁止屠宰、经营、运输依法应当检疫而未经检疫或者检疫不合格的动物。

禁止生产、经营、加工、贮藏、运输依法应当检疫而未经检疫或者检疫不合格的动物产品。

第四十条 经检疫不合格的动物、动物产品，由官方兽医出具检疫处理通知单，货主或者屠宰加工场所应当在农业农村主管部门的监督下按照国家有关规定处理。

动物卫生监督机构应当及时向同级农业农村主管部门报告检疫不合格情况。

第四十一条 有下列情形之一的，出具动物检疫证明的动物卫生监督机构或者其上级动物卫生监督机构，根据利害关系人的请求或者依据职权，撤销动物检疫证明，并及时通告有关单位和个人：

（一）官方兽医滥用职权、玩忽职守出具动物检疫证明的；

（二）以欺骗、贿赂等不正当手段取得动物检疫证明的；

（三）超出动物检疫范围实施检疫，出具动物检疫证明的；

（四）对不符合检疫申报条件或者不符合检疫合格标准的动物、动物产品，出具动物检疫证明的；

（五）其他未按照《中华人民共和国动物防疫法》、本办法和检疫规程的规定实施检疫，出具动物检疫证明的。

第四十二条 有下列情形之一的，按照依法应当检疫而未经检疫处理处罚：

（一）动物种类、动物产品名称、畜禽标识号与动物检疫证明不符的；

（二）动物、动物产品数量超出动物检疫证明载明部分的；

（三）使用转让的动物检疫证明的。

第四十三条 依法应当检疫而未经检疫的动物、动物产品，由县级以上地方人民政府农业农村主管部门依照《中华人民共和国动物防疫法》处理处罚，不具备补检条件的，予以收缴销毁；具备补检条件的，由动物卫生监督机构补检。

依法应当检疫而未经检疫的胴体、肉、脏器、脂、血液、精液、卵、胚胎、骨、蹄、头、筋、种蛋等动物产品，不予补检，予以收缴销毁。

第四十四条 补检的动物具备下列条件的，补检合格，出具动物检疫证明：

（一）畜禽标识符合规定；

（二）检疫申报需要提供的材料齐全、符合要求；

（三）临床检查健康；

（四）不符合第一项或者第二项规定条件，货主于七日内提供检疫规程规定的实验室疫病检测报告，检测结果合格。

第四十五条 补检的生皮、原毛、绒、角等动物产品具备下列条件的，补检合格，出具动物检疫证明：

（一）经外观检查无腐烂变质；

（二）按照规定进行消毒；

（三）货主于七日内提供检疫规程规定的实验室疫病检测报告，检测结果合格。

第四十六条 经检疫合格的动物应当按照动物检疫证明载明的目的地运输，并在规定时间内到达，运输途中发生疫情的应当按有关规定报告并处置。

跨省、自治区、直辖市通过道路运输动物的，应当经省级人民政府设立的指定通道入省境或者过省境。

饲养场（户）或者屠宰加工场所不得接收未附有有效动物检疫证明的动物。

第四十七条 运输用于继续饲养或屠宰的畜禽到达目的地后，货主或者承运人应当在三日内向启运地县级动物卫生监督机构报告；目的地饲养场（户）或者屠宰加工场所应当在接收畜禽后三日内向所在地县级动物卫生监督机构报告。

第九章　法律责任

第四十八条　申报动物检疫隐瞒有关情况或者提供虚假材料的，或者以欺骗、贿赂等不正当手段取得动物检疫证明的，依照《中华人民共和国行政许可法》有关规定予以处罚。

第四十九条　违反本办法规定运输畜禽，有下列行为之一的，由县级以上地方人民政府农业农村主管部门处一千元以上三千元以下罚款；情节严重的，处三千元以上三万元以下罚款：

（一）运输用于继续饲养或者屠宰的畜禽到达目的地后，未向启运地动物卫生监督机构报告的；

（二）未按照动物检疫证明载明的目的地运输的；

（三）未按照动物检疫证明规定时间运达且无正当理由的；

（四）实际运输的数量少于动物检疫证明载明数量且无正当理由的。

第五十条　其他违反本办法规定的行为，依照《中华人民共和国动物防疫法》有关规定予以处罚。

第十章　附　　则

第五十一条　水产苗种产地检疫，由从事水生动物检疫的县级以上动物卫生监督机构实施。

第五十二条　实验室疫病检测报告应当由动物疫病预防控制机构、取得相关资质认定、国家认可机构认可或者符合省级农业农村主管部门规定条件的实验室出具。

第五十三条　本办法自 2022 年 12 月 1 日起施行。农业部 2010 年 1 月 21 日公布、2019 年 4 月 25 日修订的《动物检疫管理办法》同时废止。

附录 4

《动物检疫管理办法》修订条文对照表

（条文中**黑体字**为新增或修改后的内容，阴影为删去的内容）

修改前条文	修改后条文
第一章　总则	第一章　总则
第一条　为加强动物检疫活动管理，预防、控制和扑灭动物疫病，保障动物及动物产品安全，保护人体健康，维护公共卫生安全，根据《中华人民共和国动物防疫法》（以下简称《动物防疫法》），制定本办法。	**第一条**　为**了**加强动物检疫活动管理，预防、控制、**净化**、**消灭**动物疫病，**防控人畜共患传染病**，保障公共卫生安全**和人体健康**，根据《中华人民共和国动物防疫法》，制定本办法。
第二条　本办法适用于中华人民共和国领域内的动物检疫活动。	**第二条**　本办法适用于中华人民共和国领域内的动物、**动物产品**的检疫**及其监督管理**活动。 **陆生野生动物检疫办法，由农业农村部会同国家林业和草原局另行制定。**
第六条　动物检疫遵循过程监管、风险控制、区域化和可追溯管理相结合的原则。	**第三条**　动物检疫遵循过程监管、风险控制、区域化和可追溯管理相结合的原则。
第三条　农业部主管全国动物检疫工作。 县级以上地方人民政府兽医主管部门主管本行政区域内的动物检疫工作。 县级以上地方人民政府设立的动物卫生监督机构负责本行政区域内动物、动物产品的检疫及其监督管理工作。	**第四条**　农业**农村**部主管全国动物检疫工作。 县级以上地方人民政府**农业农村**主管部门主管本行政区域内的动物检疫工作，**负责动物检疫监督管理工作。** **县级人民政府农业农村主管部门可以根据动物检疫工作需要，向乡、镇或者特定区域派驻动物卫生监督机构或者官方兽医。** **县级以上人民政府建立的动物疫病预防控制机构应当为动物检疫及其监督管理工作提供技术支撑。**
第四条　动物检疫的范围、对象和规程由农业部制定、调整并公布。	**第五条**　**农业农村部制定、调整并公布检疫规程，明确**动物检疫的范围、对象**和程序**。
	第六条　**农业农村部加强信息化建设，建立全国统一的动物检疫管理信息化系统，实现动物检疫信息的可追溯。**

（续）

修改前条文	修改后条文
	县级以上动物卫生监督机构应当做好本行政区域内的动物检疫信息数据管理工作。 **从事动物饲养、屠宰、经营、运输、隔离等活动的单位和个人，应当按照要求在动物检疫管理信息化系统填报动物检疫相关信息。**
第三条　农业部主管全国动物检疫工作。 县级以上地方人民政府兽医主管部门主管本行政区域内的动物检疫工作。 县级以上地方人民政府设立的动物卫生监督机构负责本行政区域内动物、动物产品的检疫及其监督管理工作。 **第五条**　动物卫生监督机构指派官方兽医按照《动物防疫法》和本办法的规定对动物、动物产品实施检疫，出具检疫证明，加施检疫标志。 动物卫生监督机构可以根据检疫工作需要，指定兽医专业人员协助官方兽医实施动物检疫。	**第七条**　县级以上地方人民政府的动物卫生监督机构负责本行政区域内动物检疫工作，**依**照**《中华人民共和国动物防疫法》**、本办法**以及检疫规程等**规定实施检疫。 动物卫生监督机构**的**官方兽医实施检疫，出具动物检疫证明、加施检疫标志，**并对检疫结论负责**。
第二章　检疫申报	**第二章　检疫申报**
第七条　国家实行动物检疫申报制度。 动物卫生监督机构应当根据检疫工作需要，合理设置动物检疫申报点，并向社会公布动物检疫申报点、检疫范围和检疫对象。 县级以上人民政府兽医主管部门应当加强动物检疫申报点的建设和管理。 **第八条**　下列动物、动物产品在离开产地前，货主应当按规定时限向所在地动物卫生监督机构申报检疫： （一）出售、运输动物产品和供屠宰、继续饲养的动物，应当提前3天申报检疫。 （二）出售、运输乳用动物、种用动物及其精液、卵、胚胎、种蛋，以及参加展览、演出和比赛的动物，应当提前15天申报检疫。 （三）向无规定动物疫病区输入相关易感动物、易感动物产品的，货主除按规定向输出地动物卫生监督机构申报检疫外，还应当在起运3天前向输入地省级动物卫生监督机构申报检疫。 **第十条**　屠宰动物的，应当提前6小时向所在地动物卫生监督机构申报检疫；急宰动物的，可以随时申报。	**第八条**　国家实行动物检疫申报制度。 **出售或者运输动物、动物产品的**，货主应当**提前三天**向所在地动物卫生监督机构申报检疫。 屠宰动物的，应当提前**六**小时向所在地动物卫生监督机构申报检疫；急宰动物的，可以随时申报。

（续）

修改前条文	修改后条文
第八条　下列动物、动物产品在离开产地前，货主应当按规定时限向所在地动物卫生监督机构申报检疫： （一）出售、运输动物产品和供屠宰、继续饲养的动物，应当提前3天申报检疫。 （二）出售、运输乳用动物、种用动物及其精液、卵、胚胎、种蛋，以及参加展览、演出和比赛的动物，应当提前15天申报检疫。 （三）向无规定动物疫病区输入相关易感动物、易感动物产品的，货主除按规定向输出地动物卫生监督机构申报检疫外，还应当在起运3天前向输入地省级动物卫生监督机构申报检疫。	**第九条**　向无规定动物疫病区输入相关易感动物、易感动物产品的，货主除按**本办法第八条**规定向输出地动物卫生监督机构申报检疫外，还应当在**启**运**三**天前向输入地动物卫生监督机构申报检疫。**输入易感动物的，向输入地隔离场所在地动物卫生监督机构申报；输入易感动物产品的，在输入地省级动物卫生监督机构指定的地点申报。**
第九条　合法捕获野生动物的，应当在捕获后3天内向捕获地县级动物卫生监督机构申报检疫。	
第七条　国家实行动物检疫申报制度。 动物卫生监督机构应当根据检疫工作需要，合理设置动物检疫申报点，并向社会公布动物检疫申报点、检疫范围和检疫对象。 县级以上人民政府兽医主管部门应当加强动物检疫申报点的建设和管理。	**第十条**　动物卫生监督机构应当根据动物检疫工作需要，合理设置动物检疫申报点，并向社会公布。 县级以上**地方**人民政府**农业农村**主管部门应当**采取有力措施，**加强动物检疫申报点建设。
第十一条　申报检疫的，应当提交检疫申报单；跨省、自治区、直辖市调运乳用动物、种用动物及其精液、胚胎、种蛋的，还应当同时提交输入地省、自治区、直辖市动物卫生监督机构批准的《跨省引进乳用种用动物检疫审批表》。 申报检疫采取申报点填报、传真、电话等方式申报。采用电话申报的，需在现场补填检疫申报单。	**第十一条**　申报检疫的，应当提交检疫申报单**以及农业农村部规定的其他材料，并对申报材料的真实性负责。** 申报检疫采取**在**申报点填报**或者通过**传真、**电子数据交换**等方式申报。
第十二条　动物卫生监督机构受理检疫申报后，应当派出官方兽医到现场或指定地点实施检疫；不予受理的，应当说明理由。	**第十二条**　动物卫生监督机构**接到**申报后，应当**及时对申报材料进行审查。申报材料齐全的，予以受理；有下列情形之一的，**不予受理，**并**说明理由： **（一）申报材料不齐全的，动物卫生监督机构当场或在三日内已经一次性告知申报人需要补正的内容，但申报人拒不补正的；**

（续）

修改前条文	修改后条文
	（二）申报的动物、动物产品不属于本行政区域的； （三）申报的动物、动物产品不属于动物检疫范围的； （四）农业农村部规定不应当检疫的动物、动物产品； （五）法律法规规定的其他不予受理的情形。
第十二条　动物卫生监督机构受理检疫申报后，应当派出官方兽医到现场或指定地点实施检疫；不予受理的，应当说明理由。	第十三条　受理申报后，动物卫生监督机构应当指派官方兽医实施检疫，可以安排协检人员协助官方兽医到现场或指定地点核实信息，开展临床健康检查。
第三章　产地检疫	第三章　产地检疫
第十三条　出售或者运输的动物、动物产品经所在地县级动物卫生监督机构的官方兽医检疫合格，并取得《动物检疫合格证明》后，方可离开产地。	调整至第十八条
第十四条　出售或者运输的动物，经检疫符合下列条件，由官方兽医出具《动物检疫合格证明》： （一）来自非封锁区或者未发生相关动物疫情的饲养场（户）； （二）按照国家规定进行了强制免疫，并在有效保护期内； （三）临床检查健康； （四）农业部规定需要进行实验室疫病检测的，检测结果符合要求； （五）养殖档案相关记录和畜禽标识符合农业部规定。 乳用、种用动物和宠物，还应当符合农业部规定的健康标准。 第十六条　出售、运输的种用动物精液、卵、胚胎、种蛋，经检疫符合下列条件，由官方兽医出具《动物检疫合格证明》： （一）来自非封锁区，或者未发生相关动物疫情的种用动物饲养场； （二）供体动物按照国家规定进行了强制免疫，并在有效保护期内； （三）供体动物符合动物健康标准； （四）农业部规定需要进行实验室疫病检测的，检测结果符合要求； （五）供体动物的养殖档案相关记录和畜禽标识符合农业部规定。	第十四条　出售或者运输的动物，经检疫符合下列条件的，出具动物检疫证明： （一）来自非封锁区及未发生相关动物疫情的饲养场（户）； （二）来自符合风险分级管理有关规定的饲养场（户）； （三）申报材料符合检疫规程规定； （四）畜禽标识符合规定； （五）按照规定进行了强制免疫，并在有效保护期内； （六）临床检查健康； （七）需要进行实验室疫病检测的，检测结果合格。 出售、运输的种用动物精液、卵、胚胎、种蛋，经检疫其种用动物饲养场符合第一款第一项规定，申报材料符合第一款第三项规定，供体动物符合第一款第四项、第五项、第六项、第七项规定的，出具动物检疫证明。 出售、运输的生皮、原毛、绒、血液、角等产品，经检疫其饲养场（户）符合第一款第一项规定，申报材料符合第一款第三项规定，供体动物符合第一款第四项、第五项、第六项、第七项规定，且按规定消毒合格的，出具动物检疫证明。

（续）

<table>
<tr><th>修改前条文</th><th>修改后条文</th></tr>
<tr><td>第十七条　出售、运输的骨、角、生皮、原毛、绒等产品，经检疫符合下列条件，由官方兽医出具《动物检疫合格证明》：
（一）来自非封锁区，或者未发生相关动物疫情的饲养场（户）；
（二）按有关规定消毒合格；
（三）农业部规定需要进行实验室疫病检测的，检测结果符合要求。</td><td></td></tr>
<tr><td>第二十八条　出售或者运输水生动物的亲本、稚体、幼体、受精卵、发眼卵及其他遗传育种材料等水产苗种的，货主应当提前 20 天向所在地县级动物卫生监督机构申报检疫；经检疫合格，并取得《动物检疫合格证明》后，方可离开产地。</td><td rowspan="3">第十五条　出售或者运输水生动物的亲本、稚体、幼体、受精卵、发眼卵及其他遗传育种材料等水产苗种的，经检疫符合下列条件的，出具动物检疫证明：
（一）来自未发生相关水生动物疫情的苗种生产场；
（二）申报材料符合检疫规程规定；
（三）临床检查健康；
（四）需要进行实验室疫病检测的，检测结果合格。
水产苗种以外的其他水生动物及其产品不实施检疫。</td></tr>
<tr><td>第三十条　水产苗种经检疫符合下列条件的，由官方兽医出具《动物检疫合格证明》：
（一）该苗种生产场近期未发生相关水生动物疫情；
（二）临床健康检查合格；
（三）农业部规定需要经水生动物疫病诊断实验室检验的，检验结果符合要求。
检疫不合格的，动物卫生监督机构应当监督货主按照农业部规定的技术规范处理。</td></tr>
<tr><td>第五十二条　水产苗种产地检疫，由地方动物卫生监督机构委托同级渔业主管部门实施。水产苗种以外的其他水生动物及其产品不实施检疫。</td></tr>
<tr><td></td><td>第十六条　已经取得产地检疫证明的动物，从专门经营动物的集贸市场继续出售或者运输的，或者动物展示、演出、比赛后需要继续运输的，经检疫符合下列条件的，出具动物检疫证明：
（一）有原始动物检疫证明和完整的进出场记录；
（二）畜禽标识符合规定；
（三）临床检查健康；
（四）原始动物检疫证明超过调运有效期，按规定需要进行实验室疫病检测的，检测结果合格。</td></tr>
</table>

（续）

修改前条文	修改后条文
第十五条 合法捕获的野生动物，经检疫符合下列条件，由官方兽医出具《动物检疫合格证明》后，方可饲养、经营和运输： （一）来自非封锁区； （二）临床检查健康； （三）农业部规定需要进行实验室疫病检测的，检测结果符合要求。	
第十八条 经检疫不合格的动物、动物产品，由官方兽医出具检疫处理通知单，并监督货主按照农业部规定的技术规范处理。	**移至第四十条**
第十九条 跨省、自治区、直辖市引进用于饲养的非乳用、非种用动物到达目的地后，货主或者承运人应当在24小时内向所在地县级动物卫生监督机构报告，并接受监督检查。	**移至第四十七条**
第二十条 跨省、自治区、直辖市引进的乳用、种用动物到达输入地后，在所在地动物卫生监督机构的监督下，应当在隔离场或饲养场（养殖小区）内的隔离舍进行隔离观察，大中型动物隔离期为45天，小型动物隔离期为30天。经隔离观察合格的方可混群饲养；不合格的，按照有关规定进行处理。隔离观察合格后需继续在省内运输的，货主应当申请更换《动物检疫合格证明》。动物卫生监督机构更换《动物检疫合格证明》不得收费。	**第十七条** 跨省、自治区、直辖市引进的乳用、种用动物到达输入地后，应当在隔离场或**者**饲养场内的隔离舍进行隔离观察，隔离期为**三十**天。经隔离观察合格的，方可混群饲养；不合格的，按照有关规定进行处理。隔离观察合格后需**要**继续运输的，货主应当申**报检疫，并取得**动物检疫证明。 **跨省、自治区、直辖市输入到无规定动物疫病区的乳用、种用动物的隔离按照本办法第二十六条规定执行。**
第十三条 出售或者运输的动物、动物产品经所在地县级动物卫生监督机构的官方兽医检疫合格，并取得《动物检疫合格证明》后，方可离开产地。	**第十八条** 出售或者运输的动物、动物产品取得动物检疫证明后，方可离开产地。
第四章 屠宰检疫	**第四章 屠宰检疫**
第二十一条 县级动物卫生监督机构依法向屠宰场（厂、点）派驻（出）官方兽医实施检疫。屠宰场（厂、点）应当提供与屠宰规模相适应的官方兽医驻场检疫室和检疫操作台等设施。出场（厂、点）的动物产品应当经官方兽医检疫合格，加施检疫标志，并附有《动物检疫合格证明》。	**第十九条** 动物卫生监督机构向**依法设立的**屠宰**加工场所**派驻（出）官方兽医实施检疫。屠宰**加工场所**应当提供与**检疫工作**相适应的官方兽医驻场检疫室、**工作室**和检疫操作台等设施。

（续）

修改前条文	修改后条文
第二十二条　进入屠宰场（厂、点）的动物应当附有《动物检疫合格证明》，并佩戴有农业部规定的畜禽标识。 官方兽医应当查验进场动物附具的《动物检疫合格证明》和佩戴的畜禽标识，检查待宰动物健康状况，对疑似染疫的动物进行隔离观察。 官方兽医应当按照农业部规定，在动物屠宰过程中实施全流程同步检疫和必要的实验室疫病检测。	**第二十条**　进入屠宰**加工场所的待宰**动物应当附有动物检疫证明并**加施**有**符合**规定的畜禽标识。 **第二十一条　屠宰加工场所应当严格执行动物入场查验登记、待宰巡查等制度，查验进场待宰**动物的动物检疫证明和畜禽标识，**发现动物染疫或者疑似染疫的，应当立即向所在地农业农村主管部门或者动物疫病预防控制机构报告。** **第二十二条**　官方兽医应当**检查待宰动物健康状况**，在屠宰过程中**开展**同步检疫和必要的实验室疫病检测，**并填写屠宰检疫记录。**
第二十三条　经检疫符合下列条件的，由官方兽医出具《动物检疫合格证明》，对胴体及分割、包装的动物产品加盖检疫验讫印章或者加施其他检疫标志： （一）无规定的传染病和寄生虫病； （二）符合农业部规定的相关屠宰检疫规程要求； （三）需要进行实验室疫病检测的，检测结果符合要求。 骨、角、生皮、原毛、绒的检疫还应当符合本办法第十七条有关规定。	**第二十三条**　经检疫符合下列条件的，对**动物的**胴体及**生皮、原毛、绒、脏器、血液、蹄、头、角出具动物检疫证明**，加盖检疫验讫印章或者加施其他检疫标志： （一）**申报材料**符合检疫规程**规定**； （二）**待宰动物临床检查健康**； （三）**同步检疫合格**； （四）需要进行实验室疫病检测的，检测结果**合格**。
第二十四条　经检疫不合格的动物、动物产品，由官方兽医出具检疫处理通知单，并监督屠宰场（厂、点）或者货主按照农业部规定的技术规范处理。	**移至第四十条**
第二十五条　官方兽医应当回收进入屠宰场（厂、点）动物附具的《动物检疫合格证明》，填写屠宰检疫记录。回收的《动物检疫合格证明》应当保存十二个月以上。	**第二十四条**　官方兽医应当回收进入屠宰**加工场所待宰**动物**附有**的动物检疫证明，**并将有关信息上传至动物检疫管理信息化系统**。回收的动物检疫证明保存**期限不得少于**十二个月。

（续）

修改前条文	修改后条文
第二十六条 经检疫合格的动物产品到达目的地后，需要直接在当地分销的，货主可以向输入地动物卫生监督机构申请换证，换证不得收费。换证应当符合下列条件： （一）提供原始有效《动物检疫合格证明》，检疫标志完整，且证物相符； （二）在有关国家标准规定的保质期内，且无腐败变质。	
第二十七条 经检疫合格的动物产品到达目的地，贮藏后需继续调运或者分销的，货主可以向输入地动物卫生监督机构重新申报检疫。输入地县级以上动物卫生监督机构对符合下列条件的动物产品，出具《动物检疫合格证明》。 （一）提供原始有效《动物检疫合格证明》，检疫标志完整，且证物相符； （二）在有关国家标准规定的保质期内，无腐败变质； （三）有健全的出入库登记记录； （四）农业部规定进行必要的实验室疫病检测的，检测结果符合要求。	
第五章　水产苗种产地检疫	
第二十八条 出售或者运输水生动物的亲本、稚体、幼体、受精卵、发眼卵及其他遗传育种材料等水产苗种的，货主应当提前20天向所在地县级动物卫生监督机构申报检疫；经检疫合格，并取得《动物检疫合格证明》后，方可离开产地。	**移至第十五条**
第二十九条 养殖、出售或者运输合法捕获的野生水产苗种的，货主应当在捕获野生水产苗种后2天内向所在地县级动物卫生监督机构申报检疫；经检疫合格，并取得《动物检疫合格证明》后，方可投放养殖场所、出售或者运输。 合法捕获的野生水产苗种实施检疫前，货主应当将其隔离在符合下列条件的临时检疫场地： （一）与其他养殖场所有物理隔离设施； （二）具有独立的进排水和废水无害化处理设施以及专用渔具； （三）农业部规定的其他防疫条件。	

（续）

修改前条文	修改后条文
第三十条　水产苗种经检疫符合下列条件的，由官方兽医出具《动物检疫合格证明》： （一）该苗种生产场近期未发生相关水生动物疫情； （二）临床健康检查合格； （三）农业部规定需要经水生动物疫病诊断实验室检验的，检验结果符合要求。 检疫不合格的，动物卫生监督机构应当监督货主按照农业部规定的技术规范处理。	**移至第十五条**
第三十一条　跨省、自治区、直辖市引进水产苗种到达目的地后，货主或承运人应当在24小时内按照有关规定报告，并接受当地动物卫生监督机构的监督检查。	**移至第四十七条**
第六章　无规定动物疫病区动物检疫	**第五章　进入无规定动物疫病区的动物检疫**
第三十二条　向无规定动物疫病区运输相关易感动物、动物产品的，除附有输出地动物卫生监督机构出具的《动物检疫合格证明》外，还应当向输入地省、自治区、直辖市动物卫生监督机构申报检疫，并按照本办法第三十三条、第三十四条规定取得输入地《动物检疫合格证明》。	**第二十五条**　向无规定动物疫病区运输相关易感动物、动物产品的，除附有输出地动物卫生监督机构出具的动物检疫证明外，还应当按照本办法第二十六条、第二十七条规定取得动物检疫证明。
第三十三条　输入到无规定动物疫病区的相关易感动物，应当在输入地省、自治区、直辖市动物卫生监督机构指定的隔离场所，按照农业部规定的无规定动物疫病区有关检疫要求隔离检疫。大中型动物隔离检疫期为45天，小型动物隔离检疫期为30天。隔离检疫合格的，由输入地省、自治区、直辖市动物卫生监督机构的官方兽医出具《动物检疫合格证明》；不合格的，不准进入，并依法处理。	**第二十六条**　输入到无规定动物疫病区的相关易感动物，应当在输入地省**级**动物卫生监督机构指定的隔离场所**进行**隔离，隔离检疫期为三十天。隔离检疫合格的，由**隔离场所在地县级**动物卫生监督机构的官方兽医出具动物检疫证明。
第三十四条　输入到无规定动物疫病区的相关易感动物产品，应当在输入地省、自治区、直辖市动物卫生监督机构指定的地点，按照农业部规定的无规定动物疫病区有关检疫要求进行检疫。检疫合格的，由输入地省、自治区、直辖市动物卫生监督机构的官方兽医出具《动物检疫合格证明》；不合格的，不准进入，并依法处理。	**第二十七条**　输入到无规定动物疫病区的相关易感动物产品，应当在输入地省**级**动物卫生监督机构指定的地点，按照无规定动物疫病区有关检疫要求进行检疫。检疫合格的，由**当地县级**动物卫生监督机构的官方兽医出具动物检疫证明。

（续）

修改前条文	修改后条文
第七章　乳用种用动物检疫审批	
第三十五条　跨省、自治区、直辖市引进乳用动物、种用动物及其精液、胚胎、种蛋的，货主应当填写《跨省引进乳用种用动物检疫审批表》，向输入地省、自治区、直辖市动物卫生监督机构申请办理审批手续。	
第三十六条　输入地省、自治区、直辖市动物卫生监督机构应当自受理申请之日起10个工作日内，做出是否同意引进的决定。符合下列条件的，签发《跨省引进乳用种用动物检疫审批表》；不符合下列条件的，书面告知申请人，并说明理由。 （一）输出和输入饲养场、养殖小区取得《动物防疫条件合格证》； （二）输入饲养场、养殖小区存栏的动物符合动物健康标准； （三）输出的乳用、种用动物养殖档案相关记录符合农业部规定； （四）输出的精液、胚胎、种蛋的供体符合动物健康标准。	
第三十七条　货主凭输入地省、自治区、直辖市动物卫生监督机构签发的《跨省引进乳用种用动物检疫审批表》，按照本办法规定向输出地县级动物卫生监督机构申报检疫。输出地县级动物卫生监督机构应当按照本办法的规定实施检疫。	
第三十八条　跨省引进乳用种用动物应当在《跨省引进乳用种用动物检疫审批表》有效期内运输。逾期引进的，货主应当重新办理审批手续。	
	第六章　官方兽医
	第二十八条　国家实行官方兽医任命制度。官方兽医应当符合以下条件： （一）动物卫生监督机构的在编人员，或者接受动物卫生监督机构业务指导的其他机构在编人员； （二）从事动物检疫工作；

（续）

修改前条文	修改后条文
	（三）具有畜牧兽医水产初级以上职称或者相关专业大专以上学历或者从事动物防疫等相关工作满三年以上； （四）接受岗前培训，并经考核合格； （五）符合农业农村部规定的其他条件。
	第二十九条　县级以上动物卫生监督机构提出官方兽医任命建议，报同级农业农村主管部门审核。审核通过的，由省级农业农村主管部门按程序确认、统一编号，并报农业农村部备案。 经省级农业农村主管部门确认的官方兽医，由其所在的农业农村主管部门任命，颁发官方兽医证，公布人员名单。 官方兽医证的格式由农业农村部统一规定。
	第三十条　官方兽医实施动物检疫工作时，应当持有官方兽医证。禁止伪造、变造、转借或者以其他方式违法使用官方兽医证。
	第三十一条　农业农村部制定全国官方兽医培训计划。 县级以上地方人民政府农业农村主管部门制定本行政区域官方兽医培训计划，提供必要的培训条件，设立考核指标，定期对官方兽医进行培训和考核。
第五条　动物卫生监督机构指派官方兽医按照《动物防疫法》和本办法的规定对动物、动物产品实施检疫，出具检疫证明，加施检疫标志。 动物卫生监督机构可以根据检疫工作需要，指定兽医专业人员协助官方兽医实施动物检疫。	第三十二条　官方兽医实施动物检疫的，可以由协检人员进行协助。协检人员不得出具动物检疫证明。 协检人员的条件和管理要求由省级农业农村主管部门规定。
	第三十三条　动物饲养场、屠宰加工场所的执业兽医或者动物防疫技术人员，应当协助官方兽医实施动物检疫。
	第三十四条　对从事动物检疫工作的人员，有关单位按照国家规定，采取有效的卫生防护、医疗保健措施，全面落实畜牧兽医医疗卫生津贴等相关待遇。

（续）

修改前条文	修改后条文
	对在动物检疫工作中做出贡献的动物卫生监督机构、官方兽医，按照国家有关规定给予表彰、奖励。
	第七章　动物检疫证章标志管理
	第三十五条　动物检疫证章标志包括： （一）动物检疫证明； （二）动物检疫印章、动物检疫标志； （三）农业农村部规定的其他动物检疫证章标志。
第五十一条　动物卫生监督证章标志格式或样式由农业部统一制定。	第三十六条　动物检疫证章标志的内容、格式、规格、编码和制作等要求，由农业农村部统一规定。
	第三十七条　县级以上动物卫生监督机构负责本行政区域内动物检疫证章标志的管理工作，建立动物检疫证章标志管理制度，严格按照程序订购、保管、发放。
	第三十八条　任何单位和个人不得伪造、变造、转让动物检疫证章标志，不得持有或者使用伪造、变造、转让的动物检疫证章标志。
第八章　检疫监督	第八章　监督管理
	第三十九条　禁止屠宰、经营、运输依法应当检疫而未经检疫或者检疫不合格的动物。 禁止生产、经营、加工、贮藏、运输依法应当检疫而未经检疫或者检疫不合格的动物产品。
第十八条　经检疫不合格的动物、动物产品，由官方兽医出具检疫处理通知单，并监督货主按照农业部规定的技术规范处理。 第二十四条　经检疫不合格的动物、动物产品，由官方兽医出具检疫处理通知单，并监督屠宰场（厂、点）或者货主按照农业部规定的技术规范处理。	第四十条　经检疫不合格的动物、动物产品，由官方兽医出具检疫处理通知单，货主或者屠宰加工场所应当在农业农村主管部门的监督下按照国家有关规定处理。 动物卫生监督机构应当及时向同级农业农村主管部门报告检疫不合格情况。

（续）

修改前条文	修改后条文
第三十九条　屠宰、经营、运输以及参加展览、演出和比赛的动物，应当附有《动物检疫合格证明》；经营、运输的动物产品应当附有《动物检疫合格证明》和检疫标志。 对符合前款规定的动物、动物产品，动物卫生监督机构可以查验检疫证明、检疫标志，对动物、动物产品进行采样、留验、抽检，但不得重复检疫收费。	
	第四十一条　有下列情形之一的，出具动物检疫证明的动物卫生监督机构或者其上级动物卫生监督机构，根据利害关系人的请求或者依据职权，撤销动物检疫证明，并及时通告有关单位和个人： （一）官方兽医滥用职权、玩忽职守出具动物检疫证明的； （二）以欺骗、贿赂等不正当手段取得动物检疫证明的； （三）超出动物检疫范围实施检疫，出具动物检疫证明的； （四）对不符合检疫申报条件或者不符合检疫合格标准的动物、动物产品，出具动物检疫证明的； （五）其他未按照《中华人民共和国动物防疫法》、本办法和检疫规程的规定实施检疫，出具动物检疫证明的。
	第四十二条　有下列情形之一的，按照依法应当检疫而未经检疫处理处罚： （一）动物种类、动物产品名称、畜禽标识号与动物检疫证明不符的； （二）动物、动物产品数量超出动物检疫证明载明部分的； （三）使用转让的动物检疫证明的。
第四十二条　依法应当检疫而未经检疫的精液、胚胎、种蛋等，符合下列条件的，由动物卫生监督机构出具《动物检疫合格证明》；不符合的，予以没收销毁。同时，依照《动物防疫法》处理处罚。	第四十三条　依法应当检疫而未经检疫的动物、动物产品，由县级以上地方人民政府农业农村主管部门依照《中华人民共和国动物防疫法》处理处罚，不具备补检条件的，予以收缴销毁；具备补检条件的，由动物卫生监督机构补检。

（续）

修改前条文	修改后条文
（一）货主在5天内提供输出地动物卫生监督机构出具的来自非封锁区的证明和供体动物符合健康标准的证明； （二）在规定的保质期内，并经外观检查无腐败变质； （三）农业部规定需要进行实验室疫病检测的，检测结果符合要求。	依法应当检疫而未经检疫的**胴体**、肉、脏器、脂、血液、精液、**卵**、胚胎、骨、蹄、头、筋、种蛋等动物产品，**不予补检，予以收缴销毁**。
第四十三条 依法应当检疫而未经检疫的肉、脏器、脂、头、蹄、血液、筋等，符合下列条件的，由动物卫生监督机构出具《动物检疫合格证明》，并依照《动物防疫法》第七十八条的规定进行处罚；不符合下列条件的，予以没收销毁，并依照《动物防疫法》第七十六条的规定进行处罚： （一）货主在5天内提供输出地动物卫生监督机构出具的来自非封锁区的证明； （二）经外观检查无病变、无腐败变质； （三）农业部规定需要进行实验室疫病检测的，检测结果符合要求。	
第四十条 依法应当检疫而未经检疫的动物，由动物卫生监督机构依照本条第二款规定补检，并依照《动物防疫法》处理处罚。 符合下列条件的，由动物卫生监督机构出具《动物检疫合格证明》；不符合的，按照农业部有关规定进行处理。 （一）畜禽标识符合农业部规定； （二）临床检查健康； （三）农业部规定需要进行实验室疫病检测的，检测结果符合要求。	**第四十四条** **补检的**动物**具备**下列条件的，**补检合格**，出具动物检疫证明： （一）畜禽标识符合规定； **（二）检疫申报需要提供的材料齐全、符合要求；** （三）临床检查健康； **（四）不符合第一项或者第二项规定条件，货主于七日内提供检疫规程规定的**实验室疫病检测**报告**，检测结果**合格**。
第四十一条 依法应当检疫而未经检疫的骨、角、生皮、原毛、绒等产品，符合下列条件的，由动物卫生监督机构出具《动物检疫合格证明》；不符合的，予以没收销毁。同时，依照《动物防疫法》处理处罚。 （一）经外观检查无腐烂变质； （二）按有关规定重新消毒； （三）农业部规定需要进行实验室疫病检测的，检测结果符合要求。	**第四十五条** **补检的**生皮、原毛、绒、角等**动物**产品**具备**下列条件的，**补检合格**，出具动物检疫证明： （一）经外观检查无腐烂变质； （二）按**照**规定**进行**消毒； **（三）货主于七日内提供检疫规程规定的**实验室疫病检测**报告**，检测结果**合格**。

（续）

修改前条文	修改后条文
第四十二条　依法应当检疫而未经检疫的精液、胚胎、种蛋等，符合下列条件的，由动物卫生监督机构出具《动物检疫合格证明》；不符合的，予以没收销毁。同时，依照《动物防疫法》处理处罚。 （一）货主在5天内提供输出地动物卫生监督机构出具的来自非封锁区的证明和供体动物符合健康标准的证明； （二）在规定的保质期内，并经外观检查无腐败变质； （三）农业部规定需要进行实验室疫病检测的，检测结果符合要求。	**移至第四十三条**
第四十三条　依法应当检疫而未经检疫的肉、脏器、脂、头、蹄、血液、筋等，符合下列条件的，由动物卫生监督机构出具《动物检疫合格证明》，并依照《动物防疫法》第七十八条的规定进行处罚；不符合下列条件的，予以没收销毁，并依照《动物防疫法》第七十六条的规定进行处罚： （一）货主在5天内提供输出地动物卫生监督机构出具的来自非封锁区的证明； （二）经外观检查无病变、无腐败变质； （三）农业部规定需要进行实验室疫病检测的，检测结果符合要求。	**移至第四十三条**
第四十四条　经铁路、公路、水路、航空运输依法应当检疫的动物、动物产品的，托运人托运时应当提供《动物检疫合格证明》。没有《动物检疫合格证明》的，承运人不得承运。	
第四十七条　经检疫合格的动物、动物产品应当在规定时间内到达目的地。经检疫合格的动物在运输途中发生疫情，应按有关规定报告并处置。	**第四十六条**　经检疫合格的动物应当**按照动物检疫证明载明的目的地运输，并**在规定时间内到达，运输途中发生疫情**的**应当按有关规定报告并处置。 **跨省、自治区、直辖市通过道路运输动物的，应当经省级人民政府设立的指定通道入省境或者过省境。** **饲养场（户）或者屠宰加工场所不得接收未附有有效动物检疫证明的动物。**

（续）

修改前条文	修改后条文
第十九条　跨省、自治区、直辖市引进用于饲养的非乳用、非种用动物到达目的地后，货主或者承运人应当在24小时内向所在地县级动物卫生监督机构报告，并接受监督检查。	**第四十七条　运输用于继续饲养或屠宰的畜禽**到达目的地后，货主或者承运人应当在**三日**内向**启运地**县级动物卫生监督机构报告；**目的地饲养场（户）或者屠宰加工场所应当在接收畜禽后三日内向所在地县级**动物卫生监督机构**报告**。
第三十一条　跨省、自治区、直辖市引进水产苗种到达目的地后，货主或承运人应当在24小时内按照有关规定报告，并接受当地动物卫生监督机构的监督检查。	
第四十五条　货主或者承运人应当在装载前和卸载后，对动物、动物产品的运载工具以及饲养用具、装载用具等，按照农业部规定的技术规范进行消毒，并对清除的垫料、粪便、污物等进行无害化处理。	
第四十六条　封锁区内的商品蛋、生鲜奶的运输监管按照《重大动物疫情应急条例》实施。	
第九章　罚则	第九章　**法律责任**
	第四十八条　申报动物检疫隐瞒有关情况或者提供虚假材料的，或者以欺骗、贿赂等不正当手段取得动物检疫证明的，依照《中华人民共和国行政许可法》有关规定予以处罚。
第四十八条　违反本办法第十九条、第三十一条规定，跨省、自治区、直辖市引进用于饲养的非乳用、非种用动物和水产苗种到达目的地后，未向所在地动物卫生监督机构报告的，由动物卫生监督机构处五百元以上二千元以下罚款。	第四十九条　违反本办法规定**运输畜禽，有下列行为之一的，由县级以上地方人民政府农业农村主管部门处一千元以上三千元以下罚款；情节严重的，处三千元以上三万元以下罚款：** **（一）运输用于继续饲养或者屠宰的畜禽**到达目的地后，未向**启运地**动物卫生监督机构报告的； **（二）未按照动物检疫证明载明的目的地运输的；** **（三）未按照动物检疫证明规定时间运达且无正当理由的；** **（四）实际运输的数量少于动物检疫证明载明数量且无正当理由的。**

（续）

修改前条文	修改后条文
第四十九条 违反本办法第二十条规定，跨省、自治区、直辖市引进的乳用、种用动物到达输入地后，未按规定进行隔离观察的，由动物卫生监督机构责令改正，处二千元以上一万元以下罚款。	
第五十条 其他违反本办法规定的行为，依照《动物防疫法》有关规定予以处罚。	**第五十条** 其他违反本办法规定的行为，依照**《中华人民共和国动物防疫法》**有关规定予以处罚。
第十章 附则	**第十章 附则**
第五十一条 动物卫生监督证章标志格式或样式由农业部统一制定。	**移至第三十六条**
第五十二条 水产苗种产地检疫，由地方动物卫生监督机构委托同级渔业主管部门实施。水产苗种以外的其他水生动物及其产品不实施检疫。	**第五十一条** 水产苗种产地检疫，由**从事水生动物检疫的县级以上动物卫生监督机构实施。**
	第五十二条 实验室疫病检测报告应当由动物疫病预防控制机构、取得相关资质认定、国家认可机构认可或者符合省级农业农村主管部门规定条件的实验室出具。
第五十三条 本办法自2010年3月1日起施行。农业部2002年5月24日发布的《动物检疫管理办法》（农业部令第14号）自本办法施行之日起废止。	**第五十三条** 本办法自**2022年12月1日**起施行。农业部**2010年1月21日公布、2019年4月25日修订的**《动物检疫管理办法》**同时**废止。

附录5

动物防疫条件审查办法

第一章 总 则

第一条 为了规范动物防疫条件审查，有效预防、控制、净化、消灭动物疫病，防控人畜共患传染病，保障公共卫生安全和人体健康，根据《中华人民共和国动物防疫法》，制定本办法。

第二条 动物饲养场、动物隔离场所、动物屠宰加工场所以及动物和动物产品无害化处理场所，应当符合本办法规定的动物防疫条件，并取得动物防疫条件合格证。

经营动物和动物产品的集贸市场应当符合本办法规定的动物防疫条件。

第三条 农业农村部主管全国动物防疫条件审查和监督管理工作。

县级以上地方人民政府农业农村主管部门负责本行政区域内的动物防疫条件审查和监督管理工作。

第四条 动物防疫条件审查应当遵循公开、公平、公正、便民的原则。

第五条 农业农村部加强信息化建设，建立动物防疫条件审查信息管理系统。

第二章 动物防疫条件

第六条 动物饲养场、动物隔离场所、动物屠宰加工场所以及动物和动物产品无害化处理场所应当符合下列条件：

（一）各场所之间，各场所与动物诊疗场所、居民生活区、生活饮用水水源地、学校、医院等公共场所之间保持必要的距离；

（二）场区周围建有围墙等隔离设施；场区出入口处设置运输车辆消毒通道或者消毒池，并单独设置人员消毒通道；生产经营区与生活办公区分开，并有隔离设施；生产经营区入口处设置人员更衣消毒室；

（三）配备与其生产经营规模相适应的执业兽医或者动物防疫技术

人员；

（四）配备与其生产经营规模相适应的污水、污物处理设施，清洗消毒设施设备，以及必要的防鼠、防鸟、防虫设施设备；

（五）建立隔离消毒、购销台账、日常巡查等动物防疫制度。

第七条　动物饲养场除符合本办法第六条规定外，还应当符合下列条件：

（一）设置配备疫苗冷藏冷冻设备、消毒和诊疗等防疫设备的兽医室；

（二）生产区清洁道、污染道分设；具有相对独立的动物隔离舍；

（三）配备符合国家规定的病死动物和病害动物产品无害化处理设施设备或者冷藏冷冻等暂存设施设备；

（四）建立免疫、用药、检疫申报、疫情报告、无害化处理、畜禽标识及养殖档案管理等动物防疫制度。

禽类饲养场内的孵化间与养殖区之间应当设置隔离设施，并配备种蛋熏蒸消毒设施，孵化间的流程应当单向，不得交叉或者回流。

种畜禽场除符合本条第一款、第二款规定外，还应当有国家规定的动物疫病的净化制度；有动物精液、卵、胚胎采集等生产需要的，应当设置独立的区域。

第八条　动物隔离场所除符合本办法第六条规定外，还应当符合下列条件：

（一）饲养区内设置配备疫苗冷藏冷冻设备、消毒和诊疗等防疫设备的兽医室；

（二）饲养区内清洁道、污染道分设；

（三）配备符合国家规定的病死动物和病害动物产品无害化处理设施设备或者冷藏冷冻等暂存设施设备；

（四）建立动物进出登记、免疫、用药、疫情报告、无害化处理等动物防疫制度。

第九条　动物屠宰加工场所除符合本办法第六条规定外，还应当符合下列条件：

（一）入场动物卸载区域有固定的车辆消毒场地，并配备车辆清洗消毒设备；

（二）有与其屠宰规模相适应的独立检疫室和休息室；有待宰圈、急宰间，加工原毛、生皮、绒、骨、角的，还应当设置封闭式熏蒸消毒间；

（三）屠宰间配备检疫操作台；

（四）有符合国家规定的病死动物和病害动物产品无害化处理设施设备或者冷藏冷冻等暂存设施设备；

（五）建立动物进场查验登记、动物产品出场登记、检疫申报、疫情报告、无害化处理等动物防疫制度。

第十条 动物和动物产品无害化处理场所除符合本办法第六条规定外，还应当符合下列条件：

（一）无害化处理区内设置无害化处理间、冷库；

（二）配备与其处理规模相适应的病死动物和病害动物产品的无害化处理设施设备，符合农业农村部规定条件的专用运输车辆，以及相关病原检测设备，或者委托有资质的单位开展检测；

（三）建立病死动物和病害动物产品入场登记、无害化处理记录、病原检测、处理产物流向登记、人员防护等动物防疫制度。

第十一条 经营动物和动物产品的集贸市场应当符合下列条件：

（一）场内设管理区、交易区和废弃物处理区，且各区相对独立；

（二）动物交易区与动物产品交易区相对隔离，动物交易区内不同种类动物交易场所相对独立；

（三）配备与其经营规模相适应的污水、污物处理设施和清洗消毒设施设备；

（四）建立定期休市、清洗消毒等动物防疫制度。

经营动物的集贸市场，除符合前款规定外，周围应当建有隔离设施，运输动物车辆出入口处设置消毒通道或者消毒池。

第十二条 活禽交易市场除符合本办法第十一条规定外，还应当符合下列条件：

（一）活禽销售应单独分区，有独立出入口；市场内水禽与其他家禽应相对隔离；活禽宰杀间应相对封闭，宰杀间、销售区域、消费者之间应实施物理隔离；

（二）配备通风、无害化处理等设施设备，设置排污通道；

（三）建立日常监测、从业人员卫生防护、突发事件应急处置等动物防疫制度。

第三章　审查发证

第十三条　开办动物饲养场、动物隔离场所、动物屠宰加工场所以及动物和动物产品无害化处理场所，应当向县级人民政府农业农村主管部门提交选址需求。

县级人民政府农业农村主管部门依据评估办法，结合场所周边的天然屏障、人工屏障、饲养环境、动物分布等情况，以及动物疫病发生、流行和控制等因素，实施综合评估，确定本办法第六条第一项要求的距离，确认选址。

前款规定的评估办法由省级人民政府农业农村主管部门依据《中华人民共和国畜牧法》《中华人民共和国动物防疫法》等法律法规和本办法制定。

第十四条　本办法第十三条规定的场所建设竣工后，应当向所在地县级人民政府农业农村主管部门提出申请，并提交以下材料：

（一）《动物防疫条件审查申请表》；

（二）场所地理位置图、各功能区布局平面图；

（三）设施设备清单；

（四）管理制度文本；

（五）人员信息。

申请材料不齐全或者不符合规定条件的，县级人民政府农业农村主管部门应当自收到申请材料之日起五个工作日内，一次性告知申请人需补正的内容。

第十五条　县级人民政府农业农村主管部门应当自受理申请之日起十五个工作日内完成材料审核，并结合选址综合评估结果完成现场核查，审查合格的，颁发动物防疫条件合格证；审查不合格的，应当书面通知申请人，并说明理由。

第十六条　动物防疫条件合格证应当载明申请人的名称（姓名）、场（厂）址、动物（动物产品）种类等事项，具体格式由农业农村部规定。

第四章　监督管理

第十七条　患有人畜共患传染病的人员不得在本办法第二条所列场所

直接从事动物疫病检测、检验、协助检疫、诊疗以及易感染动物的饲养、屠宰、经营、隔离等活动。

第十八条 县级以上地方人民政府农业农村主管部门依照《中华人民共和国动物防疫法》和本办法以及有关法律、法规的规定，对本办法第二条所列场所的动物防疫条件实施监督检查，有关单位和个人应当予以配合，不得拒绝和阻碍。

第十九条 推行动物饲养场分级管理制度，根据规模、设施设备状况、管理水平、生物安全风险等因素采取差异化监管措施。

第二十条 取得动物防疫条件合格证后，变更场址或者经营范围的，应当重新申请办理，同时交回原动物防疫条件合格证，由原发证机关予以注销。

变更布局、设施设备和制度，可能引起动物防疫条件发生变化的，应当提前三十日向原发证机关报告。发证机关应当在十五日内完成审查，并将审查结果通知申请人。

变更单位名称或者法定代表人（负责人）的，应当在变更后十五日内持有效证明申请变更动物防疫条件合格证。

第二十一条 动物饲养场、动物隔离场所、动物屠宰加工场所以及动物和动物产品无害化处理场所，应当在每年三月底前将上一年的动物防疫条件情况和防疫制度执行情况向县级人民政府农业农村主管部门报告。

第二十二条 禁止转让、伪造或者变造动物防疫条件合格证。

第二十三条 动物防疫条件合格证丢失或者损毁的，应当在十五日内向原发证机关申请补发。

第五章 法律责任

第二十四条 违反本办法规定，有下列行为之一的，依照《中华人民共和国动物防疫法》第九十八条的规定予以处罚：

（一）动物饲养场、动物隔离场所、动物屠宰加工场所以及动物和动物产品无害化处理场所变更场所地址或者经营范围，未按规定重新办理动物防疫条件合格证的；

（二）经营动物和动物产品的集贸市场不符合本办法第十一条、第十二条动物防疫条件的。

第二十五条　违反本办法规定，动物饲养场、动物隔离场所、动物屠宰加工场所以及动物和动物产品无害化处理场所未经审查变更布局、设施设备和制度，不再符合规定的动物防疫条件继续从事相关活动的，依照《中华人民共和国动物防疫法》第九十九条的规定予以处罚。

第二十六条　违反本办法规定，动物饲养场、动物隔离场所、动物屠宰加工场所以及动物和动物产品无害化处理场所变更单位名称或者法定代表人（负责人）未办理变更手续的，由县级以上地方人民政府农业农村主管部门责令限期改正；逾期不改正的，处一千元以上五千元以下罚款。

第二十七条　违反本办法规定，动物饲养场、动物隔离场所、动物屠宰加工场所以及动物和动物产品无害化处理场所未按规定报告动物防疫条件情况和防疫制度执行情况的，依照《中华人民共和国动物防疫法》第一百零八条的规定予以处罚。

第二十八条　违反本办法规定，涉嫌犯罪的，依法移送司法机关追究刑事责任。

第六章　附　　则

第二十九条　本办法所称动物饲养场是指《中华人民共和国畜牧法》规定的畜禽养殖场。

本办法所称经营动物和动物产品的集贸市场，是指经营畜禽或者专门经营畜禽产品，并取得营业执照的集贸市场。

动物饲养场内自用的隔离舍，参照本办法第八条规定执行，不再另行办理动物防疫条件合格证。

动物饲养场、隔离场所、屠宰加工场所内的无害化处理区域，参照本办法第十条规定执行，不再另行办理动物防疫条件合格证。

第三十条　本办法自 2022 年 12 月 1 日起施行。农业部 2010 年 1 月 21 日公布的《动物防疫条件审查办法》同时废止。

本办法施行前已取得动物防疫条件合格证的各类场所，应当自本办法实施之日起一年内达到本办法规定的条件。

附录 6

《动物防疫条件审查办法》修订条文对照表

（条文中**黑体字**为新增或修改后的内容，阴影为删去的内容）

修改前条文	修改后条文
第一章　总则	第一章　总则
第一条　为了规范动物防疫条件审查，有效预防控制动物疫病，维护公共卫生安全，根据《中华人民共和国动物防疫法》，制定本办法。	**第一条**　为了规范动物防疫条件审查，有效预防、控制、**净化、消灭**动物疫病，**防控人畜共患传染病，保障**公共卫生安全**和人体健康**，根据《中华人民共和国动物防疫法》，制定本办法。
第二条　动物饲养场、养殖小区、动物隔离场所、动物屠宰加工场所以及动物和动物产品无害化处理场所，应当符合本办法规定的动物防疫条件，并取得《动物防疫条件合格证》。 经营动物和动物产品的集贸市场应当符合本办法规定的动物防疫条件。	**第二条**　动物饲养场、动物隔离场所、动物屠宰加工场所以及动物和动物产品无害化处理场所，应当符合本办法规定的动物防疫条件，并取得动物防疫条件合格证。 经营动物和动物产品的集贸市场应当符合本办法规定的动物防疫条件。
第三条　农业部主管全国动物防疫条件审查和监督管理工作。 县级以上地方人民政府兽医主管部门主管本行政区域内的动物防疫条件审查和监督管理工作。 县级以上地方人民政府设立的 动物卫生监督机构负责本行政区域内的动物防疫条件监督执法工作。	**第三条**　**农业农村部**主管全国动物防疫条件审查和监督管理工作。 县级以上地方人民政府**农业农村**主管部门**负责**本行政区域内的动物防疫条件审查和监督管理工作。
第四条　动物防疫条件审查应当遵循公开、公正、公平、便民的原则。	**第四条**　动物防疫条件审查应当遵循公开、公平、公正、便民的原则。
	第五条　农业农村部加强信息化建设，建立动物防疫条件审查信息管理系统。
第二章　饲养场、养殖小区动物防疫条件	第二章　动物防疫条件
第五条　动物饲养场、养殖小区选址应当符合下列条件： （一）距离生活饮用水源地、动物屠宰加工场所、动物和动物产品集贸市场 500 米以上；距离种畜禽场 1 000 米以上；距离动物诊疗场所 200 米以上；动物饲养场（养殖小区）之间距离不少于	**第六条　动物饲养场、动物隔离场所、动物屠宰加工场所以及动物和动物产品无害化处理场所应当符合下列条件：** **（一）各场所之间，各场所与动物诊疗场所、居民生活区、生活饮用水水源地、学校、医院等公共场所之间保持必要的距离；**

（续）

修改前条文	修改后条文
500米； （二）距离动物隔离场所、无害化处理场所3 000米以上； （三）距离城镇居民区、文化教育科研等人口集中区域及公路、铁路等主要交通干线500米以上。	（二）场区周围建有围墙等隔离设施；场区出入口处设置运输车辆消毒通道或者消毒池，并单独设置人员消毒通道；生产经营区与生活办公区分开，并有隔离设施；生产经营区入口处设置人员更衣消毒室； （三）配备与其生产经营规模相适应的执业兽医或者动物防疫技术人员； （四）配备与其生产经营规模相适应的污水、污物处理设施，清洗消毒设施设备，以及必要的防鼠、防鸟、防虫设施设备； （五）建立隔离消毒、购销台账、日常巡查等动物防疫制度。
第六条 动物饲养场、养殖小区布局应当符合下列条件： （一）场区周围建有围墙； （二）场区出入口处设置与门同宽，长4米、深0.3米以上的消毒池； （三）生产区与生活办公区分开，并有隔离设施； （四）生产区入口处设置更衣消毒室，各养殖栋舍出入口设置消毒池或者消毒垫； （五）生产区内清洁道、污染道分设； （六）生产区内各养殖栋舍之间距离在5米以上或者有隔离设施。 禽类饲养场、养殖小区内的孵化间与养殖区之间应当设置隔离设施，并配备种蛋熏蒸消毒设施，孵化间的流程应当单向，不得交叉或者回流。	
第七条 动物饲养场、养殖小区应当具有下列设施设备： （一）场区入口处配置消毒设备； （二）生产区有良好的采光、通风设施设备； （三）圈舍地面和墙壁选用适宜材料，以便清洗消毒； （四）配备疫苗冷冻（冷藏）设备、消毒和诊疗等防疫设备的兽医室，或者有兽医机构为其提供相应服务； （五）有与生产规模相适应的无害化处理、污水污物处理设施设备； （六）有相对独立的引入动物隔离舍和患病动物隔离舍。	第七条 动物饲养场除符合本办法第六条规定外，还应当符合下列条件： （一）设置配备疫苗冷藏冷冻设备、消毒和诊疗等防疫设备的兽医室； （二）生产区清洁道、污染道分设；具有相对独立的动物隔离舍； （三）配备符合国家规定的病死动物和病害动物产品无害化处理设施设备或者冷藏冷冻等暂存设施设备； （四）建立免疫、用药、检疫申报、疫情报告、无害化处理、畜禽标识及养殖档案管理等动物防疫制度。 禽类饲养场内的孵化间与养殖区之间应当设置隔离设施，并配备种蛋熏蒸消毒设施，孵化间的流程应当单向，不得交叉或者回流。 种畜禽场除符合本条第一款、第二款规定外，还应当有国家规定的动物疫病的净化制度；有动物精液、卵、胚胎采集等生产需要的，应当设置独立的区域。

（续）

修改前条文	修改后条文
第八条 动物饲养场、养殖小区应当有与其养殖规模相适应的执业兽医或者乡村兽医。 患有相关人畜共患传染病的人员不得从事动物饲养工作。	第八条 动物隔离场所除符合本办法第六条规定外，还应当符合下列条件： （一）饲养区内设置配备疫苗冷藏冷冻设备、消毒和诊疗等防疫设备的兽医室； （二）饲养区内清洁道、污染道分设； （三）配备符合国家规定的病死动物和病害动物产品无害化处理设施设备或者冷藏冷冻等暂存设施设备； （四）建立动物进出登记、免疫、用药、疫情报告、无害化处理等动物防疫制度。
第九条 动物饲养场、养殖小区应当按规定建立免疫、用药、检疫申报、疫情报告、消毒、无害化处理、畜禽标识等制度及养殖档案。	第九条 动物屠宰加工场所除符合本办法第六条规定外，还应当符合下列条件： （一）入场动物卸载区域有固定的车辆消毒场地，并配备车辆清洗消毒设备； （二）有与其屠宰规模相适应的独立检疫室和休息室；有待宰圈、急宰间，加工原毛、生皮、绒、骨、角的，还应当设置封闭式熏蒸消毒间； （三）屠宰间配备检疫操作台； （四）有符合国家规定的病死动物和病害动物产品无害化处理设施设备或者冷藏冷冻等暂存设施设备； （五）建立动物进场查验登记、动物产品出场登记、检疫申报、疫情报告、无害化处理等动物防疫制度。
第十条 种畜禽场除符合本办法第六条、第七条、第八条、第九条规定外，还应当符合下列条件： （一）距离生活饮用水源地、动物饲养场、养殖小区和城镇居民区、文化教育科研等人口集中区域及公路、铁路等主要交通干线 1 000 米以上； （二）距离动物隔离场所、无害化处理场所、动物屠宰加工场所、动物和动物产品集贸市场、动物诊疗场所 3 000 米以上； （三）有必要的防鼠、防鸟、防虫设施或者措施； （四）有国家规定的动物疫病的净化制度； （五）根据需要，种畜场还应当设置单独的动物精液、卵、胚胎采集等区域。	第十条 动物和动物产品无害化处理场所除符合本办法第六条规定外，还应当符合下列条件： （一）无害化处理区内设置无害化处理间、冷库； （二）配备与其处理规模相适应的病死动物和病害动物产品的无害化处理设施设备，符合农业农村部规定条件的专用运输车辆，以及相关病原检测设备，或者委托有资质的单位开展检测； （三）建立病死动物和病害动物产品入场登记、无害化处理记录、病原检测、处理产物流向登记、人员防护等动物防疫制度。

（续）

修改前条文	修改后条文
第六章　集贸市场动物防疫条件	**第十一条**　经营动物**和动物产品**的集贸市场应当符合下列条件： （一）场内设管理区、交易区和废弃物处理区，**且**各区相对独立； （二）动物交易区与动物产品交易区相对隔离，**动物**交易区内不同种类动物交易场所相对独立； （三）**配备与其经营规模相适应的污水、污物处理设施和清洗消毒设施设备；** （四）**建立**定期休市、**清洗**消毒**等动物防疫**制度。 **经营动物的集贸市场，除符合前款规定外，周围应当建有隔离设施，运输动物车辆出入口处设置消毒通道或者消毒池。**
第二十四条　专门经营动物的集贸市场应当符合下列条件： （一）距离文化教育科研等人口集中区域、生活饮用水源地、动物饲养场和养殖小区、动物屠宰加工场所500米以上，距离种畜禽场、动物隔离场所、无害化处理场所3 000米以上，距离动物诊疗场所200米以上； （二）市场周围有围墙，场区出入口处设置与门同宽，长4米、深0.3米以上的消毒池； （三）场内设管理区、交易区、废弃物处理区，各区相对独立； （四）交易区内不同种类动物交易场所相对独立； （五）有清洗、消毒和污水污物处理设施设备； （六）有定期休市和消毒制度。 （七）有专门的兽医工作室。	
第二十五条第一款　兼营动物和动物产品的集贸市场应当符合下列动物防疫条件： （一）距离动物饲养场和养殖小区500米以上，距离种畜禽场、动物隔离场所、无害化处理场所3 000米以上，距离动物诊疗场所200米以上； （二）动物和动物产品交易区与市场其他区域相对隔离； （三）动物交易区与动物产品交易区相对隔离； （四）不同种类动物交易区相对隔离； （五）交易区地面、墙面（裙）和台面防水、易清洗； （六）有消毒制度。	
第二十五条第二款　活禽交易市场除符合前款规定条件外，市场内的水禽与其他家禽还应当分开，宰杀间与活禽存放间应当隔离，宰杀间与出售场地应当分开，并有定期休市制度。	**第十二条**　活禽交易市场除符合**本办法第十一条**规定外，还应当符合下列条件： （一）**活禽销售应单独分区，有独立出入口；**市场内水禽与其他家禽应相对隔离；**活禽宰杀间应相对封闭，宰杀间、销售区域、消费者之间应实施物理隔离；** **（二）配备通风、无害化处理等设施设备，**

（续）

修改前条文	修改后条文
	设置排污通道； （三）建立日常监测、从业人员卫生防护、突发事件应急处置等动物防疫制度。
第三章　屠宰加工场所动物防疫条件	
第十一条　动物屠宰加工场所选址应当符合下列条件： （一）距离生活饮用水源地、动物饲养场、养殖小区、动物集贸市场500米以上；距离种畜禽场3 000米以上；距离动物诊疗场所200米以上； （二）距离动物隔离场所、无害化处理场所3 000米以上。	
第十二条　动物屠宰加工场所布局应当符合下列条件： （一）场区周围建有围墙； （二）运输动物车辆出入口设置与门同宽，长4米、深0.3米以上的消毒池； （三）生产区与生活办公区分开，并有隔离设施； （四）入场动物卸载区域有固定的车辆消毒场地，并配有车辆清洗、消毒设备。 （五）动物入场口和动物产品出场口应当分别设置； （六）屠宰加工间入口设置人员更衣消毒室； （七）有与屠宰规模相适应的独立检疫室、办公室和休息室； （八）有待宰圈、患病动物隔离观察圈、急宰间；加工原毛、生皮、绒、骨、角的，还应当设置封闭式熏蒸消毒间。	
第十三条　动物屠宰加工场所应当具有下列设施设备： （一）动物装卸台配备照度不小于300Lx的照明设备； （二）生产区有良好的采光设备，地面、操作台、墙壁、天棚应当耐腐蚀、不吸潮、易清洗； （三）屠宰间配备检疫操作台和照度不小于500Lx的照明设备； （四）有与生产规模相适应的无害化处理、污水污物处理设施设备。	

（续）

修改前条文	修改后条文
第十四条　动物屠宰加工场所应当建立动物入场和动物产品出场登记、检疫申报、疫情报告、消毒、无害化处理等制度。	
第四章　隔离场所动物防疫条件	
第十五条　动物隔离场所选址应当符合下列条件： （一）距离动物饲养场、养殖小区、种畜禽场、动物屠宰加工场所、无害化处理场所、动物诊疗场所、动物和动物产品集贸市场以及其他动物隔离场 3 000 米以上； （二）距离城镇居民区、文化教育科研等人口集中区域及公路、铁路等主要交通干线、生活饮用水源地 500 米以上。	
第十六条　动物隔离场所布局应当符合下列条件： （一）场区周围有围墙； （二）场区出入口处设置与门同宽，长 4 米、深 0.3 米以上的消毒池； （三）饲养区与生活办公区分开，并有隔离设施； （四）有配备消毒、诊疗和检测等防疫设备的兽医室； （五）饲养区内清洁道、污染道分设； （六）饲养区入口设置人员更衣消毒室。	
第十七条　动物隔离场所应当具有下列设施设备： （一）场区出入口处配置消毒设备； （二）有无害化处理、污水污物处理设施设备。	
第十八条　动物隔离场所应当配备与其规模相适应的执业兽医。患有相关人畜共患传染病的人员不得从事动物饲养工作。	
第十九条　动物隔离场所应当建立动物和动物产品进出登记、免疫、用药、消毒、疫情报告、无害化处理等制度。	

（续）

修改前条文	修改后条文
第五章 无害化处理场所动物防疫条件	
第二十条 动物和动物产品无害化处理场所选址应当符合下列条件： （一）距离动物养殖场、养殖小区、种畜禽场、动物屠宰加工场所、动物隔离场所、动物诊疗场所、动物和动物产品集贸市场、生活饮用水源地 3 000 米以上； （二）距离城镇居民区、文化教育科研等人口集中区域及公路、铁路等主要交通干线 500 米以上。	
第二十一条 动物和动物产品无害化处理场所布局应当符合下列条件： （一）场区周围建有围墙； （二）场区出入口处设置与门同宽，长 4 米、深 0.3 米以上的消毒池，并设有单独的人员消毒通道； （三）无害化处理区与生活办公区分开，并有隔离设施； （四）无害化处理区内设置染疫动物扑杀间、无害化处理间、冷库等； （五）动物扑杀间、无害化处理间入口处设置人员更衣室，出口处设置消毒室。	
第二十二条 动物和动物产品无害化处理场所应当具有下列设施设备： （一）配置机动消毒设备； （二）动物扑杀间、无害化处理间等配备相应规模的无害化处理、污水污物处理设施设备； （三）有运输动物和动物产品的专用密闭车辆。	
第二十三条 动物和动物产品无害化处理场所应当建立病害动物和动物产品入场登记、消毒、无害化处理后的物品流向登记、人员防护等制度。	
第七章 审查发证	第三章 审查发证
第二十六条 兴办动物饲养场、养殖小区、动物屠宰加工场所、动物隔离场所、动物和动物产品无害化处理场所，应当按照本办法规定进行选址、工程设计和施工。	第十三条 **开**办动物饲养场、动物隔离场所、动物屠宰加工场所**以及**动物和动物产品无害化处理场所，应当**向县级人民政府农业农村主管部门提交选址需求**。

（续）

修改前条文	修改后条文
	县级人民政府农业农村主管部门依据评估办法，结合场所周边的天然屏障、人工屏障、饲养环境、动物分布等情况，以及动物疫病发生、流行和控制等因素，实施综合评估，确定本办法第六条第一项要求的距离，确认选址。 前款规定的评估办法由省级人民政府农业农村主管部门依据《中华人民共和国畜牧法》《中华人民共和国动物防疫法》等法律法规和本办法制定。
第二十七条　本办法第二条第一款规定场所建设竣工后，应当向所在地县级地方人民政府兽医主管部门提出申请，并提交以下材料： （一）《动物防疫条件审查申请表》； （二）场所地理位置图、各功能区布局平面图； （三）设施设备清单； （四）管理制度文本； （五）人员情况。 申请材料不齐全或者不符合规定条件的，县级地方人民政府兽医主管部门应当自收到申请材料之日起5个工作日内，一次告知申请人需补正的内容。	**第十四条**　本办法**第十三条**规定**的**场所建设竣工后，应当向所在地县级人民政府**农业农村**主管部门提出申请，并提交以下材料： （一）《动物防疫条件审查申请表》； （二）场所地理位置图、各功能区布局平面图； （三）设施设备清单； （四）管理制度文本； （五）人员**信息**。 申请材料不齐全或者不符合规定条件的，县级人民政府**农业农村**主管部门应当自收到申请材料之日起**五**个工作日内，一次**性**告知申请人需补正的内容。
第二十八条　兴办动物饲养场、养殖小区和动物屠宰加工场所的，县级地方人民政府兽医主管部门应当自收到申请之日起20个工作日内完成材料和现场审查，审查合格的，颁发《动物防疫条件合格证》；审查不合格的，应当书面通知申请人，并说明理由。	**第十五条**　县级人民政府**农业农村**主管部门应当自**受理**申请之日起**十五个**工作日内完成材料**审核，并结合选址综合评估结果完成**现场核查，审查合格的，颁发动物防疫条件合格证；审查不合格的，应当书面通知申请人，并说明理由。
第二十九条　兴办动物隔离场所、动物和动物产品无害化处理场所的，县级地方人民政府兽医主管部门应当自收到申请之日起5个工作日内完成材料初审，并将初审意见和有关材料报省、自治区、直辖市人民政府兽医主管部门。省、自治区、直辖市人民政府兽医主管部门自收到初审意见和有关材料之日起15个工作日内完成材料和现场审查，审查合格的，颁发《动物防疫条件合格证》；审查不合格的，应当书面通知申请人，并说明理由。	

（续）

修改前条文	修改后条文
	第十六条　动物防疫条件合格证应当载明申请人的名称（姓名）、场（厂）址、动物（动物产品）种类等事项，具体格式由农业农村部规定。
第八章　监督管理	第四章　监督管理
	第十七条　患有人畜共患传染病的人员不得在本办法第二条所列场所直接从事动物疫病检测、检验、协助检疫、诊疗以及易感染动物的饲养、屠宰、经营、隔离等活动。
第三十条　动物卫生监督机构依照《中华人民共和国动物防疫法》和有关法律、法规的规定，对动物饲养场、养殖小区、动物隔离场所、动物屠宰加工场所、动物和动物产品无害化处理场所、动物和动物产品集贸市场的动物防疫条件实施监督检查，有关单位和个人应当予以配合，不得拒绝和阻碍。	第十八条　县级以上地方人民政府农业农村主管部门依照《中华人民共和国动物防疫法》和本办法以及有关法律、法规的规定，对本办法第二条所列场所的动物防疫条件实施监督检查，有关单位和个人应当予以配合，不得拒绝和阻碍。
	第十九条　推行动物饲养场分级管理制度，根据规模、设施设备状况、管理水平、生物安全风险等因素采取差异化监管措施。
第三十一条　本办法第二条第一款所列场所在取得《动物防疫条件合格证》后，变更场址或者经营范围的，应当重新申请办理《动物防疫条件合格证》，同时交回原《动物防疫条件合格证》，由原发证机关予以注销。 变更布局、设施设备和制度，可能引起动物防疫条件发生变化的，应当提前30日向原发证机关报告。发证机关应当在20日内完成审查，并将审查结果通知申请人。 变更单位名称或者其负责人的，应当在变更后15日内持有效证明申请变更《动物防疫条件合格证》。	第二十条　取得动物防疫条件合格证后，变更场址或者经营范围的，应当重新申请办理，同时交回原动物防疫条件合格证，由原发证机关予以注销。 变更布局、设施设备和制度，可能引起动物防疫条件发生变化的，应当提前三十日向原发证机关报告。发证机关应当在十五日内完成审查，并将审查结果通知申请人。 变更单位名称或者法定代表人（负责人）的，应当在变更后十五日内持有效证明申请变更动物防疫条件合格证。
第三十二条　本办法第二条第一款所列场所停业的，应当于停业后30日内将《动物防疫条件合格证》交回原发证机关注销。	
第三十三条　本办法第二条所列场所，应当在每年1月底前将上一年的动物防疫条件情况和防疫制度执行情况向发证机关报告。	第二十一条　动物饲养场、动物隔离场所、动物屠宰加工场所以及动物和动物产品无害化处理场所，应当在每年三月底前将上一年的动物防疫条件情况和防疫制度执行情况向县级人民政府农业农村主管部门报告。

（续）

修改前条文	修改后条文
第三十四条　禁止转让、伪造或者变造《动物防疫条件合格证》。	**第二十二条**　禁止转让、伪造或者变造动物防疫条件合格证。
第三十五条　《动物防疫条件合格证》丢失或者损毁的，应当在15日内向发证机关申请补发。	**第二十三条**　动物防疫条件合格证丢失或者损毁的，应当在**十五**日内向**原**发证机关申请补发。
第九章　罚则	**第五章　法律责任**
第三十六条第一款　违反本办法第三十一条第一款规定，变更场所地址或者经营范围，未按规定重新申请《动物防疫条件合格证》的，按照《中华人民共和国动物防疫法》第七十七条规定予以处罚。 **第三十七条**　违反本办法第二十四条和第二十五条规定，经营动物和动物产品的集贸市场不符合动物防疫条件的，由动物卫生监督机构责令改正；拒不改正的，由动物卫生监督机构处五千元以上两万元以下的罚款，并通报同级工商行政管理部门依法处理。	**第二十四条**　违反本办法规定，**有下列行为之一的，依照《中华人民共和国动物防疫法》第九十八条的规定予以处罚：** **（一）动物饲养场、动物隔离场所、动物屠宰加工场所以及动物和动物产品无害化处理场所**变更场所地址或者经营范围，未按规定重新**办理**动物防疫条件合格证的； （二）经营动物和动物产品的集贸市场不符合**本办法第十一条、第十二条**动物防疫条件的。
第三十六条第二款　违反本办法第三十一条第二款规定，未经审查擅自变更布局、设施设备和制度的，由动物卫生监督机构给予警告。对不符合动物防疫条件的，由动物卫生监督机构责令改正；拒不改正或者整改后仍不合格的，由发证机关收回并注销《动物防疫条件合格证》。	**第二十五条**　违反本办法规定，**动物饲养场、动物隔离场所、动物屠宰加工场所以及动物和动物产品无害化处理场所**未经审查变更布局、设施设备和制度，**不再符合规定的动物防疫条件继续从事相关活动的，依照《中华人民共和国动物防疫法》第九十九条的规定予以处罚。**
	第二十六条　违反本办法规定，动物饲养场、动物隔离场所、动物屠宰加工场所以及动物和动物产品无害化处理场所变更单位名称或者法定代表人（负责人）未办理变更手续的，由县级以上地方人民政府农业农村主管部门责令限期改正；逾期不改正的，处一千元以上五千元以下罚款。
	第二十七条　违反本办法规定，动物饲养场、动物隔离场所、动物屠宰加工场所以及动物和动物产品无害化处理场所未按规定报告动物防疫条件情况和防疫制度执行情况的，依照《中华人民共和国动物防疫法》第一百零八条的规定予以处罚。

（续）

修改前条文	修改后条文
第三十八条 违反本办法第三十四条规定，转让、伪造或者变造《动物防疫条件合格证》的，由动物卫生监督机构收缴《动物防疫条件合格证》，处两千元以上一万元以下的罚款。 使用转让、伪造或者变造《动物防疫条件合格证》的，由动物卫生监督机构按照《中华人民共和国动物防疫法》第七十七条规定予以处罚。	
第三十九条 违反本办法规定，构成犯罪或者违反治安管理规定的，依法移送公安机关处理。	**第二十八条** 违反本办法规定，**涉嫌**犯罪的，依法移送**司法机关追究刑事责任。**
第十章 附则	**第六章 附则**
第四十条 本办法所称动物饲养场、养殖小区是指《中华人民共和国畜牧法》第三十九条规定的畜禽养殖场、养殖小区。 饲养场、养殖小区内自用的隔离舍和屠宰加工场所内自用的患病动物隔离观察圈，饲养场、养殖小区、屠宰加工场所和动物隔离场内设置的自用无害化处理场所，不再另行办理《动物防疫条件合格证》。	**第二十九条** 本办法所称动物饲养场是指《中华人民共和国畜牧法》规定的畜禽养殖场。 **本办法所称经营动物和动物产品的集贸市场，是指经营畜禽或者专门经营畜禽产品，并取得营业执照的集贸市场。** **动物**饲养场内自用的隔离舍，**参照本办法第八条规定执行，**不再另行办理动物防疫条件合格证。 **动物**饲养场、隔离场**所**、屠宰加工场所内的无害化处理**区域，参照本办法第十条规定执行，**不再另行办理动物防疫条件合格证。
第四十一条 本办法自2010年5月1日起施行。农业部2002年5月24日发布的《动物防疫条件审核管理办法》（农业部令第15号）同时废止。 本办法施行前已发放的《动物防疫合格证》在有效期内继续有效，有效期不满1年的，可沿用到2011年5月1日止。本办法施行前未取得《动物防疫合格证》的各类场所，应当在2011年5月1日前达到本办法规定的条件，取得《动物防疫条件合格证》。	**第三十条** 本办法自2022年12月1日起施行。农业部2010年1月21日**公**布的《动物防疫条件**审查**办法》同时废止。 本办法施行前**已**取得动物防疫条件合格证的各类场所，应当**自本办法实施之日起一年内**达到本办法规定的条件。

附录 7

病死畜禽和病害畜禽产品无害化处理管理办法

第一章 总 则

第一条 为了加强病死畜禽和病害畜禽产品无害化处理管理，防控动物疫病，促进畜牧业高质量发展，保障公共卫生安全和人体健康，根据《中华人民共和国动物防疫法》（以下简称《动物防疫法》），制定本办法。

第二条 本办法适用于畜禽饲养、屠宰、经营、隔离、运输等过程中病死畜禽和病害畜禽产品的收集、无害化处理及其监督管理活动。

发生重大动物疫情时，应当根据动物疫病防控要求开展病死畜禽和病害畜禽产品无害化处理。

第三条 下列畜禽和畜禽产品应当进行无害化处理：

（一）染疫或者疑似染疫死亡、因病死亡或者死因不明的；

（二）经检疫、检验可能危害人体或者动物健康的；

（三）因自然灾害、应激反应、物理挤压等因素死亡的；

（四）屠宰过程中经肉品品质检验确认为不可食用的；

（五）死胎、木乃伊胎等；

（六）因动物疫病防控需要被扑杀或销毁的；

（七）其他应当进行无害化处理的。

第四条 病死畜禽和病害畜禽产品无害化处理坚持统筹规划与属地负责相结合、政府监管与市场运作相结合、财政补助与保险联动相结合、集中处理与自行处理相结合的原则。

第五条 从事畜禽饲养、屠宰、经营、隔离等活动的单位和个人，应当承担主体责任，按照本办法对病死畜禽和病害畜禽产品进行无害化处理，或者委托病死畜禽无害化处理场处理。

运输过程中发生畜禽死亡或者因检疫不合格需要进行无害化处理的，承运人应当立即通知货主，配合做好无害化处理，不得擅自弃置和处理。

第六条 在江河、湖泊、水库等水域发现的死亡畜禽，依法由所在地县级人民政府组织收集、处理并溯源。

在城市公共场所和乡村发现的死亡畜禽，依法由所在地街道办事处、乡级人民政府组织收集、处理并溯源。

第七条 病死畜禽和病害畜禽产品收集、无害化处理、资源化利用应当符合农业农村部相关技术规范，并采取必要的防疫措施，防止传播动物疫病。

第八条 农业农村部主管全国病死畜禽和病害畜禽产品无害化处理工作。

县级以上地方人民政府农业农村主管部门负责本行政区域病死畜禽和病害畜禽产品无害化处理的监督管理工作。

第九条 省级人民政府农业农村主管部门结合本行政区域畜牧业发展规划和畜禽养殖、疫病发生、畜禽死亡等情况，编制病死畜禽和病害畜禽产品集中无害化处理场所建设规划，合理布局病死畜禽无害化处理场，经本级人民政府批准后实施，并报农业农村部备案。

鼓励跨县级以上行政区域建设病死畜禽无害化处理场。

第十条 县级以上人民政府农业农村主管部门应当落实病死畜禽无害化处理财政补助政策和农机购置与应用补贴政策，协调有关部门优先保障病死畜禽无害化处理场用地、落实税收优惠政策，推动建立病死畜禽无害化处理和保险联动机制，将病死畜禽无害化处理作为保险理赔的前提条件。

第二章　收　　集

第十一条 畜禽养殖场、养殖户、屠宰厂（场）、隔离场应当及时对病死畜禽和病害畜禽产品进行贮存和清运。

畜禽养殖场、屠宰厂（场）、隔离场委托病死畜禽无害化处理场处理的，应当符合以下要求：

（一）采取必要的冷藏冷冻、清洗消毒等措施；

（二）具有病死畜禽和病害畜禽产品输出通道；

（三）及时通知病死畜禽无害化处理场进行收集，或自行送至指定地点。

第十二条　病死畜禽和病害畜禽产品集中暂存点应当具备下列条件：

（一）有独立封闭的贮存区域，并且防渗、防漏、防鼠、防盗，易于清洗消毒；

（二）有冷藏冷冻、清洗消毒等设施设备；

（三）设置显著警示标识；

（四）有符合动物防疫需要的其他设施设备。

第十三条　专业从事病死畜禽和病害畜禽产品收集的单位和个人，应当配备专用运输车辆，并向承运人所在地县级人民政府农业农村主管部门备案。备案时应当通过农业农村部指定的信息系统提交车辆所有权人的营业执照、运输车辆行驶证、运输车辆照片。

县级人民政府农业农村主管部门应当核实相关材料信息，备案材料符合要求的，及时予以备案；不符合要求的，应当一次性告知备案人补充相关材料。

第十四条　病死畜禽和病害畜禽产品专用运输车辆应当符合以下要求：

（一）不得运输病死畜禽和病害畜禽产品以外的其他物品；

（二）车厢密闭、防水、防渗、耐腐蚀，易于清洗和消毒；

（三）配备能够接入国家监管监控平台的车辆定位跟踪系统、车载终端；

（四）配备人员防护、清洗消毒等应急防疫用品；

（五）有符合动物防疫需要的其他设施设备。

第十五条　运输病死畜禽和病害畜禽产品的单位和个人，应当遵守下列规定：

（一）及时对车辆、相关工具及作业环境进行消毒；

（二）作业过程中如发生渗漏，应当妥善处理后再继续运输；

（三）做好人员防护和消毒。

第十六条　跨县级以上行政区域运输病死畜禽和病害畜禽产品的，相关区域县级以上地方人民政府农业农村主管部门应当加强协作配合，及时通报紧急情况，落实监管责任。

第三章　无害化处理

第十七条　病死畜禽和病害畜禽产品无害化处理以集中处理为主，自行处理为补充。

病死畜禽无害化处理场的设计处理能力应当高于日常病死畜禽和病害畜禽产品处理量，专用运输车辆数量和运载能力应当与区域内畜禽养殖情况相适应。

第十八条 病死畜禽无害化处理场应当符合省级人民政府病死畜禽和病害畜禽产品集中无害化处理场所建设规划并依法取得动物防疫条件合格证。

第十九条 畜禽养殖场、屠宰厂（场）、隔离场在本场（厂）内自行处理病死畜禽和病害畜禽产品的，应当符合无害化处理场所的动物防疫条件，不得处理本场（厂）外的病死畜禽和病害畜禽产品。

畜禽养殖场、屠宰厂（场）、隔离场在本场（厂）外自行处理的，应当建设病死畜禽无害化处理场。

第二十条 畜禽养殖场、养殖户、屠宰厂（场）、隔离场委托病死畜禽无害化处理场进行无害化处理的，应当签订委托合同，明确双方的权利、义务。

无害化处理费用由财政进行补助或者由委托方承担。

第二十一条 对于边远和交通不便地区以及畜禽养殖户自行处理零星病死畜禽的，省级人民政府农业农村主管部门可以结合实际情况和风险评估结果，组织制定相关技术规范。

第二十二条 病死畜禽和病害畜禽产品集中暂存点、病死畜禽无害化处理场应当配备专门人员负责管理。

从事病死畜禽和病害畜禽产品无害化处理的人员，应当具备相关专业技能，掌握必要的安全防护知识。

第二十三条 鼓励在符合国家有关法律法规规定的情况下，对病死畜禽和病害畜禽产品无害化处理产物进行资源化利用。

病死畜禽和病害畜禽产品无害化处理场所销售无害化处理产物的，应当严控无害化处理产物流向，查验购买方资质并留存相关材料，签订销售合同。

第二十四条 病死畜禽和病害畜禽产品无害化处理应当符合安全生产、环境保护等相关法律法规和标准规范要求，接受有关主管部门监管。

病死畜禽无害化处理场处理本办法第三条之外的病死动物和病害动物

产品的，应当要求委托方提供无特殊风险物质的证明。

第四章　监督管理

第二十五条　农业农村部建立病死畜禽无害化处理监管监控平台，加强全程追溯管理。

从事畜禽饲养、屠宰、经营、隔离及病死畜禽收集、无害化处理的单位和个人，应当按要求填报信息。

县级以上地方人民政府农业农村主管部门应当做好信息审核，加强数据运用和安全管理。

第二十六条　农业农村部负责组织制定全国病死畜禽和病害畜禽产品无害化处理生物安全风险调查评估方案，对病死畜禽和病害畜禽产品收集、无害化处理生物安全风险因素进行调查评估。

省级人民政府农业农村主管部门应当制定本行政区域病死畜禽和病害畜禽产品无害化处理生物安全风险调查评估方案并组织实施。

第二十七条　根据病死畜禽无害化处理场规模、设施装备状况、管理水平等因素，推行分级管理制度。

第二十八条　病死畜禽和病害畜禽产品无害化处理场所应当建立并严格执行以下制度：

（一）设施设备运行管理制度；

（二）清洗消毒制度；

（三）人员防护制度；

（四）生物安全制度；

（五）安全生产和应急处理制度。

第二十九条　从事畜禽饲养、屠宰、经营、隔离以及病死畜禽和病害畜禽产品收集、无害化处理的单位和个人，应当建立台账，详细记录病死畜禽和病害畜禽产品的种类、数量（重量）、来源、运输车辆、交接人员和交接时间、处理产物销售情况等信息。

病死畜禽和病害畜禽产品无害化处理场所应当安装视频监控设备，对病死畜禽和病害畜禽产品进（出）场、交接、处理和处理产物存放等进行全程监控。

相关台账记录保存期不少于二年，相关监控影像资料保存期不少于三十天。

第三十条 病死畜禽和病害畜禽产品无害化处理场所应当于每年一月底前向所在地县级人民政府农业农村主管部门报告上一年度病死畜禽和病害畜禽产品无害化处理、运输车辆和环境清洗消毒等情况。

第三十一条 县级以上地方人民政府农业农村主管部门执行监督检查任务时，从事病死畜禽和病害畜禽产品收集、无害化处理的单位和个人应当予以配合，不得拒绝或者阻碍。

第三十二条 任何单位和个人对违反本办法规定的行为，有权向县级以上地方人民政府农业农村主管部门举报。接到举报的部门应当及时调查处理。

第五章　法律责任

第三十三条 未按照本办法第十一条、第十二条、第十五条、第十九条、第二十二条规定处理病死畜禽和病害畜禽产品的，按照《动物防疫法》第九十八条规定予以处罚。

第三十四条 畜禽养殖场、屠宰厂（场）、隔离场、病死畜禽无害化处理场未取得动物防疫条件合格证或生产经营条件发生变化，不再符合动物防疫条件继续从事无害化处理活动的，分别按照《动物防疫法》第九十八条、第九十九条处罚。

第三十五条 专业从事病死畜禽和病害畜禽产品运输的车辆，未经备案或者不符合本办法第十四条规定的，分别按照《动物防疫法》第九十八条、第九十四条处罚。

第三十六条 违反本办法第二十八条、第二十九条规定，未建立管理制度、台账或者未进行视频监控的，由县级以上地方人民政府农业农村主管部门责令改正；拒不改正或者情节严重的，处二千元以上二万元以下罚款。

第六章　附　　则

第三十七条 本办法下列用语的含义：

（一）畜禽，是指《国家畜禽遗传资源目录》范围内的畜禽，不包括用于科学研究、教学、检定以及其他科学实验的畜禽。

（二）隔离场所，是指对跨省、自治区、直辖市引进的乳用种用动物或输入到无规定动物疫病区的相关畜禽进行隔离观察的场所，不包括进出境隔离观察场所。

（三）病死畜禽和病害畜禽产品无害化处理场所，是指病死畜禽无害化处理场以及畜禽养殖场、屠宰厂（场）、隔离场内的无害化处理区域。

第三十八条　病死水产养殖动物和病害水产养殖动物产品的无害化处理，参照本办法执行。

第三十九条　本办法自 2022 年 7 月 1 日起施行。

附录 8

农业农村部畜牧兽医局有关负责人就《动物诊疗机构管理办法》《执业兽医和乡村兽医管理办法》《动物检疫管理办法》《动物防疫条件审查办法》有关问题答记者问（节选）

9 月 7 日，农业农村部公布修订后的《动物诊疗机构管理办法》《动物检疫管理办法》《动物防疫条件审查办法》和新制定的《执业兽医和乡村兽医管理办法》（以下简称“四个《办法》”）。其中，《动物诊疗机构管理办法》《执业兽医和乡村兽医管理办法》自 10 月 1 日起施行，《动物检疫管理办法》《动物防疫条件审查办法》自 12 月 1 日起施行。近日，农业农村部畜牧兽医局有关负责人就四个《办法》相关问题回答记者提问。

问：四个《办法》制修订的背景和目的是什么？

答：动物诊疗、检疫、防疫条件审查及兽医管理等工作都是动物防疫的重要环节。现行《动物诊疗机构管理办法》《执业兽医管理办法》《乡村兽医管理办法》《动物检疫管理办法》《动物防疫条件审查办法》分别制定于 2008 年、2010 年，对规范动物防疫活动管理、维护养殖业生产安全和公共卫生安全发挥了重要作用，但随着动物检疫工作量大幅增长，动物诊疗新业态发展迅速，执业兽医考试、相关场所选址评估等改革加快实施，部分条款已不适应当前工作实际，需要予以修改完善。2020 年 6 月 24 日召开的国务院常务会议决定通过推动修法改革执业兽医资格考试方式，允许兽医相关专业高校学生在校期间报考、考试合格的毕业时即取得执业资格。同时，取消执业兽医注册和乡村兽医登记许可，降低了就业门槛，只要取得执业兽医资格的人员备案即可执业，具有兽医相关专业中等以上学历的人员备案即可担任乡村兽医。2021 年修订的《中华人民共和国动物防疫法》（以下简称《动物防疫法》）调整并强化了动物防疫条件审查、动物检疫等制度规定，设立官方兽医任命制度，调整执业兽医报考规定，鼓励乡村兽医向执业兽医转变。

为适应动物防疫工作需要和改革要求，并与上位法的规定相衔接，农业农村部成立起草组，对五个原有办法进行修改完善，并将《执业兽医管理办法》《乡村兽医管理办法》两个规章合并为《执业兽医和乡村兽医管理办法》，形成了新公布的四个《办法》。

问：本次修订对动物检疫制度作了哪些强化和完善？

答：《动物检疫管理办法》对强化基层动物检疫力量、优化工作机制作出了细化规定。明确农业农村主管部门负责动物检疫监督管理，动物疫病预防控制机构提供有关技术支撑，对受理输入无疫区的动物、动物产品检疫申报的机构作出调整。增加了“官方兽医”专章，明确官方兽医的资格条件、任命程序、培训和考核要求，强化了从事动物检疫工作人员的保障和奖励规定。

本次修订调整完善了从检疫规程制定到申报受理、实施检疫等环节的多项制度。**一是**规定由农业农村部制定动物检疫规程，明确动物检疫对象、检疫范围和检疫程序。**二是**完善动物检疫申报管理规定，明确可以使用电子数据交换方式申报动物检疫，统一产地检疫申报时限和动物隔离期限，规定不予受理申报的情形。**三是**完善动物、动物产品产地检疫合格标准，增设动物在集贸市场完成交易后或参加展示、演出、比赛后继续出售、运输的检疫合格标准。**四是**删除检疫合格的动物产品分销换证、贮藏后继续调运或者分销重新申报检疫等相应条款，调整屠宰检疫出证的动物产品范畴。**五是**根据《动物防疫法》授权，新增了“动物检疫证章标志管理”专章。

为保障新制度、新要求落实落地，本次修订还着重加强了监督管理方式的创新。**一是**明确动物检疫管理信息化系统的建设、信息填报以及信息数据管理要求。**二是**明确了可以撤销检疫证明的情形以及依法应当检疫而未经检疫的动物及动物产品的认定情形。**三是**完善了动物、动物产品补检条件和措施，明确了补检合格标准和补检范围。**四是**强化落地报告，畜禽调运实行货主或承运人、接收动物的养殖或屠宰场双报告制度。

问：本次修订后，新的动物防疫条件审查制度有哪些特点？

答：为提高服务便民化水平，结合疫病防控实际和基层需要，本次修订重点调整了动物饲养场、隔离场所、屠宰加工场所、无害化处理场所等四类场所（以下简称“四类场所”）的选址距离规定，授权省级农业农村主管部门制定选址评估办法。除此之外，本次修订还对相关场所的人员配备、布局、设施设备及制度等动物防疫条件要求作出调整。**一是**明确人员配备要求和从业限制，规定四类场所应当配备与其生产经营规模相适应的执业兽医或动物防疫技术人员，患有人畜共患传染病的人员不得在场所内直接从事相关活动。**二是**规范场所布局，调整了四类场所和经营动物和动物产品的集贸市场的场区布局条件。**三是**增加设施设备要求，规定四类场所应有必要的防鼠、防鸟、防虫设施，以及无害化处理、清洗消毒设施设备等。**四是**完善防疫制度，对四类场所应建立的防疫制度分别予以补充完善。**五是**加强活禽市场防疫管理，对其动物防疫条件做出专门规定，减少疫病传播风险。

本次修订对审查发证程序和监督管理要求也作了细化完善，主要包括：对开办饲养场等四类场所的，在兴建前根据评估结果确认场所选址；场所建设竣工后，发证机关依申请，结合选址评估结果开展防疫条件审查，办理时限由二十个工作日压减到十五个工作日；场所投入运营后，县级主管部门及时对动物防疫条件开展监督检查，指导落实各项防疫措施。

问：如何做好四个《办法》的贯彻实施工作？

答：为了确保新办法有效贯彻实施，我们将开展以下工作。

一是加强对四个《办法》的宣传解读。做好四个《办法》主要条款的细化解读，详细解答行业内较为关注的问题，推动有关单位和从业人员知法懂法守法，持续提高监督管理、行业指导、依法行政等能力。

二是继续完善各项配套制度。主要包括修改《兽医处方格式及应用规范》，完善动物诊疗病历管理制度，制定执业兽医和乡村兽医继续教育计划；修改有关动物检疫规程，完善动物检疫证章标志格式及填写要求；指导各地制定完善动物防疫条件选址评估办法，规范开展选址评估。

三是做好新旧办法的过渡工作。对照《动物防疫条件审查办法》和

《动物诊疗机构管理办法》，现有的相关场所需要对布局、设施设备以及管理制度等方面进行调整完善。新办法设置了一年左右的整改过渡期，我部将组织各地指导从业主体平稳做好过渡工作。

四是适时开展立法后评估。通过自评估、实地调查和问卷调查等方式对四个《办法》实施情况开展评估，及时了解各地对新制度的贯彻实施情况，总结成效，查找不足，提出完善制度的措施建议。

附录 9

农业农村部畜牧兽医局负责人就发布《病死畜禽和病害畜禽产品无害化处理管理办法》答记者问

近期，农业农村部发布《病死畜禽和病害畜禽产品无害化处理管理办法》（以下简称《办法》）。记者日前就相关问题采访了农业农村部畜牧兽医局负责人。

问：请介绍一下《办法》出台的背景？

答：国家高度重视病死畜禽和病害畜禽产品无害化处理工作，这不仅是阻断重大动物疫病传播流行的有效手段，还是维护畜禽产品质量安全和生态环境安全的重要举措。近年来，各地区各有关部门认真贯彻落实《国务院办公厅关于建立病死畜禽无害化处理机制的意见》，加快构建处理体系，完善工作机制，强化政策支持，推动病死畜禽无害化处理工作取得积极成效。但是，我们在工作实践中发现，生产经营者主体责任落实不到位、处理体系不健全、处理方式不规范、监督管理措施不完善等问题还不同程度存在，随意丢弃病死畜禽等情况还时有发生，既造成动物疫病传播隐患，也存在着病死畜禽和病害畜禽产品进入食品链条、污染环境等风险。

针对这些突出问题，为深入贯彻落实 2021 年新修订的《中华人民共和国动物防疫法》（以下简称《动物防疫法》），在系统总结无害化处理成效和经验，认真听取有关部门、地方政府及农业农村主管部门、生产经营主体、广大群众意见建议基础上，专门制定本《办法》，力求进一步完善健全病死畜禽和病害畜禽产品无害化处理制度机制，促进畜牧业高质量发展。

问：《办法》的适用范围是什么？

答：根据《中华人民共和国畜牧法》《动物防疫法》等法律规定和农业农村部职能，《办法》适用于《国家畜禽遗传资源目录》明确的畜禽种类范围，覆盖畜禽饲养、屠宰、经营、隔离、运输等过程中病死畜禽和病害畜禽产品的收集、无害化处理及其监督管理活动。《办法》明确规定应当进行无害化处理的畜禽和畜禽产品有：染疫或者疑似染疫死亡、因病死亡或者死因不明的；经检疫、检验可能危害人体或者动物健康的；因自然灾害、应激反应、物理挤压等因素死亡的；屠宰过程中经肉品品质检验确认为不可食用的；死胎、木乃伊胎等；因动物疫病防控需要被扑杀或销毁的；其他应当进行无害化处理的。对病死水产养殖动物和病害水产养殖动物产品的无害化处理，可参照本《办法》执行。

问：《办法》重点明确了哪些规定？

答：《办法》分为总则、收集、无害化处理、监督管理、法律责任、附则，共 6 章 39 条，是今后一段时期指导做好相关工作的重要依据和指南。这些规定主要体现在三个方面。

一是进一步健全责任机制。《办法》提出病死畜禽和病害畜禽产品无害化处理应当坚持统筹规划与属地负责相结合、政府监管与市场运作相结合、财政补助与保险联动相结合、集中处理与自行处理相结合的原则，细化明确了生产经营者主体责任、地方人民政府属地管理责任、各级农业农村主管部门监督管理责任等三方责任。

二是进一步加强收集运输管理。《办法》要求生产经营者应当及时贮存、清运病死畜禽和病害畜禽产品，明确了委托处理应当符合的要求和集中暂存点应当具备的条件。《办法》还要求对病死畜禽和病害畜禽产品专用运输车辆实行备案管理，从事运输的单位和个人应当落实消毒、卫生防护等措施。

三是进一步规范无害化处理。《办法》规定无害化处理场建设应当符合规划并依法取得动物防疫条件合格证，养殖、屠宰、隔离场（厂）内自行处理应当符合无害化处理场所的动物防疫条件，省级农业农村主管部门组织制定自行处理零星病死畜禽的技术规范。《办法》还鼓励依法依规对无害化处理产物进行资源化利用。

问：《办法》对相关违法行为设定了什么处罚规定？

答：《办法》的处罚规定主要涵盖四个方面。

一是畜禽养殖场、养殖户、屠宰厂（场）、隔离场等未按规定贮存、清运、自行处理病死畜禽和病害畜禽产品，以及集中暂存点、病死畜禽无害化处理场未按规定配备专门人员，要按照《动物防疫法》第九十八条规定处罚。

二是畜禽养殖场、屠宰厂（场）、隔离场、病死畜禽无害化处理场没有取得动物防疫条件合格证从事无害化处理活动的，要按照《动物防疫法》第九十八条规定处罚；生产经营条件发生变化，不再符合动物防疫条件继续从事无害化处理活动的，要按照《动物防疫法》第九十九条规定处罚。

三是专业从事病死畜禽和病害畜禽产品运输的车辆，没有向承运人所在地县级农业农村主管部门备案，要按照《动物防疫法》第九十八条规定处罚；病死畜禽和病害畜禽产品专用运输车辆不符合《办法》规定的要求，要按照《动物防疫法》第九十四条规定处罚。

四是病死畜禽和病害畜禽产品无害化处理场所未建立管理制度，从事畜禽饲养、屠宰、经营、隔离以及病死畜禽和病害畜禽产品收集、无害化处理的单位和个人未建立台账或者未进行视频监控的，由县级以上地方人民政府农业农村主管部门责令改正；拒不改正或者情节严重的，处二千元以上二万元以下罚款。

问：《办法》什么时候施行？下一步如何贯彻落实？

答：《办法》将于 2022 年 7 月 1 日起施行。下一步，各级农业农村主管部门将认真抓好《办法》的宣传贯彻和组织实施，重点做好四方面工作。**一是加强《办法》解读宣传。**组织做好《办法》主要条款的细化解读，分级分类对从事无害化处理工作的管理和业务人员开展系统培训，切实提高监督管理、行业指导、依法行政等能力；采取多种形式加强《办法》的宣传，引导畜牧兽医行业广大从业者知法懂法守法。**二是抓紧研究制定配套制度。**组织制定全国病死畜禽和病害畜禽产品无害化处理生物安全风险调查评估方案，研究推行病死畜禽无害化处理场分级管理制度，务求实用和可操作。**三是强化全程信息化监管。**建立病死畜禽无害化处理监管监控平台，加快实现病死畜禽和病害畜禽产品收集、运输、无害化处理等各环节信息互联互通、相互印证，形成全链条可追溯管理，提升监督执法工作效能。**四是严格执行各项规定要求。**进一步强化病死畜禽和病害畜禽产品无害化处理管理，严厉打击随意抛弃病死畜禽等违法行为。同时，加强调查研究，及时推动解决《办法》执行中出现的各类问题，切实将各项规定落到实处。

附录 10

中华人民共和国农业农村部公告

（第 531 号）

为规范动物检疫工作，严格动物及动物产品运输监管，夯实动物疫病防控基础，促进畜牧业高质量发展，根据《中华人民共和国动物防疫法》《动物检疫管理办法》等规定，现就强化动物检疫监督工作有关事项公告如下。

一、动物卫生监督机构应当加强官方兽医管理，结合动物检疫申报点设置，明确官方兽医工作地点、管理范围、出证权限，实现官方兽医与检疫申报点关联管理。禁止“多车一证”，对使用不同车辆运输的动物及动物产品，官方兽医应当分别出具检疫证明。

二、从事畜禽运输的单位和个人应当向所在地县级人民政府农业农村主管部门备案。备案时应当在“牧运通”信息系统提交单位营业执照、个人身份证明等材料。患有人畜共患传染病的人员不得直接从事动物运输活动。

畜禽运输车辆应当向所在地县级人民政府农业农村主管部门备案。备案时应当在“牧运通”信息系统提交车辆所有权人的营业执照、运输车辆行驶证、运输车辆照片。

三、畜禽运输车辆应当符合下列条件：

（一）车厢壁及底部、隔离地板应当耐腐蚀、防渗漏、耐高温，便于清洗、消毒和烘干；

（二）具有防止动物排泄物等污物渗漏、遗撒的设施设备；

（三）随车配有清洗、消毒设备和消毒药品；

（四）跨省、自治区、直辖市运输的，应当配备符合交通运输部要求的卫星定位系统车载终端；

（五）具有其他保障动物防疫的设施设备。

四、农业农村主管部门办理备案时，应当核实相关材料信息。备案材料符合要求的，及时予以备案；不符合要求的，应当一次性告知备案人补正相关材料。

五、从事畜禽运输的单位和个人应当建立健全运输台账，详细记录检疫证明编号、畜禽名称、畜禽数量、运输时间、启运地点、到达地点、运输路线、车辆清洗、消毒以及运输活动中死亡、染疫或者疑似染疫畜禽的处置等情况。跨省运输畜禽的备案车辆卫星定位系统相关信息记录保存期限不得少于两个月。

六、动物卫生监督机构及其官方兽医接到产地检疫申报后，应当了解运输车辆、承运单位、个人以及车辆驾驶员的备案情况。发现未备案的，应当及时向农业农村主管部门报告。

七、农业农村主管部门应当加强信息化建设，推进检疫监管与养殖、运输、屠宰等信息互联互通，实现动物检疫监督全链条智慧监管。要加快完善养殖场（户）、屠宰厂（场）基础数据库，实现货主、启运地、目的地等信息“菜单式”管理；建立检疫信息落地反馈功能，对一定时限内未确认到达，或者确认到达的信息与检疫证明信息不符的，系统要能够及时发出警示提醒；健全检疫信息智能纠错功能，对信息填写不规范、数据错误等异常情况设置智能提醒。

八、跨省调运活禽、活羊的检疫和调运管理，不再执行《中华人民共和国农业部公告第2516号》《农业部办公厅关于加强活羊跨省调运监管工作的通知》（农办医〔2014〕35号）有关要求，严格按照动物检疫规程执行。

九、本公告自2022年4月1日起施行。我部原公布实施的生猪运输车辆备案管理规定与本公告不一致的，以本公告为准。

特此公告。

农业农村部

2022年2月23日